U0047260

# 自序

書恆有序以自炫也，而美其義曰：述著作之旨自莊子天下篇太史公自序已不能無過實之辭；

其他復何論哉？名達三十二載之生程印滿汗血與淚之污跡智不足以免飢寒仁不足以救妻子勇

不足以雪恥辱其有忝於達德也甚矣方且貽譏學閥見笑高朋招架不住落荒而走尤宜效金人之

三緘其口法董子之下帷三年豈敢妄弄丹鉛嫁災梨棗自欺之不足復以欺世乎雖然吾之著作非

以獵取功名亦非為博得升斗正因學力屛弱竊欲藉此多讀專門之書以自營養耳憶昔清華園中，

涵芬樓下優游修習其樂何極而不幸一遭倭燹再罹亂離內增家室之憂外乏圖書之篆猶復妄據

講壇漫刊空論馴致往茀五年學無寸進其不合流同污與狗爭骨也幾希及乎妻死家殘故交乖戾，

然後恍然於傲骨之不容於媚世而實學又不足以稱其虛名也乃有折節讀書之志。

先是二十四年冬王岫廬先生以《中國目錄學史》相屬。名達自維業愧專門學無創獲舊著目錄

學舛漏百出方滋內疚故受命之後憂心忡忡每趁課暇輒走京杭各閣借讀累月彌年叢料愈積而

組織愈難乃力辭復旦講席移居杭州，專心研求，又歷八月，始克告成。其始原欲博搜精考，撰成毫無

遺漏之文獻史故逐書考察其內容逐事確定其年代逐人記述其生平依時代之先後敘成系統佛

教目錄即其殘迹。著作過半，始知其規模太大，非妊期出版之預約書所宜亟毀已成之稿改用主題

分篇之法，擷取大綱混合編製幾經改造遂為今式。

　是書絕非成熟之作。如能假以歲月，或可保持最初徹底研究之精神求得明確詳備之知識惜

因汗青期迫致有虎頭鼠尾之弊不能一一如意探尋私衷深以為憾書中論斷多出心裁近人新作，

未克遍窺。姑舉數端聊示一斑對於史事之考察如謂別錄無輯略詩書皆叢書隋志四部為七略七

錄之嫡裔而非荀勗李充四部之後身佛經之舊錄及別錄即支敏度之經論都錄及別錄馬懷素之

續七志與褚無量之整比四部並不同功此類皆一反古今成說不憚立異之譏對於編製之體裁雜

用多樣之筆法不拘守一例亦不特重一家務綜合大勢為有條理之敘述亦一般不習見者對於研

究之結論間有創說如謂目錄必兼解題與引得而有之叢書必須拆散不應合入總類文集如不作

分析目錄則宜改入總類皆昔人未出之言也。然統較全書得失則其創獲遠少於過謬如詳究佛經

目錄而抹殺藏書目錄，講述分類而忽略編目甚至同於特種目錄篇中亦各有詳略，每無理由之可陳。此其剪裁之失均，大病一也。有時專讀一書兼旬彌月，有時片刻之間涉獵數部，初則每書必目擊心知後竟望名生義，此其精懈之不等，大病二也。其他挂一漏萬，知古昧今荒謬之處，誠不堪專家之一擊。且叢稿盈箱，每有已知而未用私見所及臨時反忘而不錄，他年如有餘興尚擬痛改而重造之，不敢隱惡拒善自畫於不知妄作之列耳。

當名達之寫此稿也，如獨入古墓如長征沙漠趲程愈遠而痛苦愈深，廢然思返者數矣。況又簞觚屢空典質俱盡，而又不願苟且初未因腹餒而漫嬲報紙法令以充篇幅而圖速成當斯時也，有人焉濟以乾糧煦以慈愛俾其精神復振，有進無退乃克有成斯誠不可以不紀。今日何日非吾父母六旬誕辰耶？非巴霙樓翁許吾與漱泉訂婚之良辰耶？謹以此曾經用功而成績極劣之著作呈獻於父、母、霙翁暨漱泉之前尚祈繼續扶助而勉勵之俾於崎嶇行盡之後終能步入學域而有所樹立則尤幸事也。

最後更以至誠感謝陳叔諒先生暨浙江省立圖書館諸君子賴其恩惠享有最大之自由始得

豐厚之養料以喂此弱不勝衣之嬰兒。

中華民國二十六年七月十一日，姚名達。

# 目次

**敍論篇**⋯⋯⋯⋯⋯⋯⋯⋯⋯⋯⋯⋯⋯⋯⋯⋯⋯⋯⋯⋯⋯⋯⋯⋯⋯⋯⋯⋯⋯⋯一

目錄⋯⋯⋯⋯⋯⋯⋯⋯⋯⋯⋯⋯⋯⋯⋯⋯⋯⋯⋯⋯⋯⋯⋯⋯⋯⋯⋯⋯⋯⋯⋯一

目錄學⋯⋯⋯⋯⋯⋯⋯⋯⋯⋯⋯⋯⋯⋯⋯⋯⋯⋯⋯⋯⋯⋯⋯⋯⋯⋯⋯⋯⋯五

目錄之種類與目錄學之範圍⋯⋯⋯⋯⋯⋯⋯⋯⋯⋯⋯⋯⋯⋯⋯⋯⋯⋯九

目錄學史之組織⋯⋯⋯⋯⋯⋯⋯⋯⋯⋯⋯⋯⋯⋯⋯⋯⋯⋯⋯⋯⋯一九

**溯源篇**⋯⋯⋯⋯⋯⋯⋯⋯⋯⋯⋯⋯⋯⋯⋯⋯⋯⋯⋯⋯⋯⋯⋯⋯⋯⋯⋯⋯二三

上古典籍與目錄之體制寫何如乎⋯⋯⋯⋯⋯⋯⋯⋯⋯⋯⋯⋯⋯二三

劉向等典校祕書之義例⋯⋯⋯⋯⋯⋯⋯⋯⋯⋯⋯⋯⋯⋯⋯⋯⋯二九

劉向等寫定敍錄之義例⋯⋯⋯⋯⋯⋯⋯⋯⋯⋯⋯⋯⋯⋯⋯⋯⋯四三

別錄與七略之體制不同⋯⋯⋯⋯⋯⋯⋯⋯⋯⋯⋯⋯⋯⋯⋯⋯⋯四九

劉歆分類編目之義例……………………………五四

分類篇………………………………………………六一

分類之原理……………………………………六一

類之字義………………………………………六二

事物之分類……………………………………六三

學術之分類與思想之分類……………………六五

圖書分類之始…………………………………六七

七略之分類法…………………………………六八

類書與目錄學…………………………………七四

五分法之偶現與四分法之代興………………七五

七志與七錄……………………………………七七

五代史志之經籍志……………………………八六

正統派四部分類法之源流⋯⋯⋯⋯⋯⋯⋯⋯⋯⋯⋯⋯⋯⋯⋯⋯⋯九

四部分類源流一覽表⋯⋯⋯⋯⋯⋯⋯⋯⋯⋯⋯⋯⋯⋯⋯⋯⋯一〇三

隋志以前之專科目錄⋯⋯⋯⋯⋯⋯⋯⋯⋯⋯⋯⋯⋯⋯⋯⋯一〇四

隋志以後闖出四部牢籠之十幾種分類法⋯⋯⋯⋯⋯⋯一〇六

對於隋志部類之修正與補充⋯⋯⋯⋯⋯⋯⋯⋯⋯⋯⋯⋯一三一

新分類法創造之嘗試⋯⋯⋯⋯⋯⋯⋯⋯⋯⋯⋯⋯⋯⋯⋯一四五

西洋近代分類法之進步⋯⋯⋯⋯⋯⋯⋯⋯⋯⋯⋯⋯⋯⋯一五三

杜威十進法之接受與修正⋯⋯⋯⋯⋯⋯⋯⋯⋯⋯⋯⋯⋯一六一

體質篇⋯⋯⋯⋯⋯⋯⋯⋯⋯⋯⋯⋯⋯⋯⋯⋯⋯⋯⋯⋯⋯⋯⋯一六七

目錄之體質⋯⋯⋯⋯⋯⋯⋯⋯⋯⋯⋯⋯⋯⋯⋯⋯⋯⋯⋯⋯一六七

編目法之演進⋯⋯⋯⋯⋯⋯⋯⋯⋯⋯⋯⋯⋯⋯⋯⋯⋯⋯一六八

解題之有無及其派別⋯⋯⋯⋯⋯⋯⋯⋯⋯⋯⋯⋯⋯⋯⋯一七四

檢字引得之進步⋯⋯⋯⋯⋯⋯⋯⋯⋯⋯⋯⋯⋯⋯⋯一七五

目錄體式之變態⋯⋯⋯⋯⋯⋯⋯⋯⋯⋯⋯⋯⋯⋯一七六

校讎篇⋯⋯⋯⋯⋯⋯⋯⋯⋯⋯⋯⋯⋯⋯⋯⋯⋯⋯⋯一七七

校讎與目錄⋯⋯⋯⋯⋯⋯⋯⋯⋯⋯⋯⋯⋯⋯⋯⋯一七七

漢代校書七次⋯⋯⋯⋯⋯⋯⋯⋯⋯⋯⋯⋯⋯⋯⋯一七七

魏吳兩晉校書六次⋯⋯⋯⋯⋯⋯⋯⋯⋯⋯⋯⋯一七九

南北朝校書十餘次⋯⋯⋯⋯⋯⋯⋯⋯⋯⋯⋯⋯一八二

唐代校書四次⋯⋯⋯⋯⋯⋯⋯⋯⋯⋯⋯⋯⋯⋯一八七

宋代校書五次⋯⋯⋯⋯⋯⋯⋯⋯⋯⋯⋯⋯⋯⋯一九六

元明二代不校書⋯⋯⋯⋯⋯⋯⋯⋯⋯⋯⋯⋯⋯一九八

清代校寫四庫全書⋯⋯⋯⋯⋯⋯⋯⋯⋯⋯⋯⋯一九九

私家校讎⋯⋯⋯⋯⋯⋯⋯⋯⋯⋯⋯⋯⋯⋯⋯⋯二〇一

# 史志篇……………………………………………………………………………………二〇五

史志之價值……………………………………………………………………………二〇五

史志之源流……………………………………………………………………………二〇六

漢書藝文志及後人之研究…………………………………………………………二〇七

後漢藝文志之補撰…………………………………………………………………二一〇

三國晉南北朝藝文志之補撰………………………………………………………二一二

隋書經籍志……………………………………………………………………………二一二

羣書四部錄古今書錄及唐書經籍志之關係……………………………………二一五

宋國史藝文志及宋史藝文志………………………………………………………二一八

通志與文獻通考……………………………………………………………………二一九

遼金元三史藝文志之補撰…………………………………………………………二二〇

明國史經籍志千頃堂書目及明史藝文志之演變………………………………二二一

四庫全書總目提要及三通考二通志清史稿⋯⋯⋯⋯⋯ 二二四

四種集刊⋯⋯ 二二五

宗教目錄篇⋯⋯⋯⋯⋯⋯⋯⋯⋯⋯⋯⋯⋯ 二二七

宗教目錄之分道揚鑣⋯⋯ 二二七

天主教與基督教之目錄 二二八

佛教目錄之全貌⋯⋯ 二二九

中國歷代佛教目錄所知表 二三一

佛錄之始創者⋯⋯⋯⋯⋯ 二三七

三部偽錄⋯⋯⋯⋯⋯ 二三八

第一部總錄⋯⋯ 二四〇

竺法護與聶道眞 二四一

支敏度之經論都錄及別錄⋯ 二四二

二趙經錄……二四三

奠定基礎之道安綜理衆經目錄……二四四

僧叡之二秦衆經錄目……二四六

南北朝佛錄概觀……二四七

道祖之衆經錄……二四七

王儉之佛經錄……二四八

蕭齊三錄……二四九

空前精善之衆經別錄……二五〇

現存最古之出三藏記集……二五三

僧紹與寶唱……二六一

阮孝緒之佛法錄……二六四

分類甚精之李廓與法上……二六四

南北朝之譯經目錄與梵經目錄……………………………………二六六

南北朝不著名之佛錄……………………………………………………二六七

隋代之僞佛與撰錄………………………………………………………二六八

法經之大隋衆經錄目……………………………………………………二六九

費長房之歷代三寶紀……………………………………………………二七三

彥琮之隋仁壽年內典錄…………………………………………………二七四

彥琮之崑崙經錄…………………………………………………………二七六

釋靈裕之譯經錄…………………………………………………………二七六

智果之衆經目錄…………………………………………………………二七七

唐代之集大成……………………………………………………………二七七

玄琬之衆經目錄…………………………………………………………二七八

道宣之大唐內典錄………………………………………………………二七九

靜泰之大敬愛寺一切經論目……………………………………………………二八五

靖邁之古今譯經圖紀……………………………………………………………二八五

明佺之大周刊定眾經目錄………………………………………………………二八六

至高無上之智昇開元釋教錄……………………………………………………二八七

智昇別錄三種……………………………………………………………………二八七

毋煚之開元內外經錄……………………………………………………………二九七

圓照二錄…………………………………………………………………………二九八

唐宋之譯經錄……………………………………………………………………二九八

大藏刊版所知表…………………………………………………………………二九九

慶吉祥之至元法寶勘同總錄……………………………………………………三○○

藏文蒙文滿文之大藏……………………………………………………………三○一

解題最詳之大藏經綱目指要錄…………………………………………………三○二

王古之大藏聖教法寶標目……………………………………三〇五

智旭之閱藏知津……………………………………………………三〇六

日本佛藏目錄………………………………………………………三〇九

道教與道經…………………………………………………………三一一

道經目錄及分類之創始……………………………………………三一二

陸修靜首創靈寶經目………………………………………………三一四

王儉與阮孝緒………………………………………………………三一六

玄都觀一切經目錄…………………………………………………三一七

唐代諸道錄…………………………………………………………三一八

宋刻道藏之目錄……………………………………………………三一九

雲笈七籤……………………………………………………………三二三

元明以後之道錄……………………………………………………三二四

專科目錄篇⋯⋯⋯⋯⋯⋯⋯⋯⋯⋯⋯⋯⋯⋯⋯⋯⋯⋯⋯⋯⋯⋯⋯三一七

專科目錄之作用及其源流⋯⋯⋯⋯⋯⋯⋯⋯⋯⋯⋯⋯⋯三一七

經解目錄⋯⋯⋯⋯⋯⋯⋯⋯⋯⋯⋯⋯⋯⋯⋯⋯⋯⋯⋯⋯⋯三二八

譯書目錄⋯⋯⋯⋯⋯⋯⋯⋯⋯⋯⋯⋯⋯⋯⋯⋯⋯⋯⋯⋯⋯三三〇

哲理目錄⋯⋯⋯⋯⋯⋯⋯⋯⋯⋯⋯⋯⋯⋯⋯⋯⋯⋯⋯⋯⋯三三五

宗教目錄⋯⋯⋯⋯⋯⋯⋯⋯⋯⋯⋯⋯⋯⋯⋯⋯⋯⋯⋯⋯⋯三三六

文字目錄⋯⋯⋯⋯⋯⋯⋯⋯⋯⋯⋯⋯⋯⋯⋯⋯⋯⋯⋯⋯⋯三三六

教育目錄⋯⋯⋯⋯⋯⋯⋯⋯⋯⋯⋯⋯⋯⋯⋯⋯⋯⋯⋯⋯⋯三三七

社會科學目錄⋯⋯⋯⋯⋯⋯⋯⋯⋯⋯⋯⋯⋯⋯⋯⋯⋯⋯⋯三三八

自然科學目錄⋯⋯⋯⋯⋯⋯⋯⋯⋯⋯⋯⋯⋯⋯⋯⋯⋯⋯⋯三三九

應用技術目錄⋯⋯⋯⋯⋯⋯⋯⋯⋯⋯⋯⋯⋯⋯⋯⋯⋯⋯⋯三四〇

藝術目錄⋯⋯⋯⋯⋯⋯⋯⋯⋯⋯⋯⋯⋯⋯⋯⋯⋯⋯⋯⋯⋯三四三

文學創作目錄…………………………………………三五〇

地理目錄…………………………………………………三五四

金石目錄…………………………………………………三五八

歷史目錄…………………………………………………三六五

國學論文目錄……………………………………………三九一

**特種目錄篇**……………………………………………**三九五**

特種目錄與專科目錄之分野……………………………三九五

叢書目錄…………………………………………………三九六

個人著作目錄……………………………………………四〇四

地方著作目錄……………………………………………四〇五

禁書目錄…………………………………………………四〇八

刻書目錄…………………………………………………四一〇

闕書目錄……………………………………………………………四一

版本目錄……………………………………………………………四一三

善本目錄……………………………………………………………四一四

敦煌寫本目錄………………………………………………………四一七

舉要目錄……………………………………………………………四一八

解題目錄……………………………………………………………四二三

辨譌目錄……………………………………………………………四二四

結論篇………………………………………………………………四二七

著者對於古代目錄學之感想………………………………………四二七

著者對於現代目錄學之感想………………………………………四二七

著者對於將來目錄學之希望………………………………………四二八

# 中國目錄學史

## 敍論篇

### 目錄

目錄　有一書之目錄，有羣書之目錄。「尚書有青絲編目錄。」文選任彥昇爲范始興作求立太宰碑表注引七略語。此一書之目錄也。班固所謂「爰著目錄略述洪烈述藝文志第十」一句，而漫屬上文「劉向司籍，九流以別」漢書敍傳語。今人引用此語者，每抹去最後爲句。殊不知此「爰」字屬於班固而不屬於劉向。蓋因向已別九流，固方得藉以著目錄爲藝文志也。試比較敍傳其他各條，便知此義。

其次之謂錄有多數之名目且有一定之次序之謂目錄曰目曰錄皆非單獨義本相通故成一體萬事萬物莫不有名卽莫不有目錄然多隨意編次不成學術獨圖書之目錄發生甚早發展甚速其爲學者所研究且成爲一切學術之綱領也尤迥異於他項目錄故獨成爲專門之學術焉一般簡稱圖書目錄爲目錄固非無由。

考目之本義原爲人眼：甲骨文有 ◎ 十六之一。◎ 鐵雲藏龜頁十二之一。◎ 鐵雲藏龜之餘頁十之三。 鐵雲藏龜拾遺等字，拙著目錄學誤據殷虛文字類編，

中國目錄學史 二

妄謂甲骨文無目字，失之不考，深滋內疚。謹於此敬告讀者曰：

凡本書論斷有與舊著差異者，請以本書爲主，勿怪其矛盾。

屮目父癸爵有▢字皆象人眼外匡內瞳之

狀管子宙合「目司視」禮記郊特牲「目氣之清明者也」然人眼有二木之節似眼而其數不限於一，

故木節亦謂之目考工記「斲目必荼」注「目幹節目也」禮記學記：「善問者如攻堅木先其易者，

後其節目」呂氏春秋「尺之木必有節目」後世以複數之名物謂之節目即援斯義而引申之也。

周官天官「一曰正掌官法以治要二曰師掌官成以治凡三曰司掌官法以治目」公羊傳僖五年：「諸

侯何以不序？一事而再見者前目而後凡也。」春秋繁露深察名號：「目者徧辨其事也凡者獨舉其事也。」

故目者凡之反有逐一稱道之義論語「顏淵問仁子曰『克己復禮爲人』請問其目子曰：『非禮

勿視非禮勿聽非禮勿言非禮勿動。』即其例也自後凡有著述者多撮二三字爲一篇之眉目故

劉向校書「輒條其篇目」；志漢「比類相從各有條目。」漢書本傳漸進而與錄字結合爲一體矣。

錄之本字作彔甲骨鐘鼎文字皆無錄字僅有彔字作▢說文金部：「錄金色也從金彔聲」樾謂錄爲金

一○。彔數頌彔數。彔伯戎 彔多父 彔簋 等形。俞樾兒笘錄『說文金部：「錄金色也」從金彔聲』樾謂錄爲金

色於古無徵許君蓋依彔字說之彔從系爲色青黃也故錄從金爲金色金之色亦在青黃之間也然

殷虛書契前編卷六頁一之八。 後編卷下頁十 後編卷下頁十四 菁華

恐非字之本義。今按錄者，彔之或體也。彔部：「彔，刻木彔彔也。」刻木必用刀，故或從金周官職幣曰：「皆辨其物而奠其錄」杜子春曰「定其錄籍也」隱十年公羊傳曰：「春秋錄內而略外」蓋古八文字箸在方策故謂之錄，即從刻木之義而引申之也．錄與盧古音相近故錄囚亦謂之盧囚金部：「鑢，錯銅鐵也。從金盧聲。」錯銅鐵謂之鑢，刻木謂之錄，蓋聲近而義可通矣。』章炳麟〈小學答問〉：『凡言記錄者，借為刻木彔彔之彔古為書契本刻木為彔之也。彔，縷錄古音皆在侯部得相通假縷錄同為束，鏤彔同為刻矣。』推俞樾章二家之說察甲骨鐘鼎文字之形則彔字為刻木之聲亦為刻木之形故成為刻木之義錄之本字當為彔似可無疑作動詞用則有詳明記識之義禮記檀弓下：「銘明旌也；以死者為不可別已故以其旗識之愛之斯錄之矣敬之斯盡其道焉耳」註「愛親者不忍死其親故錄而識之。」公羊傳隱十年：「內大惡諱此其言甚之何？春秋錄內而略外於外大惡書，小惡不書；於內大惡諱，小惡書」成八、九年：「此何以書錄伯姬也」定四年：「外大夫不書葬此何以書錄我主也。」莊二：「外大夫不卒此何以卒錄焉爾曷為錄焉爾我主之也」穀梁傳桓五年：「任叔之子者錄父以使子也故微其君臣而著其父子不正父在子代仕之辭也」莊七：「春秋著以傳著疑以傳疑；

中之幾也而曰夜中著焉爾何用見其中也？失變而錄其時，則夜中矣。

有其末不得不錄其本也」比證上列各文則錄字係動詞，有如現代所謂「特寫」之義加重加詳，

使文義益加顯著耳如作名詞用則爲名目之次第：國語吳語載黃池之會吳師昧明進逼晉師晉遣使

問曰：「兩君偃兵接好曰中爲期今大國越錄，而造於弊邑之軍壘敢請亂故」吳國所越之錄必與

現代開會所用之秩序單相同；原定日中開會，而吳師「昧明」進軍，故晉使責以越錄耳。周禮天官

「職幣掌式法以斂官府都鄙與凡用邦財者之幣振掌事者之餘財皆辨其物而奠其錄以書楬之，

以詔上之小用賜予歲終則會其出凡邦之會事以式法贊之」夫既辨其物而奠其錄則物之名稱

數量及賜予之先後皆一目了然與上述之開會秩序單用略異然其有一定之次第及含多數

之名物也固無不同則 春秋戰國 之間已稱序列名物次第之單簿爲錄矣。漢官舊儀亦載有二種錄

其一云：「丞相府……官屬吏不朝旦白錄而已。」「橡史有過君侯取錄推其錄三日白病去。」「大

夫見孝廉上計丞長史皆放官司馬門外比丞相橡史白錄。」此官吏之名單或簽到簿也。其二云：

「掖庭令畫漏未盡八刻廬監以茵次上婕好以下至後庭訪白錄所錄所推當御見刻盡去簪珥蒙

閣藏書自購求至插架不似現代之便易必須經過一番整理校讐工夫使書之體質固定內容整潔，
然後始可分類編目插架庋藏此在第一次大校理之向歆時代其前亦有二次然史實不甚明
，且其規模不及向歆之大。實爲必不
可少之過程而在後世宜可稍稍減少繁瑣之手續逐將購求所得之書分類編目而不幸祕閣藏書
僅爲皇帝裝飾門面故任何書籍必須改寫成形質同樣之版本，此因此校讐之功又屬必需直至清廷
校寫四庫全書編撰總目提要，猶兩事同時並舉不可分離焉。此種校書撰錄之事既爲曠代一逢故
任其職者亦由一時文臣濫竽充數未必有專家視爲專門之學聚精會神以貫注之。私家目錄亦不
過聊便稽檢而已更無出奇制勝之必要以是之故二千年來校讐目錄之學並無特殊飛躍之進步。
無論從任何方面觀察後人之所加於向歆者較之向歆之所已發明而實踐者究屬寥寥有限與二
千年之長時期比照慚愧抑不勝矣。至於專門研究校讐目錄之書尤屈指可盡吾人欲知此學之原
理爲何方法爲何僅可從散在各種目錄之字裏行間尋繹之或可得其一鱗半爪然後組織成爲有
系統有條理之學術焉故嚴格論之中國之目錄學無乃尚未成功歟如是則目錄學之含義欲規畫
而矩定之無乃甚難雖然倘終於不復規定則目錄學史殆亦無可着筆故著者就研究所得挹校讐

於目錄之懷，吸收其有關於目錄之精華，而唾棄其無關大義之糟粕，於以進行其工作，庶乎無舉步

維艱之苦焉。別錄釋「讎校」之義謂「一人讀書校其上下，得繆誤為校；一人持本一人讀書，若怨

家相對為讎。」文選魏都賦注，御原指校勘文字篇卷之錯誤而言。然自向、歆領校祕書，始將流動不居

亂雜無序之古書編定目錄以固定其形質，晉世荀勗、宋世謝靈運皆嘗受詔「整理記籍」故校讎
覽六百十八。

之義即為整理並不似近代之專指校勘且校書所撰之目錄自七錄聚為簿錄部後，或謂隋志始有灤
錄類，非也。

可證其職務未必限於校勘文字之脫誤也。唐有詳正學士，宋有祕閣校理顧名思義皆

改為目錄類倘使類名即為學科之名則校讎整理之學古人已認為目錄學矣及宋人鄭樵「取歷

朝著錄略其魚魯豕亥之細而特以部次條別疏通倫類考其得失之故，而為校讎略」見章學誠校
讎通義。古今書錄又轉

棄狹義之校勘而直以廣義之求書、分類、編目等項為校讎學之主要任務。清人章學誠祖述其說乃

謂「校讎之學自劉氏父子淵源流別，最為推見古人大體。而校訂字句則其小焉者也絕學不傳千

載而後鄭樵始有窺見，而未盡其異人亦無由知之。」世之論校讎者惟爭辨於行墨字句之間不復知

有淵源流別矣近人不得其說，而於古書有篇卷參差敘例同異當考辨者乃謂古人別有目錄之學，

真鳳詫聞且搖曳作態以出之言或人不解問伊書止求其義理足矣目錄無關文義何必講求彼則笑而不言真是貧兒賣弄家私不值一笑矣」（見章氏遺書信攎。）學誠之意直不承認有所謂目錄學而欲以校讎學包舉之實則學誠之所謂校讎學正吾人亟應提倡之真正目錄學而其所鄙薄之目錄學卻又相當於狹義之校讎學——校勘學也試述其言一則曰:「校讎之義蓋自劉向父子部次條別將以辨章學術考鏡源流非深明於道術深微羣言得失之故者不足與此」（校讎通義敘。）再則曰:「著錄部次辨章流別將以折衷六藝宣明大道不徒為甲乙紀數之需。」（同上原道。）三則曰:「古人著錄不徒為甲乙部次計如徒為甲乙部次計則一掌故今史足矣何用父子世業閱年二紀僅乃卒業乎?」（實則甲乙部次亦並不易,且向歆業乃因整理及校讎繕寫之艱時,並非因有何神妙。）蓋部次流別,申明大道,敍列九流百氏之學,使之繩貫珠聯,無少缺逸,欲人即類求書因書究學」（同上互著。）夫目錄學分類之目的正欲人「即類求書因書究學」同類之書所以須按時代排列者正欲「考鏡源流」。編目之法所以詳列各書梗概者正欲「辨章學術」。此所謂「部次條別」者正廣義校讎學之目錄學所應負責之事古人既早已名此種著錄書名之書為目錄則正名為目錄學也實最適宜。何必拘守鄭樵不甚通道之舊名致使人誤認為狹義校讎

學之校勘學哉著者嘗取學誠之語而修正其意定目錄學之意義曰：「目錄學者，將羣書部次甲乙，

條別異同推闡大義疏通倫類將以辨章學術考鏡源流人卽類求書因書究學之專門學術也」

見拙著
目錄學

蓋學術淵深研究非易舍師生口耳傳授及親身實地經驗之外實惟書籍是賴學術如千門

萬戶書籍更已不祇汗牛充棟將欲因書究學非有目錄學爲之嚮導則事倍而功半故分言之則各種

學術皆有其目錄學合言之則目錄學實負有指導各種學術之責任淺言之將繁富亂雜之書籍編

次爲部別州居之目錄使學者自求之目錄學之職務也深言之不特使書籍有一定之位置且能

介紹其內容於學者使學者瞭然依南針以前趨尤目錄學家之功勛也著者之見解若是故其所謂

目錄不限於書名目錄學亦不限於分類編目試讀次章便知其義。

**目錄之種類與目錄學之範圍**　區別目錄爲若干種類其說頗繁。首先議及者當推清乾、嘉間

之洪亮吉其言雖指藏書家實可借爲目錄學家之分類曰：「藏書有數等：得一書必推求本原是正

缺失是謂考訂家如錢少詹大昕、戴吉士震諸人是也。次則辨其板片，注其錯譌，是謂校讎家，如盧學

士文弨、翁閣學方綱諸人是也。次則搜采異本上則補石室金匱之遺亡下可備通人博士之瀏覽是

九

敘論篇

謂收藏家如鄞縣范氏之天一閣、錢唐吳氏之瓶花齋、崑山徐氏之傳是樓諸家是也。次則第求精本，

獨嗜宋刻作者之旨意縱未盡窺而刻書之年月最所深悉是謂賞鑒家如吳門黃主事丕烈鄔鎮鮑

處士廷博諸人是也又次則於舊家中落者賤售其所藏富室嗜書者要求其善價眼別其贗心知古

今閩本蜀本一不得欺宋槧元槧見而卽識是謂掠販家如吳門之錢景開陶五柳湖州之施漢英諸

書估是也」北江詩話卷三。由其所論以事推究則藏書有考訂校讎收藏賞鑒掠販諸家之不同卽目錄亦

有此五者之異雖非甚切亦可借喻也爲一切目錄作總目錄從而分別部類者則始於二十年前之

周貞亮李之鼎其書目舉要分一切目錄爲部錄編目補志題跋考訂校補引書版刻未刊書藏書釋

道目十一類後來陳鐘凡加「自著書」而成十二類。見古書校讀法。孫德謙則分爲藏書家之目錄讀書家

之目錄史家之目錄三類。見漢書藝文志舉例序。張爾田則分爲官家之目錄、藏家之目錄、史家之目錄三類。見劉向校讎學闡微。業師胡樸安先生則以網羅古人著作保存自己收藏考訂板本研究學問四項目的之歧而

分爲四類。論編書目，見國學彙編。此三家徒作空論不似周李之實地經驗故詳略迥殊而其不恰切則亦從同。

近年邵瑞彭閤樹善等撰書目長編用意與周李同而分類又異列表如左：

書目長編

　貯藏類 ─┬─ 公藏
　　　　　└─ 私藏

　史乘類 ─┬─ 正史
　　　　　├─ 備采
　　　　　├─ 補史
　　　　　├─ 通載
　　　　　└─ 方志

　　　　　┌─ 金類
　　　　　├─ 門類 ─┬─ 分類
　　　　　├─ 　　　└─ 專書
　　　　　├─ 徵闕
　　　　　├─ 禁毀
　　　　　└─ 徵引

　徵存類 ─── 著刊 ─┬─ 自著
　　　　　　　　　　└─ 自刊

二

確有其書而詳爲分類者則以北平圖書館書目爲比較最詳，列表如左：

叢書 ┬ 叢書總目
　　 └ 叢書分目

版片

經眼 ┬ 知見
　　 └ 題志

勸學

評論類 ┬ 流略
　　　 └ 掌故

圖書學 ┬ 通論
　　　 ├ 目錄學
　　　 ├ 板刻
　　　 ├ 校讎
　　　 ├ 考證
　　　 └ 書影

〔著錄〕

書錄

叢書目錄 — 總目 / 子目 / 附叢刻

藝文志 — 史志（通記・斷代）・邑志（中國・外國）

著述考 — 個人・學派

學術總目 — 族姓

經籍・小學・歷史・地理

國立北平圖書館書目目錄類 ── 圖書目錄

學科專目
金石
傳記
哲學
宗教
科學
藝術
文學

存燬書目
徵存
知見
引用
禁燬
闕佚
六刊

刊行書目

題跋及讀書記

次則清華大學圖目分爲圖書學、圖書目錄藝文志與著述考存燬書目學術書目收藏書目、譯書題記刊行書目各國藏書目九大類每類各有子目。此二書分類皆不能無誤清華目甚至合敍錄

與論文索引爲一類，分題跋與讀書記爲二類，甚可笑也。著者對於目錄之分類，非羣書之

多方面着眼，一、自條目體積之大小分之，則有篇目與書目之異，一般僅認書目爲目錄，固嫌已隘，卽

承認一書之篇目而不承認羣書篇目之引得（Index），亦未爲知方之論也。蓋篇目猶傳記，書目猶

歷史，集傳而成史，無異集篇而成書，故本書不僅專論書目而倂論及篇目焉。二、自書籍典藏之有無

分之，則有藏書目錄與非藏書目錄之異。杜定友以目錄之名專屬之藏書目錄，其非然者則謂之書

目，名詞界義殊不清晰，未若以目錄爲通名而別加以形容詞之爲愈也。倘使論目錄學而不及非藏

書之目錄，新薲二派皆然。則目錄學之功纔得其半，尤爲未可。三、自藏書目錄之藏者分之，則有公藏、私藏，公

開、非公開，獨立、非獨立，古今中外，種種區別，皆爲庋藏方便起見，實無深義存焉。四、自非藏書目錄之

對象分之，則有時代、地方、學術、人格、數量、實質之別，紛紛非一語可盡也。五、自目錄結集之形式分之，

則有賬簿式固活頁式片之異。六、自目錄排列之方法分之，則有辭典式、依檢字法類書式、依分類法年

表式、依年月排列。百科全書式依事物排列。序跋式、序。漫無定之異。七、自目錄標題之性質分之，則有著者目錄

以著者姓名爲綱。書名目錄以書名爲綱。分類目錄以類名爲綱。主題目錄以事物名爲綱。之異。八、自目錄內容之體制分之，則

有純書目，有僅記書名，著名，卷數者，純解題、有於書目後作解題者，兼書目及解題之異。自解題內容之有彙記版本參考事項者。有於書籍中作題跋者。

旨趣分之則有解釋內容訂正訛誤考索存佚研究版本批評是非敘述源流之異又或兼而有之窮流索枝其類實繁目錄學之範圍亦緣此而畫定焉曰：非書目之是究而篇目之或忘一也非藏書之是限而關書之不求二也非名數之是徵而內容之不問三也更有進於此者曰目錄學與校讎學有關但重其篇卷之整理而忽其字句之校勘一也目錄學與考證學有關但取其對於書籍眞僞史事先後之考訂而棄其不關於書籍者二也目錄學與版本學有關但取其對於版本優劣之考定而棄其嗜古好奇之態度三也目錄學與傳記學有關但記著者對於書籍之關係而不必詳其人之全體四也目錄學與檢字學有關用其法以排列條目五也目錄學與分類學有關取百科分類之標題爲分類目錄或主題目錄之綱領六也目錄學與圖書館學有關但祗分其疆域之半過問選書求書分類編目插架輔導等事而不必預聞圖書館之組織管理經營等事七也目錄學與圖書史或學術史西人所謂書史學。有關然彼則注重書籍及其所表現之學術之直線關係而此則注重其平面關係八也。

目錄學與百科學術皆有關係蓋必識百科之大概或就教於各科專家然後可製成優良之目錄以

助百科學術之發展九也。綜此十餘義，則目錄學之性質及其範圍約略可定，如絲之有緒，海之有涯，庶無惑焉。

## 目錄學史之組織

著者對於目錄學之性質及其範圍既有如上之認識，故其目錄學史之撰著亦依此線索以尋求史料推究大勢。著者以爲分類編目固目錄學之二大工程；而編目必須包括解題，此義爲今人之所忽而其事則爲古人之所嘗努力，乃吾人亟應恢復其注意者，狹義之校讎學固另有其界域爲目錄學史所不宜侵略然古代之校書實與編目有密切之關連苟不涉及，則猶截流治水不從源頭設法，其不能成功也必矣。故於廣義之校讎學亦不能不連帶敍述焉。一般治歷史者每喜用斷代法蓋一時代苟有一時代之特殊色彩，其斷代也固宜然在中國目錄學史中則時代之精神殆無特別之差異強立名義反覺辭費，故本書不用此法而特取若干主題通古今而直述，使其源流畢具，一覽無餘。此種主題分述法亦有其流弊，一則同一事件而分散於各題之中，不能識其全貌，蓋有經無緯則組織不能周密也。一則文氣所至不便瑣陳，以致時代不明後先倒亂，蓋旣分題各篇則不能依時代爲先後故忽今忽古，使讀者迷亂莫明尤其大患。著者爲此統籌並顧決依

一九

史事之所宜採多樣之體例以斬體例爲史事所用而史事不爲體例所困。故首述溯源篇以推究目錄之淵源迄於向歆錄略而止舉凡書籍之產生傳述整理校勘寫定分類編目以至插架莫不推尋其原始狀態混合敍述不似後此各篇之以主題爲綱領在全書中其筆法獨異倘欲名之或可謂之追問法其次所宜述者爲目錄學史之全貌既不欲順時斷代爲混合之論次又不欲雜廁無關要義之關係史事於各主題篇中故特用正史之本紀體例取自古至今有關於目錄學之零星史事依年代之先後逐件繫年名之曰通紀篇此篇悉屬原料從千百書中鈎稽而出考定排比費時最多書成自觀殊覺乏味然欲確知某一史事之時代及其過程則舍是莫由苟能一氣讀畢對於中國目錄學之發展亦可隱約得一概念專家用作參考必可免繙檢之煩且讀各主題篇時必有隨手比照增加領略之功然因其數量太多頗覺累贅故特抽出單行易名曰中國目錄學年表。此篇之後分題另篇不復綜合一曰體質篇二曰分類篇皆所以勘同析異明變求因上下古今分別學派合數十家爲一段不復臚列條別所用體例蓋如正史之書志以事爲主不以人或書爲主重在大勢而不重在個體。

此二篇者在全書最爲重要。欲知中國目錄學之主要精神必亦於此求之。然其所述皆爲總目錄之

演變，故於性質特別之目錄未暇兼顧。於是另作史志篇以述各時代之目錄，作宗教目錄篇以述見

棄於總目錄之目錄作專科目錄篇以述各種學術之目錄作特種目錄篇以述各種畸形發展不以

學術分類之目錄。專科篇以學術分科溯古詳今側意提倡。特種篇以對象分題如叢書禁書以至地

方著作皆未可限於一科者也。宗教篇大體以書名為主若解題然此因其向為正統派所不道知者

尤鮮故考證論次比較稍詳史志篇則以時代為主凡正史藝文志之來源後世補志之紛起莫不加

以評騭。而史志之成莫不據祕閣之校讎合而為目錄學之正統派故作一校讎篇為之前驅。此五篇

者所用筆法各異且與前二篇亦迥殊縱橫經緯交相為功不拘泥於體例之一致庶幾各得如意遣

辭不為文氣所迫焉最後乃作結論篇略陳著者對於過去之感想將來之希望以結束全書如此安

排稍覺稱意但恐材料蕪雜分配維艱則重複矛盾之弊失於檢點者亦不少耳。

# 溯源篇

上古典籍與目錄之體制爲何如乎？ 此問題頗難解答。故一般敘次中國目錄源流者，多斷始

於西漢末年之別錄與七略，方援鉅儒之敘哲學史以自解，意謂古書多僞，未敢據以爲說耳，此猶直

認黃河出於積石，長江導於岷沱，而不知其上流尚有更幽遠之淵源也；因噎而廢食，畫地以自限，距

足與議史學哉？竺舊之流則又侈談義農曾孔孟，以謂古學尤盛於後世，六藝爲百科之祖宗，此其

泥古寡聞，弊深於懷疑派，更不可沿爲記事之法。著者竊謂研究古史，宜取最真實而最清楚之某一

事蹟爲根據點，用追問溯尋法，向上循察，步步爲營，逐一解決。蓋有已知之史事爲嚮導，循其脈絡，鉤

沉顯微，自易爲力，可無擱埴索塗之苦。較之輕信成說，順敘古今，不復深究者，似覺稍安。茲當推究中

國目錄之起源，不能不連帶明瞭上古典籍之情狀。而前人成說，多不可靠，故拈取別錄七略爲追求

之出發點，先領略其本身之一切，然後遍查現存古書，從字裏行間拔識有關於典籍與目錄之記載，

綜合比較以解答所欲尋索之問題。即用問答式逐條論次倒溯上去，首宜提問者：

（一）錄略之前有目錄乎？曰：有，有。漢書藝文志簡稱漢志。有云：「自春秋至於戰國，出奇設伏，變

詐之兵並作。漢與張良韓信序次兵法凡百八十二家，删取要用定著三十五家。諸呂用事，而盜取之。

武帝時軍政楊僕捃摭遺逸紀奏兵錄，猶未能備。至于孝成命任宏論次兵書目錄爲四種」據此，則任宏

與劉向等校書以前已有良信校兵法，楊僕撰兵錄之事。兵錄之確爲兵書目錄，望名可知。參看敘。良論篇。信

信之「序次」等於任宏之「論次」亦有編次目錄之意，「删取」之後又有「定著」則舊書新

書殆各有目錄也。楊僕紀奏兵錄之時，當在元朔五年之後。是年夏六月，武帝有「今禮壞樂崩朕

甚閔焉」之詔。本見漢書武紀。漢志注引藏書之策，多至六處，而謂其皆無目錄，其誰信之？何況在後之任宏

撰兵書目錄，則其他各種藏書之策亦或各有校書撰錄之事。蓋「外則有太常太史博士之藏，內則

論次兵書，同時有劉向尹咸李柱國等分校六藝諸子詩賦數術方技。在前之良信序次兵法，同時有

「蕭何次律令，張蒼爲定。章程叔孫通定禮儀」末段。史記自序豈有中間之漢武帝獨令楊僕紀奏兵

錄，而不更令他人校定所寫所藏之書乎？此蓋史文偶未及載耳治史之法，固不可錯認不見史載之

事便爲並無其事也至於「蕭何次律令」等事，史記自序之於「秦撥去古文焚滅詩、書，故明堂、石室、金匱玉版圖籍散亂，於是漢興」之後與「韓信申軍法」相屬爲文足證其爲同一目的同一辦法，同因「圖籍散亂」而加以「序次」「刪取要用」「定著」爲若干家俾合當代政治上之實用。此種對古書下一番大規模之整理，在現存史料中實爲最古之事實考「沛公至咸陽蕭何獨先入收秦丞相御史律令圖書藏之。」史記本傳。張蒼「秦時爲御史主柱下方書」「明悉天下圖書計籍」史記本傳。叔孫通「起朝儀」「頗采古禮與秦儀雜就之。」史記本傳。朝儀之外此其人皆熟悉古書故堪任序次定著之選。韓信被俘，叔孫起儀皆爲漢高帝六年之事倘使彼等所序次之律令軍法、章程禮儀而各有目錄也則目錄之產生距今已二一三八年矣雖然此僅就史記明白標舉者而推論之耳若更追究之則宜問曰：

　（2）秦室藏書有目錄乎？　曰：有，有卽從上引史記自序所載可以知之。蓋「明堂石室、金匱玉版」之「圖籍」所以「散亂，實因「秦撥去古文焚滅詩、書」之「故。」詩書爲圖籍之一部分，既經抽出焚滅故圖籍爲之「散亂」耳當未散亂時其必有目錄爲之綱紀亦在意中況當秦始皇

焚書時李斯定其令曰：「史官非秦紀皆燒之。非博士官所職天下敢有藏詩書、百家語者悉詣守尉雜燒之。所不去者醫藥卜筮種樹之書。若欲有學法令以吏爲師」見史記卷六。夫其必焚與不必焚者既各有其類而非不分皂白倘欲臣民有所依循乎其必有目錄以爲標準或列舉其書名或約定其種類庶使臣民不致無所措手足焉。史文貴簡雖不暇記其目錄之體制如何然即就此令分析之，則秦紀法令及醫藥卜筮種樹五類之書不必燒詩書、百家語及秦紀以外之諸侯史記四類之書必須燒，其類別亦已儼然存在矣。

（3）然則戰國時代如何？　曰：史料缺乏，不能確知矣所可知者（一）墨子稱「今天下之士君子之書不可勝載」上見天志。莊子稱「惠施多方其書五車」見天下篇。則私人已有藏書者矣。（二）墨子屢稱「先王之書」上見天志，「徵以先王之書五車」見非命中。「先王之書子亦見之」見公孟篇。又屢引「先王之書」距年呂刑太誓湯誓仲虺及夏書禹書殷書周書周頌之言，見尙賢中、非命中、下、尙同中、明鬼下等。戰國策稱蘇秦「發書陳篋數十得太公陰符之謀」見戰策史記作得周書陰符。孟子稱「盡信書則不如無書；吾於武成取其二三策而已」下見盡心。其他諸子亦多

徵引古書篇名者，可見向來官府所守之典籍，至戰國時代已為民間通行之讀物且皆有篇目矣。

(三)司馬遷稱「吾讀管氏牧民、山高、乘馬、輕重、九府及晏子春秋」史記卷六十二。「韓非作孤憤、五蠹、內外儲說林、說難十餘萬言。」史記卷六十三。

大抵率寓言也。作漁父、盜跖、胠篋以詆訿孔子之徒」

並見史記卷墨翟孫卿著書亦有包含文義之篇目。惟孟子篇目無意義。可見戰國後期著述必命題目其單篇亦能孤行也。子皆摘每篇首二三字為篇目，並無意義，則知含義之篇目應稍後出。（四）百家競出各有異同。莊子嘗別當代諸子為(1)鄒魯之士(2)墨翟禽滑釐(3)宋鈃尹文(4)彭蒙田駢慎到(5)關尹老聃(6)惠施(7)莊周七派，見天下篇。看分類。(五)司馬遷又稱「秦既得意燒天下詩書諸侯史記尤甚為其有所刺譏也。詩書所以者矣。復見者多藏人家。而史記獨藏周室以故滅。」史記卷十五。由此又知周室藏書至戰國猶然也；墨子稱孔子「西觀周室」，論史記舊聞。與於魯而次春秋。」史記卷十四亦稱孔子「西觀周室，如周得百二十國寶書誠不誣也。綜此五例，則戰國時代官私皆多藏書著述各有篇目蓋平民初得解放學術遽然發達書之數量增多即目錄之需要益亟今雖未得確證亦不能武斷當時藏書必無目錄也。

溯源篇

二七

4）春秋時代藏書之法如何？　曰典司之官，藏守之所，分類之名，皆昭昭可考也。（二）左氏春秋述周襄王詰談之言曰：「且昔而高祖孫伯黶司晉之典籍以爲大政故曰籍氏及辛有之二子董之於是乎有董史。女司典之後也何故忘之」昭公十五年，當民國紀元前二四三八年。又記「王子朝及召氏之族、毛氏得尹氏固南宮囂奉周之典籍以奔楚。」昭公二十六年。史記記「司馬氏世典周史惠襄之間，司馬氏去周適晉」自國語述周靈王太子晉之言曰：「若啟先王之遺訓省其典圖刑法而觀其廢興者皆可知也。」周語下。讀此則周室諸侯皆有專官以司典籍故得「啟」而「省」之（二）其藏典籍之所則或曰盟府或曰故府。諸侯稱周，則曰周府。大夫稱公，則曰公府。左氏春秋記「虢仲虢叔爲文王卿士勳在王室藏於盟府」僖公五年。「周公大公股肱周室夾輔成王成王勞之而賜之盟曰：『世世子孫，無相害也』載在盟府，大師職之」僖公二十六年。「夫賞國之典也。藏在盟府不可廢也」晉事，見襄公十一年。晉士彌牟不能解薛宋之紛。因「薛徵於人宋徵於鬼」乃不得不徵諸典籍曰「晉之從政者新子姑受功歸吾視諸故府」。「晉文公爲踐土之盟衛……猶先蔡其載書云『王若曰：晉重、魯申、衛武、蔡甲午、鄭捷、齊潘、宋王臣、莒期』藏在周府可覆視也」。定公四年。杜洩反對不以卿禮葬叔

孫，曰：「書在公府而弗以，是廢三官也。」昭公四年。

大史氏見易象與魯春秋曰：『周禮盡在是矣吾乃今知周公之德與周之所以王也』魯昭公「二年春晉侯使韓宣子來聘，......觀書於當民元前二四三二年。

據此則周與晉魯皆有藏書之府且有大史氏「貳而藏之」禮（三）魯哀公「三年夏五月辛卯司南宮敬叔至命周人出御書......子服景伯至命宰人

鐸火火踰公宮桓僖災救火者皆曰『顧府』氏。亦見左

出禮書......季桓子至......命藏象魏曰『舊章不可亡也』象魏爲公布於府外之法令，亦見左

御書禮書爲深藏於府內之典籍；觀三大夫之權衡輕重各有所取則平日度藏原已分類可想而知。

（四）國語述申叔時對楚莊王貢獻教育太子之意見曰：「教之春秋，而爲之聳善而抑惡焉，以戒勸

其心教之世，謂先王之世繫也，如世本。以休懼其動教之詩，而爲之導廣顯德以耀明其志教之禮使

知上下之則教之樂，以疏其穢而鎮其浮教之令，或卽如楚之令典一類。使訪物官教之語，或卽國語之類。

使明其德而知先王之務用明德於民也教之故志，使知廢興者而戒懼焉教之訓典使知族

牧野之語。

類行比義焉。見楚語上。其時約在民國紀元前二千五百餘年。

是九者固當時習見日用之典籍之一部分欲取以爲教科書

者，較諸後世所尊之六藝──六經少易書而多世令語故志訓典夫以開化但故志或卽書之書字，穀梁皆作志。左氏公羊

或卽樂記曾引。禮記樂記

未久之楚國已有如此繁多之典籍，則中原各國藏書決不限於區區六經，亦可恍然矣。（五）左氏又

述楚之左史猗相「是能讀三墳、五典、八索、九丘」昭公十二年，當民元前二四四一年，孔丘已二十二歲。正義引孔安國尚書序、

及賈逵、張平子、馬融之異說，然「此諸家各以意言，無正驗」杜預已不信之故注云：「皆古書名」亦正義語。

著者則以為既有數字必非書名而為類名，如後世之合稱易書詩禮樂春秋為六藝諸子為

九流之例倘此說不謬則三墳五典八索九丘即為楚府藏書之分類名稱觀乎楚靈王盛誇猗相之

時子革則稱其不知祭公謀父祈招之詩足見詩為書目包括在墳典索丘之某一類內觀乎周禮

「大宰之職掌建邦之六典，一曰治典二曰教典三曰禮典四曰政典五曰刑典六曰事典」天官冢宰。

禮記「大宰、大宗、大史、大祝、大士、大卜典司六典。」曲禮下。今文尚書有所謂「慎徽五典，五典克從」舜典

「天敍有典，勑我五典五惇哉。」臯陶謨。則古代確有所謂五典六典者宜其可為藏書之類名三墳、

八索、九丘之義雖難索解，當亦可據五典以推定之。此誠一最有趣味之問題也。

（5）孔丘以前有何典籍乎？　二千年來，中國學術受漢武帝表章六藝之影響，抱殘守缺，進步

極緩，有識者痛心焉。時至科學飛躍之今日猶有人提倡讀經，而不知所謂五經者乃上古典籍千百

中偶存之一二也請先考出孔丘以前周、魯府藏有何典籍，然後辨明孔丘與六藝——五經有何關

係。讀現存古籍猶知上古最多者爲史官所書之「書」書字原係動詞，頌鼎作書頌敦作書以

手秉筆口象竹簡，中間各畫象刻簡作字之形小點則其殘屑也作書爲史官之專技故史字甲骨文

作書　殷虛書契前編卷五頁三十九。

史籀作書、史燕籀作書、吳籀作書、師酉敦作書，向來考釋字義者所見多誤著

者於六年前授中國史學史於國立暨南大學即謂史字之一甚長而貫穿手心必爲刻字之刀筆；

口則一般已承認爲簡形以手執簡秉筆確爲史官之專門職業試求證據於古籍則「史載筆」見

於禮記曲禮上董安于多「之少也進秉筆贊爲名命稱於前世立義於諸侯」見於國語晉語九。

「南史氏聞大史盡死執簡以往」見於左氏襄公二十五年「史由君右執策命之」見於國語晉語；

「大史典禮執簡記」見於禮記王制「史爲書」見於左氏襄公十四年「史不絕書」見於禮記祭統；

「史不失書」見於國語楚語上「君舉必書」見於左氏莊公二十三年及國語魯語上。

二十九年；「史獻書」見於國語周語上「史掌官書以贊治」見於周禮天官冢宰綜合上述諸義比較事勒

之形則史爲秉筆執簡之人書爲史官秉筆刻簡之狀當可瞭然祇因上古作書平常則刻於竹簡木

版，卜筮則刻於龜甲獸骨，欲傳久遠則「鏤於金石琢於盤盂，（墨子兼愛下。）省非常人所能勝任故史官乃成專技。禮記王制所謂「凡執技以事上者祝史射御醫卜及百工凡執技以事上者不貳事不移官出鄉不與士齒。」司馬遷與任少卿書所謂「文史星歷近乎卜祝之間固主上所戲弄倡優所畜，流俗之所輕也」皆足證史猶現代之書記員故各種衙門皆有之。（如禮記內則之州史閭史，儀禮既夕禮之主人之史、公史，皆足證周禮有史數百人之並非虛設。各種史官之分職，著者別有詳述之，此不贅陳。）惟大史所書者為國家之大事故其書即以「書」為名而冠以國號。

上古史書之名稱見引於現存古籍者，如虞書、（見左氏文公十八年。）夏書、（左氏僖五，宣六，成二，襄三十一，昭八。墨子七患。）商書、（左氏文五，成殷書。墨子七患。）周書、（左氏襄三十一，昭八，昭十四，十七，哀六，十八。墨子七患，明鬼上。）鄭書、（左氏襄三十，昭二十。）楚書、禮書。皆是類也。其書皆史官隨時所記文體散漫各篇獨立無嚴密之結構亦有散出單行者，如距年呂刑泰誓湯誓仲虺禹誓官刑湯說武觀（並見墨子。）盤庚、（國語。）尹吉高宗記（禮。）大戰掞語多政、大戊記伯禽康誥等篇皆是也。（尚書大傳。）後來史官知識進步以單篇獨立之「書」未能表現前後史事之關係且文字繁蕪而不易省覽故刪節文字編次年月通記古事為一篇晉初出土之竹書紀年「記夏以來至周幽王為犬戎所滅以事接之三家分仍述魏事至安釐王之二十二年蓋魏國之史

書。」見晉書卷五十一。漢司馬遷所讀之謀記，「黃帝以來皆有年數」。史記卷十三。又名春秋歷譜謀。史記卷十四。蓋此種體制由來頗遠但至春秋時代始盛行於世故今存之春秋斷始於魯隱公元年。當民元前二六三三年。而舊式之「書」則漸漸顯新陳代謝之態故書之最後一篇秦誓截止於魯僖公三十三年。當民前二五三八年。迨魯昭公二年，韓宣子聘魯，「觀書於大史氏」，所見者惟「易象與魯春秋」，其他尚有史官不記其嘗見魯書則書之體制已爲紀年式之春秋所代替不爲一般所重矣故晉「羊舌肸習於春秋」，國語晉語七。「孔子成春秋而亂臣賊子懼」，孟子滕文公下。墨子嘗引周之春秋燕之春秋宋之春秋齊之春秋。墨子明鬼上。及戰國時代，「捃摭春秋之文以著書」者，「不可勝紀。」不幸泰始皇「燒天下詩書諸侯史記尤甚」「而史記獨藏周室以故滅」途不爲後世所知。「獨有秦紀文不載日月其文略不具」史記卷十五。凡此所述皆春秋一體發展之迹以見其名非今存春秋所可專有也春秋時代，「諸侯之會其德刑禮義無國不記。」左氏僖七。宋華耦謂「君之先臣督得罪於宋殤公名在諸侯之策」左氏文十五。衛寧殖謂其子曰：「吾得罪於君，悔而無及也名藏在諸侯之策曰『孫林父寧殖出其君』君入則掩之」左氏襄二十。今存春秋四。書「衛侯出奔齊」果無「孫林父寧殖出其君」之字樣則以後寧殖之子

遵父遺命而迎「衞侯復歸於衞」，（左氏襄二十五。）故春秋原殖之過而「掩」之也。齊大史書「崔杼弑其君」，（左氏襄二十五。）今存春秋亦書「齊崔杼弑其君光」。晉大史書「趙盾弑其君」，（左氏宣二。）今存春秋亦書「晉趙盾弑其君夷皐」。（公羊傳則晉史，原文與此同。）且左氏稱人多以諡字，而今存春秋則直稱姓氏不稱諡字。

故知春秋爲當年史官所書；今存春秋爲魯春秋之舊。縱使曾經孔丘之筆削，大體亦無甚歧異，惟繁簡各殊耳。

除書與春秋之外，孔丘以前，可考知之書名亦復不少。事典、（左氏文六。）政典、（古文尚書胤征。）禮記祭訓典、（楚語上。）令典、（十二。）介典、周公之典、（十一。）皆以典名；禮書、（三。）刑書、（左氏昭六。今文尚書呂刑，丹書，左氏襄二。）載書、（數見。）盟書、（周禮秋官。）命書、璽書、（左氏襄二十九。）皆以書名；軍志、（左氏襄十八。前志六。）史佚之志、（左氏成四。）仲虺之志、（左氏襄三十、左氏昭三。）故志、（國語楚語上。）皆以志名；周文王之法、楚文王之法、太公之法、皆以法名；商頌、（左氏襄二。）周頌、（左氏襄十六。）周文公之頌、（墨子佾、國語同。）皆以頌名；周詩、（左氏。）周文公之詩、（語。）皆以詩名；此外復有夏訓、（左氏襄四。）周易、（左氏。）周制、（周禮。）周禮、周諺、（左氏周語。）周大雅、（周語。）周牧野之語。（樂記。）試遍查古籍，尚有出乎此文所舉者。一言以蔽之曰：春秋時代習見之典籍，決不僅僅限於詩書易禮樂春秋所謂六藝也。

（6）然則孔丘與古代典籍有何關係乎？曰：當與韓信、張良之「序次兵法刪取要用定著三十五家」之事相髣。蓋傳寫古籍嫌其繁多，故「述而不作」與「信而好古」（論語述）並行不悖也。孔丘之好古可於論語徵之。一則曰：「殷因於夏禮所損益可知也；周因於殷禮所損益可知也。」（爲政）再則曰：「夏禮吾能言之杞不足徵也；殷禮吾能言之宋不足徵也。文獻不足故也；足則吾能徵之矣。」（八佾）孔丘之前，已有「宋正考父校商之名頌十二篇於周大師以那爲首」（國語）之事故孔丘之「博學」並非空前。孔丘之前，已有羊舌肸（叔向）、公孫僑（子產）能知「史莫之知」（語）之事亦非初創。孔丘之前，已有申叔時主張教太子以春秋、世、詩、禮、樂、令、語、故志、訓典，故孔丘之以典籍爲教科書，早有先例。左氏國語記時人對話，往往徵引詩書之語，則詩書之爲通行讀物亦甚顯然。左氏引書多稱「周書曰」「夏書曰」，獨於夏訓、康誥、太誓、伯禽則稱篇名，而太誓且係左氏本人所引。似周書夏書之類原爲整部大書，雖用絲編而篇目不顯。史記孔子世家所稱「序書傳……編次其事」雖未必屬實，然既用以教弟子則其刪取之篇必顯其篇目，故左氏得而稱之耳。史記又稱「古者詩三千餘篇及至孔子去其重……關雎之亂以爲風始，鹿鳴爲小雅始，文王爲大雅始，清廟爲頌

始，三百五篇孔子皆弦歌之以求其合韶武雅頌之音」。觀乎論語有「詩三百一言以蔽之曰：思無

邪。」<small>政</small>為「興於詩立於禮成於樂」<small>伯泰</small>等語則孔丘删詩之說諒近實惟雅頌國風之分每首各有<small>左氏不混稱為詩。</small>

名目，春秋已然，孔丘或僅定其先後耳今存詩序為後漢初衛宏所撰見范曄後漢書儒林傳。決非孔丘之

作，已屬無疑書序亦可作如是觀，<small>看新學偽不可依隋書經籍志之說便據以謂書序詩序為目錄之祖</small>經考。

也。至於周易，則向為卜筮之用，孔丘不過讀之「韋編三絕」而已縱使有所解釋繫辭亦已明白標

出「子曰」其序卦連續為文乃經師說易之辭亦非孔丘所作儀禮則周禮之殘本惟士喪禮出於

丘以後至漢代諸儒說禮之總集混亂至不可釐別周禮頗有適合事實者當為漢人根據古籍而<small>恤由之喪哀公使孺悲之孔子學士喪禮士喪禮於是乎書」明見於禮記雜記下禮記為孔</small>

揮理想之政府組織法樂經已亡可不待論所宜考者惟春秋一書自孟軻稱「孔子懼作春秋」後，

後世皆信之不疑左氏則稱「春秋之稱微而顯志而晦婉而成章盡而不汙懲惡而勸善非聖人誰

能修之？」<small>莊十四年。成</small>公羊傳且舉出「不修春秋曰：『雨星不及地尺而復』君子修之曰：『星霣如雨』」<small>十四年。</small>

七史記亦稱孔丘「為春秋筆則筆削則削子夏之徒不能贊一辭」<small>卷四十七。</small>似孔丘對於魯之春秋

確嘗下一番選擇、删削工夫。<sub>[筆則筆。削則削。]</sub>然公羊傳及左氏春秋所記「書」「不書」之理由，則未必

全爲孔丘之原意，或係經師神其事以誇炫世俗耳關於五經與孔丘之關係，著者嘗於古書眞僞

及其年代中詳辯之茲不復贅。此書筆記梁任公先生講辭而加以補充，因嘗略參同學要之，孔丘之功爲其用古<sub>[筆記，故由三人具名附刊於飲冰室專集最後一册。]</sub>

代典籍以教弟子其所用之教科書決不僅限於六藝，而六藝之書亦不僅限於今存殘本蓋自經奉

火後眞相已不能盡知；與其過而尊之，不如付之闕疑吾人考查目錄之淵源固不能曲援孔丘爲其

祖先也今所殘留未問者：

(7)夏商亦有典籍與目錄否乎？　　曰：有，有今文尚書多士稱「惟殷先人，有册有典。」<sub>[見國語晉語四。頁四。]</sub>晉文公

時當民元前二　陽人猶「有夏商之嗣典，……樊仲之官守焉」<sub>[見殷虛書契前編卷四頁三十七。]</sub>
五四六年。

竹書紀年記夏以來事呂氏春秋述「夏太史令終古出其圖法而泣之，……乃出奔如商……<sub>[同上卷五頁十一。]</sub>
或商書。

殷內史向摯見紂之愈亂迷惑也於是載其圖法出亡之周」<sub>[同上卷七]</sub>先議據此推測則夏商之有典籍似無

疑矣若謂古書所載不盡可信則甲骨文亦有册字，作冊　<sub>[同上]</sub>

頁十　同上頁三鐘鼎文亦有册字，作冊　冊　見庚丙册父見冊。冊　見冊。冊冊　見頌壺。冊　見頌敦。　皆象以絲繩
二。　册十九。

或皮革貫穿龜甲或簡牘爲一束之形，與現代插架之圖書無異。典字甲骨文作𠕋，見殷虛書契前編卷四頁三十七。

同上卷七則象以兩手捧册之形，有典藏管理之義。册字後來通作策字，禮記所謂「文、武之政布在方、

策。」中儀禮所謂「百名以上書於策，不及百名書於方。」禮聘皆可見古代之方策、典册、典籍即後世

所謂書籍也。自近代發現安陽小屯之殷虛甲骨文後，益證殷代之典册已甚繁富尤以最近中央

研究院發掘之三十六坑，竟儲有整齊之全年甲骨卜辭，毫無殘缺，更足證明當時典藏已有法則矣。

董作賓在新獲卜辭中又發現其表面之一甲，尾尖有卅∧之文稍上有孔以爲即「册六」二字猶

之卷六其孔即所以貫章編册者。又發現他甲尾尖有𠨰∧或𠨰∧之文以爲即「編六」二字義與

「册六」正同。著者曩見庫方二氏甲骨文字一七四二號下端有88二字88下殘缺即定爲絲字之

闕文絲三云者即第三絫之謂也。今閱董君此說先得我心參以册典二字之義則知殷代大卜之官

用完卜辭後必將龜甲編穿成册每册六甲，按月日之先後捧而典藏之。大卜如此，則大史所書之簡

牘亦必同樣編次典藏，特以簡牘成於竹木朽腐極易，不似龜甲堅靭歷刼不磨，故吾人今日所能見

者僅有殷人之卜辭而無殷人之史書耳。考目錄之淵源至於斯而極矣倘欲再有所發現乎？請待諸

殷虚以前遺物之發現此非不可能之事惟在吾人努力發掘耳。

以上述別錄、七略以前之典籍目錄竟下文將詳究錄略之本身：

劉向等典校秘書之義例　自漢高帝武帝時對藏書作二番之整理後，「百年之間，書積如丘山。」「外有太常太史博士之藏，內有延閣廣內祕室之府」全漢文卷四十一輯七略佚文。成帝河平三年漢書卷「以書頗散亡使謁者陳農求遺書於天下詔光祿大夫劉向校經傳諸子詩賦步兵校尉任宏校兵書太史令尹咸校數術侍醫李柱國校方技」藝文志。漢書卷三十　茲從殘存敍錄鉤出其校書之義例如左：

（1）廣羅異本　管子敍錄『臣向言所校讎中管子書三百八十九篇大中大夫卜圭書二十七篇臣富參書四十一篇射聲校尉立書十一篇太史書九十六篇凡中外書五百六十四篇以校』晏子敍錄『臣向言所校中書晏子十一篇臣向謹與長社尉臣參校讎太史書五篇臣向書一篇參書十三篇凡中外三十篇爲八百三十八章』列子敍錄『臣向言所校中書列子五篇臣向謹與長社尉臣參校讎太常書三篇太史書四篇臣向書六篇臣參書二篇內外書凡二十篇以校』鄧析敍錄『中鄧析書四篇臣敍書一篇凡中外書五篇以相校』申子敍錄『今民間所有上下二篇中書

六篇皆合』讀此因知向等校書之先廣羅異本以相校讎，不拘一家，擇善而從。

（２）互相補充除去複重。　異本既備篇章必有彼此複重，互相補充定著篇章，例如戰國策敍錄『臣向言所校中戰國策書中書餘卷錯亂相糅莒又有國別者八篇少不足臣向因國別者略以時次之分別不以序者以相補除複重得三十三篇』管子敍錄『凡中外書五百六十四篇以校除複重四百八十四篇定著八十六篇。』晏子敍錄『凡中外書三十篇爲八百三十八章除複重二十二篇六百三十八章定著八篇二百一十五章外書無有三十六章中書無有七十一章中外皆有以相定』孫卿敍錄『臣向言所校讎中孫卿書凡三百二十二篇以相校除複重二百九十篇定著三十二篇皆已定。』列子敍錄『內外書凡二十篇以校除複重十二篇定著八篇中書多外書少章亂布在諸篇中』。鄧析書錄『凡中外書五篇以相校除複重爲一篇皆未定』此外如易傳古五子易傳淮南九師道訓莫不除去複重而易經則『臣向以中古文易經校施孟梁邱經或脫去無咎悔亡，唯費氏經與古文同』此與戰國策書之互相補充者無異蓋與除去重複同爲一時並重之工作也。

（3）條別篇章定著目次： 古書每篇獨立不相聯繫既或無篇目亦無一定之次序故第三步

之工作為將不分類之零篇分類各標以篇目並編定其先後次序例如說苑敍錄『臣向言所校中

書說苑雜事及臣向書民間書誣校讎其事類眾多章句相溷或上下謬亂難分別次序除去與新序

複重者其餘淺薄不中義理別集以為百家後以類相從一一條別篇目更以造新事十萬言以上凡

二十篇七百八十四章號曰新苑皆可觀』說苑與新序列女傳皆經向改造『一一條別篇目』『種

類相從』猶可謂事所當然然於其他各書殆亦無不經過如此手續例如禮經十七篇定著十冠禮

第一，至少牢下篇第十七禮記二十三篇定著樂本第一至賓公第二十三晏子八篇定著內篇諫上

第一至外篇不合經術者第八孫卿三十二篇定著勸學篇第一至賦篇第三十二列子八卷定著天

瑞第一至說符第八其篇目次序今猶可見據此並參戰國策敍錄推之則凡古書有不分篇章原無

一定目次者至向等始依類分篇如標篇目確定次序又有原有篇章目次而不甚合理者至向等始

整理刪定使有倫理而免淩亂此種化零為整分疆劃域之工作實使流動不居增減不常之古書凝

固為一定之形態。

（4）讎校訛文脫簡寫定正本：　文選魏都賦注引別錄：『讎校，一人讀書校其上下得繆誤為校。一人持本一人讀書、〔太平御覽引作讀析。〕若怨家相對故曰讎也。』上文已述易經『唯費氏經與古文書同』，『施孟梁丘經或脫去無咎悔亡』而尚書『臣向以中古文校歐陽、大小夏侯三家經文酒誥脫簡一曰詬簡二率簡二十五字者脫亦二十五字簡二十二字者脫亦二十二字文字異者七百有餘，脫字數十』此脫簡之由讎校發見得以補足之例也。尚書『古文或誤以見為典以陶為陰，如此類多。』戰國策『本字多誤脫為半字以趙為肖以齊為立，如此字者多』列子『或字誤以盡以進以賢為形如此者眾，及在新書有榷校讎，從中書已定皆以殺青可繕寫。』晏子『中書以天為芳又為備先為牛章為長，如此類者多。』此訛字之由讎校發見得以改正之例也。訛脫既已訂補篇章目次又已編定然後以『殺青簡書可繕寫』以青絲或縹絲繩編之，而書本之形態成立矣。

（5）命定書名：　中祕所藏策書錯亂相糅莒有無書名者有性質相同而名稱雜出者向等輒命以新書名。例如『中戰國策書……本號或曰國策或曰國事或曰短長或曰事語或曰長書或曰修書。臣向以為戰國時游士輔所用之國為之筴謀宜為戰國策』又如『劉向省新語而作新序』

向又改造、『所校中書說苑雜事……號曰《新苑》』列女傳亦然。昔雖有簡策而無書名，至向等始定著而命以嘉號耳。

右列五項工作雖略有先後，而皆為讎校紛亂之古書所應有之事；在搜羅遺書之後，編定目錄之前，非經此項讎校工夫則雖有書而不能取讀，欲編目而無從着手。蓋上古書籍，多以簡策書寫，簡重絲細，日久易散，而各篇單行，分合自由，非若後世之緊結固定。當劉向等校書之時，對彼實數雖僅一萬三千三百餘篇而容量積如丘山之簡策，實痛感整理編定之不易。故父子世業專家分工歷二十餘年，始克寫定各書編定目錄，由是言之，此五項工作雖純屬校讎學之範圍，而實為目錄學開天闢地時所不少之過程亦即目錄學史所應大書特書者也。

## 劉向等寫定敍錄之義例

校讎工夫既畢，紛亂無序之簡策始固定為有系統且有組織之書本，學者循序誦讀得以瞭解書本之內容，尋繹著者之思想。因而溯泝學術之源流，推求事實之得失，至是而書本之功用始克表現，而校書之勞力始不為枉費矣。然書本羅列，繽紛滿目，選擇既已絕難，尋取亦復不易。如是則有書而無書之用，而目錄學不可不亟亟講求焉。故劉向等校書「每一書已，

向輒條其篇目撮其指意，錄而奏之」。《漢志》其義例如左：

（1）著錄書名與篇目 今存古籍惟荀子《孫卿》目錄尚保存劉向原編狀態，卷末列全書篇目，篇目各有第一第二字樣，然後接寫「撮其指意」之文章。

（2）敍述讎校之原委 將版本之同異，篇數之多少，文字之訛謬，簡策之脫略，書名之異稱，舉凡一切有關讎校之原委與校書人之姓名及上書之年月無不備著於錄，使學者得悉一書寫定之經過。

（3）介紹著者之生平與思想： 例如雅琴趙氏敍錄介紹著者云：「趙氏者，勃海人趙定也，宣帝時，元康神爵間，丞相奏能鼓琴者，勃海趙定、梁國龍德，皆召入見溫室，使鼓琴待詔定為人尚清靜，少言語，善鼓琴，時間燕時開燕為散操，多為之涕泣者」有此一段則學者知雅琴趙氏之著者為一鼓琴專家，其書當甚有價值，為治音樂者所宜參考也。又如晏子敍錄介紹著者云：「晏子名嬰，諡平仲，萊人。萊者今東萊地也，晏子博聞強記，通於古今事，齊靈公、莊公、景公以節儉力行，盡忠極諫道，齊國君得以行，正百姓得以附親，不用則退耕於野，用則必不詘義，不可脅以邪，白刃雖交胸，終不受崔杼之劫。

諫齊若懸而至順而刻。及使諸侯，莫能詘其辭其博通如此。蓋次管仲，內能親親，外能厚賢居相之

位受萬鐘之祿故親戚待其祿而衣食五百餘家處士待而舉火者亦甚衆。晏子衣苴布之衣麛鹿之

裘駕敝車疲馬盡以祿給親戚朋友。齊人以此重之」似此綜述著者生平梗概，語簡而意賅。著者精

神旣能活躍於紙上學者於其所著之書自有不得不看之勢他如孫卿敍錄管子敍錄之類介紹著

者尤爲詳盡餘書之敍錄雖多亡佚然輯其佚文猶多介紹著者之辭殆於無書不述著者矣至於不

知著者爲誰則又有不知則闕疑之例，如於內業謂者功議儒家言衛侯官雜陰陽燕十事法家言雜

家言皆云『不知作者』於宰氏尹都尉趙氏王氏皆云『不知何世』亦不強不知以爲知也。

（4）說明書名之含義著書之原委及書之性質　　例如易傳古五子敍錄『分六十四卦著之

日辰自甲子至於壬子凡五子故號曰五子』易傳淮南道訓敍錄『淮南王聘善爲易者九人從之

采獲故中書署曰淮南九師書』神輸敍錄『神輸者王道失則災害生得則四海輸之祥瑞』周書

敍錄『周時誥誓號令也蓋孔子所論百篇之餘也』世本敍錄『古史官明于古事者之所記也錄

黃帝已來諸侯及卿大夫系諡名號凡十五篇與左氏合也』戰國策敍錄『臣向以爲戰國時游士

輔所用之國爲之筴謀宜爲戰國策。其事繼春秋以後，迄楚漢之起，二百四十五年間之事，皆定。」似

此將一書主旨扼要表出使學者一望而知其書之性質從而判別應讀與否此項工作效率之偉大，似

實超過其他各項工作一倍。無其他各項工作固不能使此事臻於完善然使徒有其他各項而少此

一着，是猶畫龍而不點睛也。

　（5）辨別書之眞偽：　　古書失傳，往往有偽本冒替；後人著作，有時亦依託古人。向等校書竟已

先見及此。如神農敍錄：『疑李悝及商君所說，』不信爲上古神農之書。又如黃帝泰素敍錄『或言

韓諸公孫之所作也。言陰陽五行，以爲黃帝之道也，故曰泰素』不信爲黃帝之書。周訓敍錄：『人間

小書其言俗薄』不信爲周代之官書。又如晏子敍錄『其書六篇皆忠諫其君文章可觀義理可法，

皆合六經之義又有複重文辭頗異不敢遺失復列以爲一篇又有頗不合經術似非晏子言後世

辨士所爲者故亦不敢失復以爲一篇凡八篇』同在一書之中，一部份與其他大部份之意旨或文

辭有異尙且別爲外篇不與內篇相混其愼審可謂極矣乃至漢書藝文志所載辨偽之注於封胡風

后力牧鬼容區諸書皆云『黃帝臣依託也。』於伊尹說則云『其語淺薄似依託也。』於鶡子說則

云：『後世所加。』於師曠則云：『見春秋其言淺薄本與此同似因託也。』於務成子則云：『稱堯問，

非古語』於天乙則云：『天乙謂湯其言非殷時皆依託也。』於大命

則云『傳言禹所作其文似後世語』於黃帝君臣則云：『起六國時與老子相似也』諸如此類實

皆向等校書敍錄之辭漢志從而節取之使學者洞悉各書之眞僞不爲僞書所欺其功大矣。

（6）評論思想或史事之是非：向等校書非特介紹著者之思想與書之內容而已，對於思想

之價值或其書所載之史事輒加以主觀之批判如戰國策敍錄論『周自文、武始崇道德隆禮義，……

……至秦孝公捐禮讓而貴戰爭棄仁義而用詐譎……滑然道德絕矣。……是以蘇

秦、張儀公孫衍陳軫代厲之屬一生從橫短長之說左右傾側。……【辛致】天下大潰【皆】詐僞之弊

也。……夫使天下有可恥故化可致也苟以詐僞偷活取容自上爲之何以率下爲之何以率下爲也，不亦宜

乎？』此評論史事之例也。如孫卿敍錄謂『唯孟軻孫卿能尊尼仲。……如人君能用孫卿，庶幾于

王』，賈誼敍錄謂『賈誼言三代與秦治亂之意其論甚美通達國體雖古之伊管未能遠過也便時

見用功化必大』此評論思想之例也至如列子敍錄分析各篇思想之異同而指出其矛盾尤爲書

評最佳之模範略云：『列子者，鄭人也，與鄭繆公同時蓋有道者也其學本於黃帝、老子，號曰道家。家者秉要執本清虛無爲，及其治身接物務崇不競合於六經。而穆王湯問二篇迂誕恢詭非君子之言也。至於力命篇一推分命揚子之篇唯貴放逸二義乖背不似一家之書然各有所明，亦有可觀者』

（7）敍述學術源流：荀悅漢紀稱『劉向典校經傳，考異集同。』因述『易始自魯商瞿子木受於孔子。』以下云云並與漢書儒林傳、經典釋文敍錄相同，而與劉向所奏各書敍錄之文頗不相合。姚振宗斷爲別錄中輯略之文殊不知別錄不必有輯略，而每書敍錄中固有此種敍述學術之語句。試以列子敍錄備述『其學本于黃帝老子號曰道家』之例推之，便知『易始自魯商瞿子木受於孔子』一段文字必係『易揚氏二篇』之敍錄無疑蓋欲論一家思想之是非非推究其思想之淵源比較其與各家思想之同異不可舉凡漢紀所引姚振宗所認爲別錄之輯略例如『尙書本自濟南伏生』『詩始自魯申公作古訓』『禮始於魯高堂生傳士禮十八篇』皆各書敍錄之原文也。

（8）判定書之價值：　戰國策敘錄謂其書「皆高才秀士度時君之所能行出奇筴異智轉危為安運亡為存亦可喜皆可觀」晏子敘錄謂「其【內篇】六篇可常置旁御觀」孫卿敘錄謂「其書比於記傳可以為法」管子敘錄謂「凡管子書務富國安民道約言要可以曉合經義」此皆為「錄而奏之」之辭旨在對皇帝貢獻故偏於政治其結論雖未必全是要之此種判定一書價值之語，在敘錄中要不可缺如其或缺，則於學者擇書殊少幫助也。

經此八項工作合其所得為一篇文章是名『敘錄』載在本書書既有錄，學者可一覽而得其指歸然後因錄以求書因書而研究學術無茫然不知所從之苦無浪費精神之弊而目錄之學亦已由校讎之學蛻化而形成一部份矣。

別錄與七略之體制不同　有校讎之功然後一之書篇目定形態成有敘錄之作然後一書之內容明價值顯此皆目錄學之前事然其對象僅為一書之本身而非羣書之總體其所定著者為每書之次序而不及羣書之次序其所研究者為著者思想之價值而不及學術源流之關係且書籍既多部別不分則尋求不易學科既多門類不明則研究為難故彙集各書之敘錄依學術之歧異而分

別部類既可準其論次而安排書籍以便尋檢又可綜合研究而辨章學術考求源流；此實爲校讎完畢，各書敍錄寫定後之必然趨勢。

然劉向校書之功，終身未畢雖有分工合作之界域，而分類編目之書殆未及爲。梁阮孝緒七錄序云：『昔劉向校書，輒爲一錄論其指歸辨其訛謬隨竟奏上皆載在本書時又別撰爲一錄謂之別錄；即今之別錄是也。』所謂別錄者，不過將各書之敍錄另寫一份，集爲一書謂之別錄而已其書今雖不傳然由七錄序『別集衆錄』一語推之，別錄必係各書敍錄之總集而姚振宗乃云『典校既未及竣事則別錄亦無由成書。』別錄七略殊不知七錄序已謂『時』又別集衆錄，顯係劉向等寫敍錄於各書時同時又別寫一份集爲一書隨時增益即隨時皆可謂爲已經成書；非至劉歆奏進七略時始於七略之外別著此書也。觀乎清代之輯校四庫全書雖告成於乾隆四十七年，而至五十七年猶未校訂完畢。至於總目提要則三十八年即已進呈，撰述者且蒙優異之賞，全部告成亦先於全書一年。

相傳二十卷殆子駿奏進七略之時勒成之其曰七略別錄者謂七略之外別有此一錄也。（別錄七略佚文。）

而書成目成之後校錄之功，猶未停止。（四庫全書書上之提要有於乾隆五十二年進呈者。）則知別錄之成書，不必待看通紀篇。十個足月。叄

劉歆校畢之後。時人急於先睹爲快，早已隨時傳錄，流行於外矣。故七錄序所謂『別集衆錄』者，乃

指於『載在本書』之『錄』外，『別』集合爲一書，非謂於『七略之外別有此一錄』也。據此則

別錄乃係各書敘錄之『別』錄，非七略之『別』錄，可無疑矣。而隋志乃以『七略』二字加於『別

錄』之上，蓋與稱太史公書爲史記同屬習俗流傳之訛，不得據以爲辯也。禮記正義、儀禮疏、詩大雅

疏尙書疏周禮疏史記集解史記索隱、兩漢書注諸書並引『劉向別錄』絕不加『七略』於其上，

足證吾說之不誣。

　然則七略何以名略歟斯可引古義以明之。公羊傳隱公十年：『「六月壬戌，公敗宋師於菅辛

未，取邿辛巳取防。」取邑不日此何以日一月而再取也何言乎一月而再取甚之也內大惡諱此其

言甚之何春秋錄內而略外於外大惡書，小惡不書；於內大惡諱，小惡書。』公羊傳之意蓋謂春秋記

國內之事較詳細而記國外之事則較簡單也。七略較簡，故名略；別錄較詳，故名錄。先有別錄而後有

七略，七略乃摘取別錄以爲書，故別錄詳而七略略也。隋志著錄七略僅七卷，別錄則有二十卷之多，

卽其明證。

然則何以又謂七略爲分類之書而別錄則否歟吾由漢書卷三十六所載劉歆『復領五經，卒

父前業，乃集六藝羣書種別爲七略』之「種別」二字而知之蓋所謂種別者卽依書之種類而分

別之明乎『時又別集衆錄謂之別錄』並未分類至七略始分類編目也七錄序載『會向亡哀帝

使歆嗣其前業乃徙溫室中書於天祿閣上』歆遂總括羣篇奏其七略。<sub>隋志略 溫室之中書何以須</sub>

徙於天祿閣上？<sub>類 遂成七略而準</sub>溫室爲校讎之地取便學者坐論不便庋藏書籍故校讎旣畢乃庋藏之於天祿閣而準

以爲插架之次序在未徙書天祿閣以前縱使因校書人之分工而隱約分部再分爲若干種亦未編爲固定之目錄

也。書須插架自不能雜亂無章故稍依昔日向等分工合作之界域，

故至劉歆然後『種別』爲七略也漢志載『歆於是總羣書而奏其七略故有輯略有六藝略有諸

子略有詩賦略有兵書略有數術略有方技略。』而篇中所引僅有六略而無輯略故後人咸不知輯

略之內容如何，而馬國翰姚振宗等輯古佚文皆謂別錄亦有輯略著者旣於上文略陳其謬矣茲更

從七錄序所謂『其一篇卽六篇之總最故以輯略爲名』一語推之因知輯略卽六略之總序及總

目並非分別敍述各科學術源流之文也。試取隋法經衆經目錄較之書共七卷前六卷爲各書目錄，

第七卷獨名衆經總錄，祇有總序一篇說明撰錄之緣起及分類之理由序後則總錄部類名稱及各部類所收書籍之部數卷數最後復有總合全錄之部卷數。再取隋費長房之開皇三寶錄觀之其第十五卷亦惟錄上書表序及各種經錄之總目。隋時七略未亡，法經、費長房之書必有所取法。揆以劉向校書敍錄，每書必有篇目及敍錄之例，則七略於六略分別著錄各書目之外，亦必另有總目總序以總括六略，其體例蓋與法經費長房同，故彼等得取以為法也。別錄既不分類，且非有組織之書書名又無略字更何從有輯略乎，故知輯略為七略所獨有，而區區一卷，原為劉歆上書時之表序及六略之總目。故班固冊入漢書，絕無轉載之必要因是而獨失傳也。

說者又謂漢志每類目錄後之小序即輯略之原文，由班固拆散轉錄者，是亦不確之論也。試取梁僧祐出三藏記集或唐道宣大唐內典錄與漢志參證，即知僧祐之例仿自七略與漢志正出一系，漢志之小序實即七略原有之小序也。彼二書者，於每一類前，必有小序以說明此類之內容及此學之源流然後列舉各家書之目錄，每列一家書目畢，必總計部卷之數，略述其人譯經本事，漢志則先列書目再計卷數然後於小序中兼述此類內容此學源流及各家要旨而略批評之其間差異不能

以髮彼釋氏者方援劉向校書已見佛經以自重，<small>例如法經總序，其說實不可靠。</small> 則別錄與七略之爲其所研習而模做也，亦不足怪。<small>廣弘明集收及七錄，可以爲證。</small> 故著者以謂漢志之與七略中之後六略，祇有簡繁之別，並無體例之歧證據雖頗薄弱幸而尙無有力之反證姑備此說以俟匡正。

上述諸說如能成立則別錄七略與漢志三者之關係可得而言：別錄者，劉向等校書「論其指歸辨其訛謬」之錄別集而成者也。七略者，劉歆取別錄所載「總括羣篇」「撮其指要」「種別」而成者也漢志者班固取七略「刪其要」而成者也班固對於七略祇下「刪其要」之工夫縱有差異亦不過「出幾家入幾家」而已自注甚明別無增改也故由漢志可以想見七略之原狀由戰國策孫卿書等書之敍錄可以想見別錄之原狀明乎漢志之小序卽七略之小序，輯略爲七略所有而別錄所無則錄略之別灼灼然矣。

**劉歆分類編目之義例：** 有此論定然後可據漢志以測七略七略分篇爲七當較一卷之漢志爲詳所詳何物？可據馬姚諸家所輯佚文知之蓋對於每一書皆有簡略之說明性質同於別錄惟較略耳漢志既刪爲一篇自不能保存其說明；故於毫無疑問一般習知者不復注釋僅於不甚著名之

撰人同名特異或依託之書，加以極簡括之注，以免混淆。今請視漢志即七略之縮影，而推定劉歆等

分類編目之義例如後：

（1）依學術之性質分類：　先將書籍分爲六藝、諸子、詩賦、兵書、數術、方技六略。即

爲若干種。即小類所謂「剖析條流各有其部」之工作也。其略種系統如下：

六藝略分易、書、詩、禮、樂、春秋、論語、孝經、小學九種。

諸子略分儒、道、陰陽、法、名、墨、縱橫、雜、農、小說十種。

詩賦略分賦屈原等。、賦陸賈等。、賦孫卿等。、雜賦、歌詩五種。

兵書略分兵權謀、兵形勢、兵陰陽、兵技巧四種。

數術略分天文、曆數、五行、蓍龜、雜占、形法六種。

方技略分醫經、經方、房中、神仙四種。

（2）同類之書約略依時代之先後爲次：　例如雜家，雖知孔甲盤盂似非黃帝之史，亦必列於

篇首。餘皆以次順列，最後始爲漢代之書。然其例並不純，例如道家中之鄭長者，以六國時人而列於

漢武帝時人之後。

（3）書少不能成一類者，附入性質相近之類：　例如春秋家之後，附錄國語二十一篇，新國語五十四篇，世本十五篇，戰國策三十三篇，奏事二十篇，楚漢春秋九篇，太史公百三十篇，馮商所續太史公七篇，太古以來年紀二篇，漢著記百九十卷，漢大年紀五篇。此等史書未必概爲春秋家學亦非皆爲編年體裁，蓋以秦火之後諸侯史記多掃地以盡，向歆校書時史書甚少，因其性質近似春秋故附列入春秋家之後耳。

（4）學術性質相同者，再依思想之派別，或體裁之歧異分類：　例如賦分三類，屈原等二十家爲一類，陸賈等二十一家爲一類，孫卿等二十五家又爲一類，此必三家思想不同或體裁有異，故分歧爲三以相同者爲一類也。此外又有雜賦、歌詩二類亦皆以體裁不同而分類耳。

（5）一書可入二類者，互見於二類：　章學誠謂『七略於兵書權謀家有伊尹、太公、管子、荀卿子、鶡冠子。而儒家復有荀卿子、陸賈二家之書，道家復有伊尹、太公、管子、鶡冠子四家之書，縱橫家復有蘇子、蒯通二家之書，雜家復有淮南王一家之書。兵書技子、蒯子。漢書作孫卿子、蘇子、蒯通、陸賈、淮南王九家之書，而儒家復有荀卿子、陸賈二家之書，道家復有伊尹太公管子、鶡冠子。

巧家有墨子，而墨家復有墨子之書。惜此外之重複互見者，不盡見於著錄容有散逸失傳之文然卽

此十家之一書兩載，則古人之申明流別獨重家學而不避重複著明矣」又謂：『今觀劉略重複之

書僅止十家，皆出兵書略，他部絕無其例是則互注之法劉氏具未能深究僅因任宏而稍存其意

耳。』並見校讎通義。七略是否原有此例尙爲疑問或因校讎者旣非一人無意中致有複見二類而不及刪

班固所以刪去此十家，卽因其重複。

正亦未可知。

（6）一書中有一篇可入他類者得裁篇別出：章學誠又謂『管子，道家之言也，劉歆裁其弟

子職篇入小學七十子所記百三十一篇，禮經所部也，劉歆裁其三朝記篇入論語蓋古人著書有採

如弟子職必非管子自撰，月令必非呂不韋自撰，皆所謂採取成說也。

取成說襲用故事者，其所採之書別有本旨，或歷時已久，不知所出又

或所著之篇於全書之內自爲一類者，並得裁其篇章補苴部次別出門類以辨著述源流至其全書

篇次具存，無所更易隸於本類亦自兩不相妨蓋權於賓主重輕之間知其無庸互見者而始有裁篇

別出之法耳』七略是否原有此例，亦爲疑問或在當時弟子職原不在管子之內，三朝記原不在大

戴禮之內後來始併爲一書耳。

（7）摘錄敍錄之綱要： 各書敍錄備述一切，已見上節；七略以略爲名，所以備覽者循目求書，自不能如別錄之總集衆錄，故各輯本所得及漢志所存，皆箋箋數語不過注出作者之姓名、略歷及書之内容梗概著作年月而已。一望書名而知義者，則漢志並小注而無之。七略容或每書各有較詳細之說明，不似漢志之尤爲節略也。試舉佚文爲例「馮商陽陵人治易事五鹿充宗後事劉向能屬文後與孟都同待詔頗序列傳未卒會病死」漢志汪及漢書張湯傳汪引。此對作者之說明也。「太公金版玉匱雖近世之文然多善者」文選王文憲集序汪引。此對書之内容之說明也。「甘泉賦永始三年待詔臣雄上」文選甘泉賦汪引。此對著作年月之說明也。「孝武皇帝末有人得泰誓於壁中者獻之與博士使讀說之因傳以教今泰誓是也」此對於書之來歷之說明也雖不能知其全豹如何但既較別錄爲略，而又有解題，則其解題必從別錄摘取綱要並非有意見之不同也。

（8）有書目而無篇目： 別錄詳而七略略，除删節敍錄外殆又略去篇目否則不能縮二十卷爲七卷也其書目當如漢志之式首以書名爲綱隨以篇數繫之然後注解題於後爲目詳細篇目及詳目敍錄則諉諸別錄與各書本身，七略不暇爲盡載矣。

（9）每種書目之後有小序，每略有總序：

六藝略諸種小序皆偏重敘述經師傳授，例如論語

各家書目之後先總計「凡論語十二家二百二十九篇」次繫小序云：「論語者孔子應答弟子時

人及弟子相與言而接聞於夫子之語也。當時弟子各有所記夫子既卒門人相與輯而論纂故謂之

論語。漢與有齊魯之說傳齊論者昌邑中尉王吉少府夏侯勝丞相韋賢魯扶卿前將軍蕭望之安昌侯

生唯王陽名家傳魯論者常山都尉龔奮長信少府夏侯勝丞相韋賢魯扶卿前將軍蕭望之安昌侯

張禹皆名家張氏最後而行於世」漢志諸子略諸小序則偏重於其思想之優劣，例如一儒家者流，蓋

出於司徒之官助人君順陰陽明教化者也。游文於六藝之中，留意於仁義之際，祖述堯、舜，憲章文、武，

宗師仲尼以重其言於道爲最高孔子曰：『如有所譽其有所試。』唐、虞之隆，殷周之盛，仲尼之業，已

試之效者也。然或惑者既失精微，而辟者又隨時抑揚，違離道本苟以譁世取寵後進循之，是以五經乖

析，儒學寖衰此辟儒之患。亦見漢志。詩賦略雖分五種，獨無小序，僅有總序一篇兵書略之小序最簡

祇說明類名之意義例如「權謀者，以正守國以奇用兵，先計而後戰，兼形勢包陰陽用技巧者也」

數術方技二略則近似諸子略評騭是非而已，對於學術源流學者傳授不復說明六略小序之內容

參差如是。至於總序則每略皆有一篇其前亦有該略書目總計例如「凡方技三十六家、八百六十八卷。」「方技者皆生生之具王官之一守也。大古有岐伯俞拊中世有扁鵲秦和蓋論病以及國原診以知政漢興有倉公今其技術晻昧故論其書以序方技爲四種」此篇最略餘六篇則多綜述古學而總評之。

統察七略之體制殆完全相當於後世之四庫全書簡明目錄其與別錄相同處爲皆有解題異處爲獨有分類分類之法並不精密諸子略以思想系統分六藝略以古書對象分詩賦略以體裁分兵書略以作用分數術略以職業分方技略則兼採體裁作用其標準已絕對不一未能採用純粹之學術分類法以致學術混沌不明貽害千載後世目錄之分類無論正統派或別派無不深受七略之影響百變不離其宗此固政治力量束縛思想自由有以致然而七略之始作俑亦不能無過也。

# 分類篇

## 分類之原理

西洋目錄學家每謂分類爲人類之本能實則積得豐富之經驗後，自然有鑒別之知識耳謂爲本能，則未必也。荀子推究『名』之起源由於『辨同異』。所謂『同則同之異則異之』即分類之最大作用也。故荀子正名篇所論可借以述分類之由來其言曰：『異形離心交喻異物名實互紐貴賤不明同異不別。如是則志必有不喻之患而事必有困廢之禍。故知者爲之分別制名以指實上以明貴賤下以辨同異貴賤明同異別。如是則志無不喻之患事無困廢之禍。此所爲有名也。然則何緣而以同異？曰：緣天官凡同類同情者其天官之意物也同故比方之疑似而通是所以共其約名以相期也。形體色理以目異聲音清濁調竽奇聲以耳異甘苦鹹淡辛酸奇味以口異香臭芬鬱腥臊洒酸奇臭以鼻異疾養凔熱滑鈹輕重以形體異說故喜怒哀樂愛惡欲以心異心有徵知，徵知則緣耳而知聲可也緣目而知形可也。然而徵知必將待天官之當簿其類然後可也。五官簿之而不知心徵之而無說則人莫不然謂之不知此所緣而以同異也然後隨而命之同則同之異則異

之。單足以喻則單，單不足以喻則兼，單與兼無所相避則共，雖共不爲害矣。知異實者之異名也，故使

異實者莫不異名也，不可亂也。猶使同實者莫不同名也。故萬物雖衆，有時而欲徧舉之，故謂之物。物

也者，大共名也。推而共之，共則有共，至於無共然後止。有時而欲徧舉之，故謂之鳥獸。鳥獸也者，大別

名也。推而別之，別則有別，至於無別然後止。名無固宜，約之以命，約定俗成謂之宜，異於約則謂之不

宜。名無固實，約之以命實，約定俗成謂之實名。名有固善，徑易而不拂，謂之善名。物有同狀而異所者，

有異狀而同所者，可別也。狀同而爲異所者，雖可合謂之二實。狀變而實無別而爲異者，謂之化。有化

而無別，謂之一實。此事之所以稽實定數也。此制名之樞要也。後王之成名，不可不察也」荀子此論，

雖就命名而言然分類之原理亦盡在其中矣。目錄之兩大要素曰分類曰編目，有書目而不分類未

得盡目錄之用也。述分類篇：

類之字義　尙書有類字二舜典「肆類于上帝」注：「類謂攝位事類。」太甲「予小子不明

于德，自底不類」注「類，善也。」爾雅釋詁同。似古類字猶無種類之義然若舍舊注而逕釋爲種類亦未

嘗不可。左傳「名有五取於父爲類」桓公六年。「非我族類其心必異」成公四年。類始訓種族。「史佚

所謂『毋怙亂』者，謂是類也，宣公二年。類始訓區別。「非君也，不類」莊公八年。類始訓近似。「喜怒

以類者鮮易者實多」；宣公十七年。「歌詩必類齊高厚之詩不類」襄公十六年。「事序不類」昭公七年。「聲

亦如味一氣二體三類……以相成也」昭公二十年。則合乎義例者曰類不合者謂之不類要皆由種類

一義引申毫無違悖。

## 事物之分類

分類之應用始於事物中於學術終於圖書。堯之分命羲仲羲叔和仲和叔「定

四時成歲。」見尚書堯典。依時分類之始也。舜之分命伯禹棄契皋陶垂益伯夷夔龍各司庶績，見尚書舜典。

依事分類之始也。洪範之分九疇「初一曰五行，次二曰敬用五事，次三曰農用八政，次四曰協用五

紀，次五曰建用皇極，次六曰乂用三德，次七曰明用稽疑，次八曰念用庶徵，次九曰嚮用五福威用六

極」則事物性情莫不區分類別矣。尚書各篇之著作年代雖尚未能確定然應用分類之法以辨別

事物則古已有之。《易》象稱「君子以族類辨物」同人《繫辭》稱「方以類聚物以群分吉凶見矣。」「古

者包犧氏之王天下也仰則觀象于天俯則觀法于地觀鳥獸之文與地之宜近取諸身遠取諸物於

是始作八卦以通神明之德以類萬物之情」「其稱名也小其取類也大。」《易》之為術純乎依推類

演繹之法以行之蓋古之哲人積累多數經驗區分事物取其類似者比附之如「水流溼火就燥雲從龍風從虎」言。〈乾文〉從而為之說辭以斷其凶吉觀乎〈殷虛卜辭〉已知應用此術則推類之始固不僅〈殷周〉為然矣沿及〈戰國〉時代則論學者亦無不善用此種推類論理之術如〈孟子〉「夫謂非其有而取之者盜也充類至義之盡也。」〈萬章〉上。「故凡同類者舉相似也何獨於人而疑之」〈告子〉上。「指不若人則知惡之心不若人則不知惡此之謂不知類也」〈告子〉上。〈禮記〉:「萬物之理各以類相動也是故君子反情以和其志比類以成其行」〈樂記〉;〈荀子〉尤善言類且以類為人事最高之標準「以類行雜以一行萬」〈王制〉其論理之最要方法也。「財非其類以養其類夫是之謂天養順其類者謂之福逆其類者謂之禍夫是之謂天政。」〈論天〉其論政之最大策略也。「辨異而不過推類而不悖聽則合一辨則盡故。」〈略〉大其論人之最高圭臬也又稱「羣而無分則爭救患除禍則莫若明分使羣矣」〈富國〉故其〈王制〉序官分述大師司空治田虞師鄉師工師偪巫跂擊治市司寇冢宰辟公天王之職事責任瞭然各有分異撰〈周禮〉者因之詳列天官冢宰地官司徒春官宗伯夏官司馬秋官司寇冬官司空之官屬職責,纖悉周到經緯秩然自古分類序官未有若斯嚴密者其為政治學家之理想制度原屬顯然不待分

辨然。從分類學史論之事物分類至周禮而歎觀上矣！

## 學術之分類與思想之分類

學術之分類　蓋始於孔丘論語於君子小人之分辨之最晰。又云「子以四教文行忠信」而 述 為學之法則「志於道據於德依於仁游 荀子 哀公

篇。述孔子分人為五儀：庸人、士、君子、賢人、聖人。

於藝」而 述 思想之術則「毋意毋必毋固毋我」 子罕 其教育學與論理學條理之清晰前所未見而論

語記者述其入室弟子分為四科「德行顏淵閔子騫冉伯牛仲弓言語宰我子貢政事冉有季路文

學子游子夏」。 先進 使孔門原已分科也則尤為學術分類之祖矣後此百家雲與分類法途應用及於

思想方面孟軻首稱「逃墨必歸於楊逃楊必歸於儒」 孟子盡 心下。 莊子天下篇更分「百家之學」為

七派：（1）鄒魯之士（2）墨翟禽滑釐及相里勤苦獲己齒鄧陵子之屬（3）宋鈃尹文（4）彭蒙田

駢慎到（5）關尹老聃（6）莊周（7）惠施桓團公孫龍並各述其要旨評其得失辨析微芒最為精

到論斷之公允亦為後世論學者所取法固不僅於分類學史佔重要之地位而已出乎其後者若荀

子之既分百家為（1）它囂魏牟（2）陳仲史䲡（3）墨翟宋鈃（4）慎到田駢（5）惠施鄧析（6）

子思孟軻六派 非十二 子。 又分儒家為（1）子張氏（2）子夏氏（3）子游氏三支 非十二 子。 復或分（1）

六五

慎子，(2)老子，(3)墨子，(4)宋子， 或分(1)墨子，(2)宋子，(3)慎子，(4)申子，(5)惠子，(6)

莊子天下解互有異同非出一手而韓非子謂「世之顯學，儒墨也」並述「儒分為八，墨離為三」學顯則

非特分別學派更能條析支流有近乎學術史之敘述矣。其他若尸子逑墨子孔子皇子田子列子料

子之相非，非廣澤篇汪呂氏春秋逑老聃孔子墨翟關尹子列子陳駢陽生孫臏王廖兒良之相非，不雖

無意為思想家分類亦足見當時百家之盛分派之多然皆以諸子姓名為標號，除儒家外未有獨起

殊稱者及漢武帝建元封之間乃有司馬談論六家之要旨特命陰陽儒墨名法道德之名。見史記自敍書漢

二先師梁任公先生稱之曰「莊荀以下論列諸子皆對一人或其學風相同之二三人以立言其隳

括一時代學術之全部而綜合分析之，用科學的分類法蓋為若干派，而比較評騭，自司馬談始也。分

類本屬至難之業而學派之分類則難之又難後起之學派對於其先焉者必有所受，而所受恆不限

於一家並時之學派彼此交光互影有其相異之部份亦必有其相同之部份。故欲嚴格的取以論

理而簫其類使適當為事殆不可能也。談所分六家雖不敢謂為絕對的正當然以此隳括先秦思想

界之流別，大概可以包攝而各家相互間之界域亦頗分明。……談之提挈洵能知類而舉要矣」

見飲冰室合集文集第十八冊。

後來劉歆撰諸子略，即以談所論六家爲主類而益以縱橫等家由此可見學術思想之分類對於圖書之分類關係之密切矣。

圖書分類之始　上古人事簡單書契繁難，故典册無多分類之情形亦不能詳之時，周室微而禮樂廢詩書缺。追跡三代之禮序書傳上紀唐虞之際，下至秦繆編次其事，故書傳禮記自孔氏。古者詩三千餘篇及至孔子去其重，取可施於禮義，上采契后稷，中述殷周之盛，至幽厲之缺。始於衽席，故曰關雎之亂，以爲風始。鹿鳴爲小雅始，文王爲大雅始，清廟爲頌始。三百五篇孔子皆弦歌之，以求合韶武、雅、頌之音。禮樂自此可得而述以備王道成六藝孔子晚而喜易序象、繫象、說卦、文言讀易韋編三絕。孔子以詩書禮樂教弟子蓋三千焉」「乃因史記作春秋上至隱公下訖哀公十四年十二公據魯親周故殷運之三代約其文辭而指博」卷四十七〇。由此所言則孔丘於古書中特采六藝以教弟子於六藝之中詩復分爲風、小雅、大雅、頌易則分爲序象、繫象、說卦文言彼其用意雖非爲古書分類古書亦非六藝所可概括然孔門之教科書固儼然分爲六門，謂爲圖書分類之始未始不可。特詩易內容之分早已瞭然；書傳史記之作由來更久凡此分類皆未必爲孔丘所發明乃當

曰一般之習慣耳。其後,孟軻稱「王者之迹熄而詩亡,詩亡然後春秋作」,晉之乘,楚之檮杌,魯之春秋（據史記卷「離婁」下。）合三種名義不同之書爲一類,其作用乃與今日分類編目之方法無殊,乃知當日管理圖書者之必自有其分類法也（一也。）。及「秦撥去古文焚滅詩書,故明堂石室金匱玉版圖籍散亂,於是漢興,蕭何次律令,韓信申軍法,張蒼爲章程,叔孫通定禮儀,則文學彬彬稍進,詩書往往間出矣」（據史記卷百三十,漢書高帝紀則多「陸賈造新語」一項。）由斯而言,則漢初已分圖籍爲律令、軍法、章程、禮儀四類,皆政府所日用之書也。迨後藏書益多,乃有劉向典校中祕書之事。（詳見溯源篇。）

## 七略之分類法

向等校書既畢,各有敍錄,向子「歆遂總括羣書,撮其旨要」（隋志），「種別爲七略」（據漢書卷三十六。隋志）。後漢東觀藏書「並依七略而爲書部」,班固「又編之以爲漢書藝文志」（隋志）。故其書雖失傳,而其分類猶保存於漢志。名雖爲七,實際僅分六部。漢志稱其「有輯略,有六藝略,有諸子略（顏師古注:「輯與集同,謂諸書之總要」。）,有詩賦略,有兵書略,有術數略,有方技略」,雖列輯略於首,而原書則未必然也。觀乎後世仿七略而作之佛教目錄,如法經衆經目錄七卷,前六卷爲分類目錄,最後一卷謂之衆經總錄;費長房開皇三寶錄十五卷,前十四卷爲帝年代錄入藏目,最後一卷則僅

列全書總目上書表序及諸家目錄之總目以彼證此，則輯略之爲七略總目也無疑。推其體製，殆即漢志全文包括書目篇卷數及每類小序其首必有劉歆上七略表，而每書目下必無小注。故

說詳溯源篇。

七略之分類表可由輯略之後身漢志而推定其系統如下：

六藝略——五常之道

易——「文王重易六爻作上下篇」孔氏爲之彖、象繫辭文言序卦之屬。

書——「書之所起遠矣，至孔子纂焉上斷於堯下訖於秦凡百篇」

詩——「孔子純取周詩上采殷下取魯凡三百五篇」

禮——「自孔子時而不具漢興魯高堂生傳士禮十七篇」

樂——「周衰樂尤微渺以音律爲節又爲鄭衛所亂故無遺法」

春秋——「右史記事爲春秋」仲尼與左丘明因魯史記所纂。

論語——「孔子應答弟子時人及弟子相與言而接聞於夫子之語也」

孝經——「孔子爲曾子陳孝道也」

小學——書契

儒——「助人君，順陰陽明教化者也。游文於六經之中留意於仁義之際，祖述堯舜，憲章文武宗師仲尼。」

諸子略——各引一端崇其所善

道——「秉要執本，清虛以自守，卑弱以自持欲絕去禮學兼棄仁義。」

陰陽——「敬順昊天，歷象日月星辰，敬授民時奉於禁忌泥於小數舍人事而任鬼神。」

法——「信賞必罰，以輔禮制專任刑法」

名——「正名」

墨——「貴儉兼愛上賢右鬼非命上同」

縱橫——「權事制宜」

雜——「兼儒墨合名法。」

農——「播百穀勸耕桑以足衣食」

小說——「街談巷語道聽塗說者之所造也。」

詩賦略

屈原等賦

陸賈等賦

孫卿等賦

雜賦

歌詩——「感於哀樂，緣事而發」。

兵書略──主官之武備
- 兵權謀──「以奇用兵，先計而後戰，兼形勢，包陰陽，用技巧者也。」
- 兵形勢──「雷動風舉，後發而先至，離合鄉背變化無常，以輕疾制敵者也。」
- 陰陽──「順時而發，推刑德，隨計擊，因五勝，假鬼神而為助者也。」
- 兵技巧──「習手足，便器械，積機關，以立攻守之勝者也。」

數術略──明堂羲和史卜之職
- 天文──「序二十八宿步五星日月，以紀吉凶之象。」
- 歷譜──「序四時之位正分至之節會日月五星之辰，以考寒暑殺生之實。」
- 五行──「五常之刑氣也。」
- 蓍龜──「聖人之所用也。」
- 雜占──「紀百事之象候善惡之徵。」
- 形法──「大舉九州之勢以立城郭室舍形人及六畜骨法之度數器物之形容以求其聲氣貴賤吉凶。」

方技略──生生之具
- 醫經──「原人血脈經絡骨髓陰陽表裏以起百病之本，死生之分，而用度箴石湯火所施調，百藥齊和之所宜」
- 經方──「本草石之寒溫量疾病之淺深假藥味之滋因氣感之宜辨五苦六辛致水火之齊，以通閉解結反之於平」

七一

房中——「情性之極至道之際。」

神仙——「所以保性命之眞而游求於其外者也。」

「大凡書六略三十八種」。其分類之標準不一：有聚傳習一部古典之書爲一類者，如易、書、詩、禮、樂、春秋、論語、孝經八種是也。有聚學派相同之書爲一類者，如儒、道、法、陰陽、諸子、名、墨、縱橫、農八種是也。有聚研究一種專門學術之書爲一類者，如小學、兵權謀、兵形勢、陰陽、兵書略。兵技巧、天文、歷譜、五行、蓍龜、雜占、形法、醫經、經方、房中、神仙十五種是也。有聚文章體裁相同之書爲一類者，如雜、小說、屈原等賦、陸賈等賦、孫卿等賦、雜賦、歌詩七種是也。其法草創前無所承原無深義如諸子略既有陰陽、兵書略又有陰陽種名重複亦所不嫌一也。「陰陽家者流」既「蓋出於羲和之官」其「敬順昊天歷象日月星辰敬授民時」、又與數術略之天文、歷譜無異而「牽於禁忌泥於小數舍人事而任鬼神」亦與數術略之五行蓍龜雜占無異然分列於諸子略獨不入數術略雖曰處理有殊於實藝而強剖二家之學於絕遠之域終屬不合分類之原則二也。詩賦略分爲五種，而前三種概以一賦字爲標題漫無區別。小序復稱「大儒孫卿及楚臣屈原離讒憂國皆作賦以風咸有惻隱古詩之

義」則孫二家作風如一，何緣而判為二種。「其後宋玉、唐勒、漢與枚乘、司馬相如，下及揚子雲競

為侈麗閎衍之詞沒其風諭之義」既與屈原不同，何緣獨置揚雄賦於陸賈賦之後而悉列其他數

家於屈原賦一種中除非不問作風之同異而惟體裁之同異是問，否則殊乖分類之義三也。往往同

一種中又復雜附絕不同類之書，如附國語、世本、戰國策、楚漢春秋、太史公、漢大年紀十二家之書於

春秋附帝王諸侯世譜，古來帝王年譜於歷譜。若謂史書甚少不必獨立，則其他各種每有六七家百

餘卷即成一種者；而謂以十二家五百餘篇之史書反不能另立一種乎？若謂史書與春秋原為一家

之學不應另列；則詩賦又何以自異於詩經其不合理四也。乃至如形法兼收地理、相面相刀相六畜

之書為一種其為乖謬尤不待言五也。其他如管子既列道家，而其弟子職篇又入小學；七十子所記

百三十一篇即禮記。既列禮經，而其三朝記又入論語，伊尹太公管子鶡冠子重見於兵權謀及道家，蘇

子厥通重見於兵權謀及縱橫家，淮南王重見於兵權謀及雜家，荀卿子、陸賈重見於兵權謀及儒家，

墨子重見於兵技巧及墨子此皆一時疏忽偶未檢點而後人必欲推尊其書謂有別裁互見之例。

章學誠。甚至有為漢志代撰條例者，孫德謙多見其「託古改制」耳豈七略之原質哉竊謂七略之功遠

遜於別錄，而其分類律例亦無足重輕。後人譽之過其實毀之非其罪紛紛者皆多事也。其稍可稱者，惟視實用之方技數術兵書與空論之六藝諸子詩賦並重略具公平之態度然亦由於校書另有專官，非必劉歆有此公道耳。

類書與目錄學 著者認類書爲主題目錄之擴大蓋分類之道，有時而窮惟以事物爲主題彙列參考資料於各主題之下使學者一目瞭然盡獲其所欲見之書此其功用較分類目錄爲又進一步倘刪其繁文僅存書目即現代最進步之主題目錄也。而我國先哲於一千七百餘年前已創其例。魏志稱魏文帝命王象劉劭等集五經羣書以類相從作皇覽注引世語稱其書撰集數載始成「合四十餘部部有數十篇通合八百餘萬字」是誠空前創作極便來學宜乎後世倣例匯成屢見不鮮也。如唐太宗之輯文思類要周則天帝之輯三教珠英宋太宗之輯太平御覽明成祖之輯永樂大典，清聖祖之輯古今圖書集成量愈出而愈多類愈分而愈精，乃至分部數百編卷逾萬雖內容之精有遜於現代大英百科全書然創意之早收書之富實足誇耀世界即在目錄學史上苟能闖出偶仄之分類目錄樊籬而遠矚高瞻則此種接近主題目錄之類書亟宜研究之改良之使與主題目錄相應，

與分類目錄相助，則目錄學之範圍於以擴張，而其功用亦更加顯著矣。重要類書之編纂，別見通紀篇，本篇不復述。

## 五分法之偶現與四分法之代興

世之言目錄者輒喜以四部與七略對言，非崇四而抑七，誇七而貶四。豈知七略固無七類，仿七略之七志、七錄、七林亦不拘泥於七略之四部不祗四部；荀勗李充之四部並無小類，不同於後世之四部；隋志之四部非荀李之後裔，乃七錄之之嫡血乎？考四部之與世人僅知晉祕書監荀勗因魏祕書郎鄭默中經「更著新簿分爲四部，總括羣書一曰甲部紀六藝及小學等書，二曰乙部有古諸子家近世子家兵書兵家術數，三曰丙部有史記舊事皇覽簿雜事，四曰丁部有詩賦圖贊汲冢書」志，而不知其更收有佛經也。廣弘明集引古今書最載「晉中經簿四部書一千八百八十五部二萬九百三十五卷其中十六卷佛經書簿少二卷不詳所載多少」其第三句語意不明，似此簿共十六卷，（七錄序謂「新簿雖分爲十有餘卷，而總以四部別之。」缺少佛經書簿二。）卷，故不知佛經共若干部卷然則晉中經簿於四部之外固另有佛經一部。較之則後漢末年迄三國僧俗譯經固有六百七十一部（若據費長房開皇三寶錄再加晉初十五年所譯必九百一十卷之多，）已逾千卷其能佔一部類於中經簿也固宜則世之指荀勗爲始創四部之祖者其猶屈其姆指而妄

謂手指有四乎况勗與張華「依劉向別錄，整理記籍，」明見晉書卷三十九。而後漢東觀及仁壽閣

「並依七略而爲書部」志隋魏鄭默所「始制」之中經僅僅「考覈舊文刪省浮穢」（晉書卷四）而已。

未必於七略之外另創新分類也。勗雖「因默中經更著新簿」然亦不過因其所有之書而未必因

其分類之法故有推草創四部之功於鄭默者亦未免失之好立異說也。荀勗之中經簿所異於七

略者有四大特點：其一爲併兵書術數於諸子其二爲特設一部以藏史書及類書其三即上述之另

有佛經書簿合四部而爲五。此外尚有一怪事前達七略而後異隋志者曰四部之內不更分類七錄

序謂「荀勗因魏中經更著新簿，雖分爲十有餘卷，而總以四部別之。」推其語意，則每卷並無種類

之名稱決然無疑矣其有不可解者三：一、兵書與兵家何以異？二、皇覽何以與史記並列？三、汲家書何以

不入丙部而附於丁部意者汲家書出於編定目錄之後爲插架方便計故置於最後之空架耶其餘

二者則不宜意度然從隋志之所述，則此簿於四部之下固猶有小類之分及東晉著作郎李充以祕

閣僅有書三千餘卷故「因荀勗舊簿四部之法而換其乙丙之書沒略衆篇之名總以甲乙爲次」

（阮孝緒七錄序）小類既除四部懸立蓋荀勗之舊例也。而五經爲甲部史記爲乙部諸子爲丙部詩賦爲丁

部」，〔見文選王文憲集序注引臧榮緒晉書。〕隱然成為定例，一自時厥後，世相祖述。宋祕書監謝靈運、丞王儉、齊祕書丞王亮監謝朏等，並有新進更撰目錄。宋祕書殷淳撰「大四部目」。〔當即謝靈運所造者。〕另列佛經五十五帙，四百三十八卷。〔七錄序。〕惟宋元嘉八年祕閣四部目錄〔古今書最。〕猶存荀勗五分法之意。而梁天監四年文德殿正御四部及術數書目錄，〔隋志。〕四部目錄為學士劉孝標所撰，「其術數之書更為一部，使奉朝請祖暅撰其名」，故梁有五部目錄。〔隋志。〕四部目錄〔七錄序。〕文德殿本獨立於祕閣之外，故不循李充之制，同時祕閣之書雖少於文德。〔古今書最。〕而祕書監任昉「躬加部集，〔隋志。〕手自讎校，由是篇目定焉」。〔梁書卷十四。〕書丞殷鈞撰為梁天監六年四部書目錄四卷。〔隋志。〕歷陳及隋祕閣皆沿四部之制，梁之東宮、陳之壽安殿、德教殿、隋之觀文殿亦準依焉，推厥淵源，乃不得不以最荒蕪最疏略之荀勗李充為大宗，江海導源於蹄涔，固亦不足引以為恥耳。

**七志與七錄**　荀勗李充之陋，併小類亦復沒略。上述諸家，除殷淳大目多至四十卷，〔宋書卷四十九。〕應有更詳細之小類外，殆莫能背其四分之法。規格而論，真正之四分法惟此兩晉南朝祕閣目錄允克當之。隋志以後，四庫以前之號稱四部者皆不應納此範域，積弊相沿，顯而易見，世有哲人，能不憤

恨?起而革命者遂有三家，宋之王儉梁之阮孝緒隋之許善心，其魁首也。任昉稱儉「采公會荀之中

經刊宏度，李充之四部，依劉歆七略更撰七志。」文選王文憲集序。阮孝緒稱儉「依別錄之體，撰為七志」改六藝

為經典，次諸子，次詩賦為文翰，次兵書為軍書，次數術為陰陽，次方技為術藝以向歆七略實有

六條，故別立圖譜一志，以全七限，其外又條七略及兩漢藝文志、中經簿所闕之書，并方外之經、佛經、

道經各為一錄，雖繼七志之後，而不在其數。」七錄序。隋志稱「儉撰七志，一曰經典志紀六藝、小學、史

記、雜傳二曰諸子志，紀古今諸子。三曰文翰志紀詩賦四曰軍書志紀兵書。五曰陰陽志紀陰陽圖緯。

六曰術藝志紀方技。七曰圖譜志紀地域及圖書其道佛附見合九條而又作九篇條例平首卷之

中。」其書成於宋後廢帝元徽元年八月，宋書卷九。有三十卷上同或四十卷南齊書卷二十三。之多後經賀縱補注、

增至七十卷，唐志隋志則作為今書七志七十卷篇帙之鉅既遠倍別錄近比殷淳部類之精則能盡七

略之所長善補七略之所闕其新增圖譜一志道佛二錄尤為獨步古今未見其偶惟滲雜經史於一

鑪不如七錄之判別；而彼之散圖歸書終不及此之重視圖譜有裨實用也況有九篇條例對於分類

之理論定有發揮惜乎失傳雖隋志譏其「文義淺近未為典則」然指陳類例者固未有前乎王儉者

也，所可惜者「其中朝遺書收集稍廣然所亡者猶大半焉」七錄及梁武帝「普通中，有處士阮孝緒」隋志「頗好搜集凡自宋齊以來，王公縉紳之館，苟能蓄集墳籍，必思致其名簿。凡在所遇若見若聞校之官目多所遺漏遂總集衆家更爲新錄其方內經史至於術技合爲五錄謂之內篇方外佛道，各爲一錄謂之外篇凡爲錄有七故名七錄」序原收書多至六千二百八十八種，四萬四千五百二十卷，可謂空前鉅製矣其分類系統尤極清明整齊之致廣弘明集卷三保存其二篇七錄五十五部之分類表如下：

經典錄內篇一
- 易部
- 尚書部
- 詩部
- 禮部
- 樂部
- 春秋部
- 論語部

紀傳錄內篇二

孝經部
小學部

國史部
注曆部
舊事部
職官部
儀典部
法制部
僞史部
雜傳部
鬼神部
土地部
譜狀部
傳錄部

儒部

分類篇

文集錄內篇四

子兵錄內篇三

天文部

楚辭部
別集部
總集部
雜文部

道部
陰陽部
法部
名部
墨部
縱橫部
雜部
農家部
小說部
兵家部

八一

術技錄內篇五
- 藝緯部
- 曆算部
- 五行部
- 卜筮部
- 雜占部
- 刑法部
- 醫經部
- 經方部
- 雜藝部

佛法錄外篇一
- 戒律部
- 禪定部
- 智慧部
- 疑似部
- 論記部

仙道錄外篇二 ─┬─ 經戒部
　　　　　　　├─ 服餌部
　　　　　　　├─ 房中部
　　　　　　　└─ 符圖部

孝緒自述其分類定名之旨曰：『今所撰七錄，斟酌王劉。王以六藝之稱，不足標榜經目改爲經典，今則從之。故序經典錄爲內篇第一。劉王並以衆史合於春秋，劉氏之世，史書甚寡，附見春秋誠得其例。今衆家紀傳倍於經典，猶從此志，實爲繁蕪。且七略詩賦不從六藝詩部，蓋由其書旣多所以別爲一略。今依擬斯例，分出衆史，序紀傳錄爲內篇第二。諸子之稱，劉王並同。又劉有兵書略，王以兵字淺薄，軍言深廣，故改兵爲軍。纘謂古有兵革、兵戎、治兵、用兵之言，斯則武事之總名也，所以還改軍從兵。兵書旣少，不足別錄，今附於子末。總以子兵爲稱，故序子兵錄爲內篇第三。王以詩賦之名，不兼餘制，故改爲文翰。纘以頃世文詞，總謂之集，變翰爲集，於名尤顯。故序文集錄爲內篇第四。王以數術之稱有繁雜之嫌，故改爲陰陽方技之言，事無典據，又改爲藝術。纘以陰陽偏有所繫，不如數術之該通；

術藝則濫六藝與數術，不逮方技之要顯；故還依劉氏各守本名。但房中神仙既入仙道；醫經經方不足別創。故合術技之稱以名一錄爲內篇第五。王氏圖譜一志，劉略所無數術中雖有歷譜，而與今譜有異歟以圖畫之篇宜從所圖爲部，故隨其名題各附本錄譜之類宜與史體相參故載於紀傳之末。自斯已上，皆內篇也。釋氏之教實被中土講諷味方軌孔籍王氏雖載於篇而不在志限，即理求事未是所安。故序佛法錄爲外篇第一仙道之書由來尚矣。劉氏神仙陳於方技之末王氏道經書於七志之外今合序仙道錄爲外篇第二王則道而後佛今則先佛而後道蓋所宗有不同亦由其教有淺深也』七錄序。隋志論「其分部題目頗有次序割析辭義淺薄不經」而其實則隋志部類幾於全襲七錄而七錄在分類史中所佔之地位實爲一承先啓後之關鍵經典錄之分九部與六藝略錄遠接七略。而七錄注中稱「梁有今亡」者皆七錄所有試一推究，則知隋志之分類法實近承七之分九種，子兵錄之前十部與諸子略之分十種標名序次符合無殊惟因兵書甚少故合四種爲一部，附於子末與七略不同。術技錄倂數術方技二略爲一，其天文五行雜占刑法四部仍依數術略之原名。歷譜蓍龜改爲歷算卜筮新增讖緯固七略以後新興之學也惟將方技略之房中神仙二種提

入仙道錄，僅存醫經經方二部，又特增雜藝一部耳。此皆略錄之大同小異處其所以保留技術一錄

者，蓋有祖晅之術數書目錄爲藍本耳。至其迥異之點一在改詩賦略爲文集錄廢賦詩之種名分

楚辭別集總集雜文四部。二在創立紀傳錄，蔚然擴爲十二部，收書多至一萬四千八百

八十八卷古今書最。三在特立佛法仙道二錄，收書多至二千八百三十五種，六千五百三十八卷是誠

七略所瞠乎其後望塵莫及者。抑亦時代潮流使然，無所用其抑揚也。考荀勗已收佛經入中經簿，且

提列史記舊事爲四部之一。王儉並收道經佛經而不在七志之限。孝緒仿意重編既特錄紀傳又駢

列仙佛挹荀王之長補七略之短又復細分部類，銓配適當故能廣羅萬書垂範百世隋志仰承成例，

稍加删併竟爲後世四部目錄不祧之祖較其異同：僅移緯讖入經部，改紀傳錄爲史部删鬼神而增

雜史析注曆爲古史起居注併子兵術技二錄爲子部删雜藝併卜筮雜占刑法入五行，合醫經經方

爲醫方屏道經佛經目錄於志外僅錄其大綱其所謂四部者原爲空洞之外殼試揭其內幕則隋志

之四十種原無以大異於七錄四十六部除佛道九部。然較之荀勗李充之僅以甲乙丙丁爲部次不復再

**分種類者**，則其詳略精粗既已迥殊名義宗旨亦復不同故著者以爲自荀勗經李充至梁陳之四部

目錄，僅爲以甲乙丙丁部次書名之分類法確可謂之單純四分法，但荀勗、謝靈運、文德殿則應稱五分法，殷淳則不詳。最多僅

可認爲四部目錄之第一時期與後世隋志以下迄四庫全書總目之四部絕對不同隋志之四部貌

似荀李而質實劉阮，遠承七略之三十八種近繼七錄之四十六部。嫡脈相傳間世一現治目錄學者

絕不可謬認七錄七略之學已失傳而妄謂隋志爲荀李四部之血胤也。七錄隋志之間，尚有隋書

承許善心於開皇十七年「倣七錄更制七林，各爲總敍冠於篇首又於部錄之下，明作者之意區分

類例焉。」隋書卷五十八。隋志各部小序殆卽摘錄善心七林之原文而成。然隋志簿錄篇竟不著錄其書時

代近接應未遺佚其猶漢志之不錄別錄與七略歟！

**五代史志之經籍志** 自荀勗以來，四部僅有甲乙丙丁之號，並無經史子集之名吾友毛春翔

君謂甲乙丙丁猶之ＡＢＣＤ一二三四乃分類之號碼，非分類之標題其說實發古人所未發殆合

實情。著者則謂直至隋代祕閣及及內殿藏書仍依甲乙部次未用經史類名觀乎隋煬帝命將「祕

閣之書，限寫五十副本於東都觀文殿東西廂構屋以貯之東屋藏甲乙西屋藏丙丁」隋志序。卽可證

吾說之不謬矣及唐初祕書監魏徵虞世南顏師古等先後抄校四部書，舊唐書卷百九十上。「數年之間祕府

燦然畢備」。<sub></sub>唐會要卷三十五。太宗貞觀十五年，乃詔于志寧、李淳風、韋安仁、李延壽同修五代史志，至高宗

顯慶元年始成合記梁、陳、北齊、周、隋之事，別自單行。其後始併入隋書，故通稱隋志。本書所稱隋志僅指五代史志之經籍志。

其經籍志考見存之書，分爲四部四十種，「遠覽馬史班書近觀王阮志錄挹其風流體制削其浮雜

鄙俚離其疏遠合其近密約文緒義凡五十五篇按實際僅有四十篇，不知何故。各列本條之下」序原其各篇小序摘

錄於次：

易：『歸藏漢初已亡案晉中經有之唯載十坐石似聖人之旨以本卦尙存故取貫於周易之首，按歸藏是僞書。

以備殷易之缺』

書：『又有尙書逸篇出於齊梁之間，考其篇目似孔壁中書之殘缺者，故附尙書之末』按逸書是僞書。

詩：不錄

禮：不錄

樂：『魏晉以後雖加損益去正轉遠事在聲樂志今錄其見書以補樂章之闕』按此篇之書既非上古所傳，便不

應入經部。

春秋：錄不

孝經：錄不

論語：『論語者，孔子弟子所錄。……其孔叢、家語，並孔氏所傳，仲尼之旨。爾雅諸書，解古今之意。

　　論語者，孔子弟子所錄。……其孔叢、家語，並孔氏所傳，仲尼之旨。爾雅諸書，解古今之意。

并五經總義附於此篇』

　　緯讖：『然其文辭淺俗顛倒舛謬不類聖人之旨相傳疑世人造爲之後或者又加點竄非其實錄。……今錄其見存列于六經之下以備異說』何以混列一部？』按既非聖人之書，

小學：『自後漢佛法行於中國又得西域胡書能以十四字貫一切音文省而義廣，謂之婆羅門書，與八體六文之義殊別今取以附體勢之下又後魏初定中原軍容號令皆以夷語後染華俗多不能通故錄其本言相傳教習謂之國語今取以附音韻之末又後漢鐫刻七經，著於石碑，皆蔡邕所書。魏正始中又立一字石經相承以爲七經正字……其相承傳拓之本猶在祕府并秦帝刻石附於此篇以備小學。』

以上爲經部：『班固列六藝爲九種，或以緯書解經合爲十種。』按實際則解經附於論語，並不與緯書合。

正史：『世有著述，皆擬班馬以為正史，作者尤廣一代之史至數十家。唯史記漢書師法相傳，並有解釋……今依其世代聚而編之以備正史。』

古史『紀年……蓋魏國之史記也其著書皆編年相次，文意大似春秋經諸所記事，多與春秋、左氏扶同。……蓋春秋則古史記之正法有所著述，多依春秋之體。今依其世代編而敍之以見作者之別謂之古史。』

雜史『戰國策……楚漢春秋……越絕……吳越春秋，其屬辭比事，皆不與春秋史記漢書相似，蓋率爾而作非史策之正也。靈獻之世，天下大亂史官失其常守博達之士愍其廢絕各記聞見以備遺亡。是後羣才景慕作者甚眾又自後漢已來學者多鈔撮舊史自為一書或起自人皇或斷之近代，亦各其志而體制不經又有委巷之說迂怪妄誕真虛莫測然其大抵皆帝王之事通人君子必博采廣覽以酌其要故備而存之謂之雜史』（按此篇最雜，幾不成類。）

霸史『自晉永嘉之亂皇綱失馭九州君長據有中原者甚眾……而當時臣子亦各記錄。後魏克平諸國據有嵩華始命司徒崔浩博采舊聞綴述國史諸國記注盡集祕閣尒朱之亂並皆散亡今

舉其見在，謂之霸史。』

起居注『起居注者，錄紀人君言行動止之事。……今之存者，有漢獻帝及晉代以來起居注，皆

近侍之臣所錄，晉時又得汲冢書，有穆天子傳體制與今起居正同。……今依其先後編而入之，其僞

國起居唯南燕一卷，不可別出附之於此』

舊事『古者朝廷之政發號施令，百司奉之，藏于官府，各脩其職，守而弗忘。……縉紳之士撰而

錄之，遂成篇卷。然亦隨代遺失，今據其見存謂之舊事篇』

職官『漢末王隆應劭等以百官表不具，乃作漢官解詁、漢官儀等書，是後相因，正史表志，無復

百僚在官之名矣，搢紳之徒，或取官曹名品之書撰，而錄之，別行於世，宋、齊已後，其書益繁，而篇卷零

疊易為亡散，又多瑣細不足可紀，故刪其見存可觀者，編為職官篇』

儀注『漢興，叔孫通定朝儀，武帝時始祀汾陰后土，成帝時初定南北之郊，節文漸具。後漢又使

曹褒定漢儀，是後相承，世有制作，然猶以舊章殘缺，各遵所見，彼此紛爭，盈篇滿牘，而後世多故，事在

通變，或一時之制，非長久之道，載筆之士，刪其大綱，編于史志。而或傷於淺近，或失於未達，不能盡其

旨要。遺文餘事亦多散亡今聚其見存以爲儀注篇。

刑法『刑法者先王所以懲罪惡齊不軌者也⋯⋯漢律久亡故事駁議又多零失今錄其見存

可觀者編爲刑法篇』

雜傳『操行高潔不涉於世者史記獨傳夷齊漢書但述楊王孫之儔其餘皆略而不記。又漢時

阮倉作列仙圖劉向典校經籍始作列仙列女之傳皆因其志尙率爾而作不在正史後漢光武

始詔南陽撰作風俗故沛三輔有耆舊節士之序魯廬江有名德先賢讚郡國之書由是而作魏文

帝又作列異以序鬼物奇怪之事嵇康作高士傳以敍聖賢之風因其事類相繼而作者甚衆名目轉

廣而又雜以虛誕怪妄之說推其本源蓋亦史官之末事也魯沛三輔序贊並

亡後之作者亦多零失今取其見存部而類之謂之雜傳。按此篇實併括七錄紀傳錄之鬼神部。

地理『劉向略言地域丞相張禹使屬朱貢條記風俗班固因之作地理志其州國郡縣山川夷

險時俗之異經星之分風氣所生區域之廣戶口之數各有攸敍與古禹貢周官所記相埒是後⋯⋯

記注甚衆今⋯⋯錄⋯⋯以備地理之記焉』

譜系:『氏姓之書,其所由來遠矣。……今錄其見存者以爲譜系篇』

簿錄:『古者史官旣司典籍,蓋有目錄以爲綱紀體制堙滅,不可復知孔子刪書別爲之序各陳作者所由韓毛二詩亦皆相類漢時劉向別錄劉歆七略,剖析條流各有其部推尋事跡疑則古之制也。自是之後不能辨其流別但記書名而已博覽之士疾其渾漫故王儉作七志,阮孝緒作七錄並皆別行。大體雖準向歆而遠不逮矣其先代目錄亦多散亡今總其見存編爲簿錄篇』

以上爲史部。『夫史官者,必求博聞強識疏通知遠之士使居其位百官衆職咸所貳焉是故前言往行無不識也天文地理無不察也人事之紀無不達也內掌八柄以詔王治外執六典以逆官政。書美以彰善紀惡以垂戒範圍神化昭明令德窮聖人之至賾詳一代之舊章……班固以史記附春秋今開其事類凡三十(名達按三十當爲十三之誤。)種別爲史部』

儒:『儒者所以助人君明教化者也』

道:『道者蓋爲萬物之奧聖人之至賾也』

法:『法者人君所以禁淫慝齊不軌而輔於治者也』

名：「名者，所以正百物，敍尊卑列貴賤各控名而責實無相僭濫者也。」

墨：「墨者強本節用之術也。」

縱橫：「縱橫者，所以明辯說善辭令以通上下之志者也。」

雜：「雜者兼儒墨之道通衆家之意以見王者之化無所不冠者也。」

農：「農者所以播五穀藝桑麻以供衣食者也。」

小說：「小說者街說巷語之說也。」

兵：「兵者所以禁暴靜亂者也。」

天文：「天文者所以察星辰之變而參與政者也。」

曆數：「曆數者所以揆天道察昏明以定時日以處百事以辨三統以知阨會吉凶終始窮理盡性而至於命者也。」

五行：「五行者金、木、水、火、土五常之形氣者也。」

醫方：「醫方者所以除疾疢保性命之術者也。」

以上爲子部：『……漢書有諸子、子兵、數術、方技之略，今合而敍之，爲十四種，謂之〈子部〉。』

楚辭：『〈楚辭者〉，屈原之所作也。』

別集：『〈別集〉之名蓋〈漢〉〈東京〉之所創也。自〈靈〉均已降屬文之士衆矣，然其志尙不同，風流殊別。後之君子欲觀其體勢而見其心靈，故別聚焉名之爲集。辭人景慕並自記載以成書部年代遷徙亦頗遺散。其高唱絕俗者略皆具存今依其先後次之於此。』

總集：『〈總集者〉以〈建安〉之後辭賦轉繁衆家之集日以滋廣。〈晉〉代〈摯虞〉〈苦覽者〉之勞倦，於是採摘孔翠，芟剪繁蕪，自詩賦下各爲條貫合而編之，謂爲〈流別〉是後又集總鈔作者繼軌屬辭之士以爲覃奧而取則焉今次其前後幷解釋評論總於此篇』

以上爲集部：『〈文者〉所以明言也。……世有澆淳，時移治亂，方體遷變邪正或殊。……古者陳〈詩〉觀風，斯亦所以關乎盛衰者也。〈班固〉有詩賦略凡五種今引而伸之合爲三種謂之〈集部〉』

右爲〈隋志〉小序自來一般目錄學家對於〈隋志〉莫不推尊稱贊認爲媲美〈漢志〉垂裕四庫故不憚煩而錄其要點於此其分部爲四自不免受有〈荀勗〉〈李充〉之暗示然彼則但標甲乙丙丁此則明稱經、

史、子、集。經名仿自七志，子名由於七略，集則七錄創稱史部則緣七錄之紀傳錄而簡括改易之耳其

先後次第，則李充定之阮孝緒因之隋志順受其成了不足異所可異者，則荀勖李充而後有部無種

「沒略衆篇之名但以甲乙爲次」至隋志乃釐爲四十種依準七錄而整齊之其種名之同異分合

已見上文足徵其親屬關係無庸贅辭今所當論次者則隋志之分部分種是否合理是也古今議者

紛紜文繁意雜不復徵述但抒鄙見以醒眉目：

一曰經史子集四部之界畫並不謹嚴也。漢志六藝略於六藝之外兼收論語孝經與小學、

孝經孔門所述，無妨附屬。小學則人人習用之文字有何關係而亦略。隋志經部沿襲其謬且更益

與六藝背馳之僞書——緯讖「夫經籍也者機神之妙旨聖哲之能事所以經天地緯陰陽正紀綱

弘道德顯仁足以利物藏用足以獨善」隋志既已自言之矣彼緯讖者既「文辭淺俗顚倒舛謬不

類聖人之旨相傳疑世人造爲之後或者又加點竄非其實錄。何爲亦尊之而廁於經部乎？

若謂經部專收上古之書則緯讖旣「起王莽好符命光武以圖讖與」樂經「及秦而頓滅」乃錄

魏晉已後之書以補其闕是又自違其例也。史部之義引見上文，大抵皆政治史與傳記地理簿錄之

屬而總集篇中復有歷朝詔集豈帝王之詔制尚不足以備史料乎簿錄既以司於史官而入史部，則

天文歷數、五行「亦太史之職」，何爲而又別置子部？若謂天文等科爲專門，則地理亦專門之學也。

若謂史部專記人事，天文等科乃屬技術，則雜傳篇中多鬼怪神仙之記，並非人事，若謂鬼神傳記亦

有時間性則職官儀注刑法之書皆係個別獨立於空間，並無系統之敍述，若謂職官等書皆政治產

物則經部之禮樂豈非政治產物乎無論用何標準以繩之史部之範圍皆未能確定也。至於子部則

空談理論之諸子〔自儒至雜。〕記載實用之技藝〔及醫方。〕充滿迷信之術數〔自兵至曆數。〕撫拾異聞之小說混同一

部眞所謂薰蕕同器不倫不類矣若謂子部皆專門之學則樂章豈非專門之學何爲獨入經部乎此

由一方欲拘守李充之四部一方又須遵照七略七錄之小類；〔略之種，錄之部。〕故削足以就履併方技術數、

兵書於諸子致成此四不像耳集部專載詩賦文辭宜稍整齊然既雜收詔集又復外置小說及鬼神

之記未見其爲純屬文學也他如經部之詩與集部之楚辭及詩集何殊經部之尚書春秋與史部之

正史古史何殊？經部之禮與史部之儀注何殊？經部之易與子部之五行何殊此皆淺學所能識而古

目錄學家乃不之悟恥矣!

二曰各篇小類之內容並不單純也所貴乎部類者以其大可包小也。四部之無一定界畫猶可諉爲範圍太大包攝非易至於小類則宜盡其所有不遺親屬於外亦不雜仇敵於內庶幾合理。若隋志之小類則誠莫明其妙也。經部各類比較單純可無苟究然雜經解於論語亦復不倫至如史部之雜史則筆記體紀傳體編年體實錄體紀事本末體乃至傳記瑣記及史抄咸備厖雜之弊可謂極矣。雜傳則妄併七錄之鬼神部於一篇以致虛實雜揉人鬼莫辨通史部而合論之,則其分類之標準多至三種。正史爲紀傳表志混合體,古史爲編年體起居注爲日記體舊事爲記事體,雜傳爲列傳體,譜系爲譜牒體,此皆以體裁爲分類標準者也。霸史則以所述之對象爲偏霸之國各種體裁均備職官儀注刑法地理簿錄則以所述之對象爲專門之事物,故從其性質而分類,亦不問其體裁也。夫惟以體裁爲標準,則人鬼神仙可以同列雜傳姓氏錢竹可以同列譜系,事之荒謬有過於此者乎?既以體裁爲標準矣,又復有所謂雜史霸史致記事體之戰國策可以不列舊事王劭之隋書可以不列正史,編年體之梁皇帝實錄及十六國春秋可以不列古史,執一則不通兼兩則自紊其例,至於子部則諸子以宗旨分而猥以雜家爲龍蛇之菹,乃至佛家之目錄傳記及雜書類書皆入其中,妙不可言技術

諸篇，宜以對象性質而分類然曆數則兼曆法數學五行則兼卜筮雜占面相馬相地游戲醫方則

兼生理醫藥房中術其不單純一望可知集部則楚辭以一書而獨成一類若書詩然殆以有後人音

疏之故否則同時同一作風之荀況宋玉二集何以又入別集類而所謂別集者凡一人所作之詩賦

文辭以集名者咸入焉合若干之作爲一集者則入總集類嚴格論之每一作家之詩文既無一定之

體裁又無一定之對象其文集旣盡收其所作則內容泛及一切學術與一切事物其不能成爲純文

學也必矣然則所謂集者卽現代所謂總類也旣不能豆剖瓜分則隨人結集亦宜若夫總集則不然：

有選集各家之詩者有選集各家之某種文辭者有專集樂府歌辭者有專集連珠碑文者甚至有單

篇之賦焉，有專門之作焉，如文心雕龍。有漠不相關之女誡焉，有絕非文學之詔集焉，有表奏有露布復有

啓事，隋志所載五花八門極凌亂滲雜之致此豈總集乃雜書耳其實祇須稍一分析則文學史學各

有攸歸而撰隋志者憚爬梳之煩苦踏七錄之覆轍又復併雜文於總集乖分類之義遠矣。

以上所論雖指隋志以立言實則上篇七略七錄下讫崇文總目四庫總目凡古人之失後人不

敢糾正僅僅稍事增併而已泥古不化固我國學術之通弊目錄學何能獨免抑著者敢正告晚近自

矜之目錄學家曰君倘以七略爲「主質」，四部爲「主體」乎倘以七略與四部互競，四部與七

略沒乎抑知隋志之四部非復李充之四部隋志之四十種卽由七略之三十八略，七錄之四十六部

而來否故明顯言之李充之四部單純之四分法也隋志之四部祇可謂之四十分法隋志者固七錄

之子七志之孫而七略之曾孫也請用算術演式表示七略、七錄及隋志之分類關係如下：

∵ 七略：七錄＝（六藝略＋諸子略＋詩賦略＋兵書略＋術數略＋方技略）：（經典錄

＋紀傳錄＋子兵錄〔諸子＋兵書〕＋文集錄＋術技錄〔術數＋方技〕＋佛法錄＋仙道錄）－

（紀傳錄＋佛法錄＋仙道錄）

∴ 七錄：隋志＝（經典錄＋紀傳錄＋子兵錄＋文集錄＋術技錄＋佛法錄＋仙道錄）：

（經部＋史部＋子部〔子兵＋技術〕＋集部＋道經＋佛經）

∴ 七略＋史部＋子部＝七錄

∴ 七略＋子部＝七錄＝隋志

∴ 七略＝隋志

正統派四部分類法之源流　　自隋志採用七錄之分類法刪佾爲四部四十種後，一千二三百

年來，官簿私錄十九沿襲視爲天經地義未敢推翻另創故此項第二時期之四部分類法，非第一時期之李充單純

四部分類法。實爲中國目錄學史之主要潮流亦卽分類史之正統派試取歷代正史藝文志觀之未有不

用其法者私家著錄現存最古之晁公武郡齋讀書志，簡稱晁志。尤袤遂初堂書目見說郛陳振孫直

齋書錄解題、簡稱陳錄。馬端臨文獻通考經籍志、簡稱馬志。四家及爲明志藍本之黃虞稷千頃堂書目亦

莫不遵其矩範明、清以後著錄益繁較其部類極少改革偶有二三賢哲頗能闖出藩籬自創新法事

具別章茲不先述謹將正統派四部分類表臚列於後勘比異同一目可盡泝其淵源始於七略窮其

宗裔蔚爲四庫全書總目攝述變化可得而言四部之稱創自隋志一成不變無待煩辭考其由來則

以經典稱錄由於七錄更泝其源實發於七略之六藝略紀傳脫離經典而獨立亦爲七錄創格；而以

史記舊事合類書雜事爲內部則荀勗晉中經簿已首創其例矣。七略受秦燒諸侯史記之影響獨乏

史書未能成略固不足責子部最雜幾經併合而成實爲七錄中諸子兵書術數方技之複合體一經

七錄之複合爲子兵技術，再變卽成隋志之子部矣文集之名亦始見於七錄推其宗祖實卽七略之

詩賦略不過加入散文耳至於種類之分合亦極微少經部諸類自易書詩禮樂春秋論語孝經至小

學，凡九種，由七略確定後絕未有能變革者隋志所異僅移七錄技術錄中之讖緯入經部，並附爾雅

及五經總義於論語之後而已讖緯入錄，後世惟古今書錄，即舊唐書經籍志所本。新唐書藝文志、唐志。陳錄 析

馬志四家餘悉屏除小學則古今書錄析爲詁訓小學尤目析爲文字音韻四庫全書總目簡稱四庫。析

爲訓詁字書韻書論語則尤目附入孝經孟子於其後陳錄遂合稱論孟史藝文志。簡稱明史藝文志。更創爲

四書之稱經解成類，創於古今書錄明志改稱諸經四庫定爲五經總義自餘六藝惟四庫析爲周

禮儀禮記三禮通義通禮雜禮書陳錄缺樂尤目獨聚合刻九經及善本各經爲經總類此外則

絕無歧異經部之可言者盡於此矣史部諸類則自七錄確定而後變化亦尠隋志之國史爲

正史諸志謹遵無或違異編年則首由新唐志創稱其先則稱注曆或古史，而明志獨附之於正史之

後故事亦由新唐志其先但稱舊事而陳錄之典故不得與焉職官獨無餘名惟四庫析之爲官制官

簽耳儀注則七錄名儀典陳錄名禮注刑法則七錄名法制陳錄名法令。

類爲政書一類復析爲通制典禮邦計軍政法令考工六屬七錄之僞史隋志改爲霸史四庫改爲載

記餘錄各有依違傳記則由新唐志以上皆稱雜傳自隋志併入七錄之鬼神後或依或違各從其意，

惟四庫獨析為聖賢、名人、總錄、雜錄、別錄五屬。地理始於隋志，七錄則名土地，四庫析之至九屬之多。其目為總志、都會郡縣、河渠、邊防、山川、古蹟、雜記、遊記、外紀，詳悉極矣。他如譜狀、譜系、譜牒、氏族、姓氏之異稱，簿錄、略錄、目錄之歧名，（四庫更分經籍金石二屬。）原無深意，惟明志獨缺目錄，四庫獨缺譜牒，為足怪耳。以上所述史部諸類，莫非七錄首創。至於七錄所無，後來漸增者，僅下文數類耳。章奏創於尤目，陳錄改為奏議，原隸於集部，四庫始合為一類，改入史部。繼述詔令亦創於尤目，陳錄改為時令。雜史始於隋志，惟宋志獨無。別史創於陳錄，惟宋志、四庫繼述。詔令亦創於尤目，陳錄改為時令。雜史始於隋志，（簡稱崇文總目。）實錄、起居注創於尤目，（陳錄改為時令。）書錄、新唐志、陳錄及馬志之起居注，有似崇文總目、晁志及尤目之實錄，晁志之史學，有似馬志之史評史鈔，（合一。）及宋志、明志之史鈔，而四庫始析為史評史鈔二類；而尤目獨多國史、本朝雜史、本朝故事、本朝雜傳四類，特別注重近代史書，在諸志中為特異。此皆後錄之軼出七錄規範者也。子部則自七略分類以後，大體而論，反似有減無增。如諸子略之陰陽家，自隋志以下不復入錄，名、墨、縱橫四家，明志概併入雜家，（四庫則留法家，而併其餘三家。）兵書略之權謀、形勢、陰陽、技巧，自經七錄併為兵家後不復分析，（但或名兵法、兵書耳。）術數略之天文、歷譜二種，有併為一類者，（崇文，晁志，四庫。）有併入他類者，（尤目五行署目五行署……）

| 名稱 | 部類總稱 | 1易 | 2書 | 3詩 | 4禮 | 樂 | 春秋 | 謚法 | 經解 | 論語 | 孟子 | 孝經 | 四書/諸經 | 小學 | 詁訓 | 讖緯 |
|---|---|---|---|---|---|---|---|---|---|---|---|---|---|---|---|---|
| 七略 | 六藝略 II（略 I） | 1易 | 2書 | 3詩 | 4禮 | 5樂 | 6春秋 | | | 7論語 | | 8孝經 | | 9小學 | | |
| 七錄 | 經典錄 I（V） | 1易部 | 2尚書部 | 3詩部 | 4禮部 | 5樂部 | 6春秋部 | | | 7論語部 | | 8孝經部 | | 9小學部 | | 2讖緯部 |
| 隋書經籍志 | 經部 I | 1易 | 2書 | 3詩 | 4禮 | 5樂 | 6春秋 | | | 8論語（讖緯附） | | 7孝經 | | 10小學 | | 9讖緯 |
| 古今書錄 | 甲部經錄 I | 1易 | 2書 | 3詩 | 4禮 | 5樂 | 6春秋 | | 10經解 | 8論語 | | 7孝經 | | 12小學 | 11詁訓 | 9圖緯 |
| 新唐書藝文志 | 甲部經錄 I | 1易類 | 2書類 | 3詩類 | 4禮類 | 5樂類 | 6春秋類 | | 10經解類 | 8論語類 | | 7孝經類 | | 11小學類 | | 9讖緯類 |
| 崇文總目 | 經部 I | 1易類 | 2書類 | 3詩類 | 4禮類 | 5樂類 | 6春秋類 | | | 8論語類 | | 7孝經類 | | 9小學類（上下） | | |
| 郡齋讀書志 | 經部 I | 1易 | 2書 | 3詩 | 4禮 | 5樂 | 6春秋 | | 8經解 | | | 7孝經 | | 10小學 | | |
| 遂初堂書目 | 1經總類（附九經各經） | 2周易類 | 3尚書類 | 4詩類 | 5禮類 | | 6春秋類 | | | 7論語類（孝經孟子附） | | | | 9小學（類 聲韻·文字） | | |
| 直齋書錄解題 | 經部 I | 1易類 | 2書類 | 3詩類 | 4禮類 | | 5春秋類 | | 8經解類 | 7論孟類 | | 6孝經類 | | 10小學類 | | 9讖緯類 |
| 文獻通考經籍考 | 經部 I（敘總） | 1易 | 2書 | 3詩 | 4禮 | | 5春秋 | 12謚法 | 10經解 | 6論語 | 7孟子 | 8孝經 | | 14小學 | | 13讖緯 |
| 宋史藝文志 | 經部 I | 1易類 | 2書類 | 3詩類 | 4禮類 | 5樂類 | 6春秋類 | | | 8論語類 | | 7孝經類 | | 10小學類 | | |
| 明史藝文志 | 經部 I | 1易類 | 2書類 | 3詩類 | 4禮類 | 5樂類 | 6春秋類 | | | 8諸經類 | | 7孝經類 | 9四書類 | 10小學類 | | |
| 四庫全書總目 | 經部 I | 1易類 | 2書類 | 3詩類 | 4禮類（1周禮·2儀禮·3禮記·4三禮通義·5通禮·6雜禮書） | 9樂類 | 5春秋類 | | 7五經總義類 | | | 6孝經類 | 8四書類 | 10小學類（1訓詁·2字書·3韻書） | | |

| | | | | | | | | | |
|---|---|---|---|---|---|---|---|---|---|
| 紀傳錄 II | 9 鬼神部 | 8 雜傳部 | 7 偽史部 | 6 法制部 | 5 儀典部 | 4 職官部 | 3 舊事部 | 2 注曆部 | 1 國史部 |

| | | | | | | | | |
|---|---|---|---|---|---|---|---|---|
| 史部 II | 10 雜傳（鬼神附） | 4 霸史 | 9 刑法 | 8 儀注 | 7 職官 | 6 舊事 | 2 古史 | 1 正史 |

| | | | | | | | | |
|---|---|---|---|---|---|---|---|---|
| 史部乙錄 II | 10 雜傳 | 4 霸史 | 9 刑法 | 8 儀注 | 7 職官 | 6 舊事 | 2 古史 | 1 正史 |

| | | | | | | | | |
|---|---|---|---|---|---|---|---|---|
| 史部乙錄 II | 8 雜傳記類 | 3 偽史類 | 10 刑法類 | 9 儀注類 | 7 職官類 | 6 故事類 | 2 編年類 | 1 正史類 |

| 11 歲時類 | 史部 II | 12 傳記類（上下） | 5 偽史類 | 8 刑法類 | 7 儀注類 | 6 職官類 | 4 編史類 | 1 正史類 |
|---|---|---|---|---|---|---|---|---|

| | | | | | | | | |
|---|---|---|---|---|---|---|---|---|
| 史部 II | 11 傳記 | 5 偽史 | 9 刑法 | 8 儀注 | 7 職官 | 2 編年 | 1 正史 |

| IV | 史部 II | | | | | | | | | |
|---|---|---|---|---|---|---|---|---|---|---|
| 2 章奏類 | 10 本朝雜傳 | 5 雜傳類 | 6 偽史類 | 14 刑法類 | 13 儀注類 | 12 職官類 | 9 本朝故事 | 4 故事類 | 2 編年類 | 1 正史類 |

| 11 時令類 | IV | 史部 II | | | | | | | | |
|---|---|---|---|---|---|---|---|---|---|---|
| 6 奏議類 / 5 詔令類 | 12 傳記類 | 6 偽史類 | 13 法令類 | 10 禮注類 | 9 職官類 | 8 典故類 | 3 編年類 | 1 正史類 |

| IV | 史部 II | I | 史部 II | | | | | | | |
|---|---|---|---|---|---|---|---|---|---|---|
| 12 時令 | 5 章奏 | 5 傳記 | 6 偽史 霸史 | 10 刑法 | 11 儀注 | 9 職官 | 8 故事 | 2 編年 | 1 正史 |

| | | | | | | | | |
|---|---|---|---|---|---|---|---|---|
| 史部 II | 7 傳記類 | 13 霸史類 | 9 刑法類 | 8 儀注類 | 6 職官類 | 5 故事類 | 2 編年類 | 1 正史類 |

| | | | | | | | |
|---|---|---|---|---|---|---|---|
| 史部 II | 8 傳記類 | 7 刑法類 | 6 儀注類 | 5 職官類 | 4 故事類 | 1 正史類（編年附） |

| | 史部 II | | | | | | | | |
|---|---|---|---|---|---|---|---|---|---|
| 10 時令類 | 6 奏議 / 詔令 | 7 記傳 | 9 載記類 | 13 政書 | 3 紀事本末類 | 12 官職 | | 2 編年類 | 1 正史類 |
| | 2 奏議 / 1 詔令 | 5 別錄 / 4 雜錄 / 3 總錄 / 2 名人 / 1 聖賢 | | 類書 | | 6 考工 / 5 法令 / 4 軍政 / 3 邦計 / 2 典禮 / 1 通制 | | 2 官職 / 1 官利 | |

| | | | | | | | | | | | | | |
|---|---|---|---|---|---|---|---|---|---|---|---|---|---|
| 7縱橫 | 6墨 | 5名 | 4法 | 3陰陽 | 2道 | 1儒 | | | | | | | |
| 7縱橫部 | 6墨部 | 5名部 | 4法部 | 3陰陽部 | 2道部 | 1儒部 | | | | 12簿錄部 | 11譜狀部 | 10土地部 | |
| 6縱橫 | 5墨 | 4名 | 3法 | | 2道 | 1儒 | | 5起居注 | 3雜史 | 13簿錄 | 12譜系 | 11地理 | |
| 6縱橫家 | 5墨家 | 4名家 | 3法家 | | 2道家 | 1儒家 | | 5起居注 | 3雜史 | 13簿錄 | 12譜系 | 11地理 | |
| 6縱橫家類 | 5墨家類 | 4名家類 | 3法家類 | | 2道家類 | 1儒家類 | | 5起居注類 | 4雜史類 | 11目錄類 | 12譜牒類 | 13地理類 | |
| 6縱橫家類 | 5墨家類 | 4名家類 | 3法家類 | | 2道家類 | 1儒家類 | 3實錄類 | | 4雜史類 | 13目錄類 | 10氏族類 | 9地理類 | |
| 6縱橫家 | 5墨家 | 4名家 | 3法家 | | 2道家 | 1儒家 | 6史評 | 3實錄 | 4雜史 | 13目錄 | 12譜牒 | 10地理 | |

史 部 Ⅱ

| | | | 3道家類 | 1儒家類 | 16史學類 | 7國史類 | 11實錄類 | 8本朝雜史 | 3雜史類 | 17目錄類（石刻書畫金錫附） | 15姓氏類 | 18地理類 |
|---|---|---|---|---|---|---|---|---|---|---|---|---|

史 部 Ⅱ

| 6縱橫家類 | 5墨家類 | 4名家類 | 3法家類 | 14陰陽家類 | 2道家類 | 1儒家類 | | 4起居注類 | 7雜史類 | 2別史類 | 15目錄類 | 14譜牒類 | 16地理類 |
|---|---|---|---|---|---|---|---|---|---|---|---|---|---|

史 部 Ⅱ

| 6縱橫家 | 5墨家 | 4名家 | 3法家 | | 2道家 | 1儒家 | 7史評史鈔 | | 3起居注 | 4雜史 | 14目錄 | 13譜牒 | 11地理 |
|---|---|---|---|---|---|---|---|---|---|---|---|---|---|

| 6縱橫家類 | 5墨家類 | 4名家類 | 3法家類 | 2道家類 神仙附 | 1儒家類 | 4史鈔類 | | 3別史類 | 10目錄類 | 11譜牒類 | 13地理類 |
|---|---|---|---|---|---|---|---|---|---|---|---|

| 11道家類 道書附 | 1儒家類 | 3史鈔類 | | 2雜史類 | 10譜牒類 | 9地理類 |
|---|---|---|---|---|---|---|

| | | 3法家類 | 14道家類 道書附 | 1儒家類 | 8史鈔類 | 15史評類 | 5雜史類 | 4別史類 | 14目錄類 | 11地理類 |
|---|---|---|---|---|---|---|---|---|---|---|

11 地 理 類
| 9外紀 | 8遊記 | 7雜記 | 6古蹟 | 1總志 | 山川 | 邊防 | 河渠 | 2都會郡縣 |
|---|---|---|---|---|---|---|---|---|

| VI 術數 略 | | | | | | | V 兵書 略 | | | | III 諸子 略 | | |
|---|---|---|---|---|---|---|---|---|---|---|---|---|---|
| 6 刑法 | 5 雜占 | 4 蓍龜 | 3 五行 | | 2 曆譜 | 1 天文 | 4 兵技巧 | 3 陰陽 | 2 兵形勢 | 1 兵權謀 | 10 小說 | 9 農 | 8 雜 |

| V 技術 錄 | | | | | | | 子 兵 錄 | | 子 兵 錄 III | | |
|---|---|---|---|---|---|---|---|---|---|---|---|
| 7 刑法部 | 6 雜占部 | 5 筮部 | 4 五行部 | | 2 曆算部 | 1 天文部 | 11 兵家部 | 10 小說部 | 9 農部 | 8 雜部 |

| III 子 部 | | | | | | |
|---|---|---|---|---|---|---|
| 13 五行 | 12 曆數 | 11 天文 | 10 兵 | 9 小說 | 8 農 | 7 雜 |

| III 子 部 | | | | | | |
|---|---|---|---|---|---|---|
| 13 五行 | 12 曆數 | 11 天文 | 10 兵法 | 9 小說家 | 8 農 | 7 雜家 |

| III 子 部 | | | | | | |
|---|---|---|---|---|---|---|
| 13 五行類 | 11 曆算類 | 10 天文類 | 12 兵書類 | 9 小說類 | 8 農家類 | 7 雜家類 |

| III 子 部 | | | | | | | | |
|---|---|---|---|---|---|---|---|---|
| 15 卜筮類 | 18 五行類 | 12 算術類 | 17 曆算類 | 16 天文占星類 | 10 兵書類 | 9 小說類 | 8 農家類 | 7 雜家類 |

| III 子 部 | | | | | |
|---|---|---|---|---|---|
| 10 天文曆數 | 11 兵家 | 8 小說 | 7 農家 | 7 雜家 |

**7 數學類**

| 形勢 | 卜筮 | 五行 | 陰陽 | | 曆譜 | 天文 | 6 兵書類 | 8 小說類 | 5 農家類 | 2 雜家類 |
|---|---|---|---|---|---|---|---|---|---|---|

| III 子 部 | | | | | | | |
|---|---|---|---|---|---|---|---|
| 16 形法類（相・葬） | 15 卜筮類 | 13 曆象類（曆算・曆・天文） | 12 兵書類 | 9 小說家類 | 7 農家類 | 8 雜家類（雜鈔・雜說・雜考） |

| III 子 部 | | | | | | | | |
|---|---|---|---|---|---|---|---|---|
| 14 形法 | 13 卜筮 | 12 五行 | 11 曆算 | 10 天文 | 15 兵書 | 8 小說家 | 9 農家 | 7 雜家 |

| III 子 部 | | | | | | | | |
|---|---|---|---|---|---|---|---|---|
| 12 蓍龜類 | 11 五行類 | 13 曆算類 | 10 天文類 | 14 兵書類 | 9 小說家類 | 7 農家類 | 8 雜家類 |

| III 子 部 | | | | | | |
|---|---|---|---|---|---|---|
| 8 五行類 | 7 曆數類 | 6 天文類 | 5 兵書類 | 4 小說家類 | 3 農家類 | 2 雜家類（名法・縱橫・附墨） |

**7 數術類 ／ 6 天文算法類 ／ 雜 家 類**

| 5 命書相書 | 3 相宅相墓 | 7 雜技術 | 4 占卜 | 6 陰陽五行 | 2 占候 | 1 數學（之算書） | 推步 | 2 兵家類 | 12 小說類 | 4 農家類 | 6 雜編 | 5 雜纂 | 4 雜品 | 3 雜說 | 2 雜考 | 1 雜學 |
|---|---|---|---|---|---|---|---|---|---|---|---|---|---|---|---|---|

| 譜錄 | 類書 | 雜藝／藝術 | 釋／佛 | 神仙／道 | 音樂 | 醫 |
|---|---|---|---|---|---|---|
| | | | | **方技略 VII**　4 神仙　3 房中 | | **方技略 VII**　1 醫經　2 經方 |
| | | | **佛法錄 VI**　1 戒律部　2 禪定部　3 智慧部　4 疑似部　5 論記部 | **仙道錄 VII**　1 經戒部　2 服餌部　4 符圖部　3 房中部 | | 8 醫經部　9 經方部 |
| | | | **佛經部 VI**　1 經（小乘、人乘、雜乘、疑小）　2 律（小乘、人乘、雜乘）　3 論、雜論、記 | **道經部 V**　1 經戒　2 服餌　4 符錄　3 房中 | | 14 醫方 |
| | | | | | | 14 醫方 |
| | 15 類書類 | 14 雜藝類 | | | | 16 明堂經脈類　17 醫術類 |
| | 11 類書類（上下） | 20 藝術類 | 19 釋書類（中） | 13 道書類（四五三）（附中） | | 14 醫書類 |
| | 12 類家 | 16 雜藝 | 15 釋書 | 13 神仙 | | 14 醫書 |
| 10 譜錄類 | 11 類書類 | 9 雜藝類 | 4 釋家類 | | | 12 醫書類 |
| | 20 類書類 | 19 雜藝類 | 11 釋家類 | 10 神仙類 | 18 音樂類 | 17 醫書類 |
| | 19 類書 | 20 雜藝術 | 18 釋氏 | 17 神仙家 | | 16 醫家 |
| | 16 類事類 | 15 雜藝術類 | | | | 17 醫書類 |
| | 10 類書類 | 9 藝術家（附醫書） | 12 釋家類 | | | |
| 9 譜錄類　1 器用　2 食譜　3 草木　4 鳥獸蟲魚 | 10 類書類 | 8 藝術類　2 琴譜　1 書畫　3 篆刻　4 雜技 | 13 釋家類 | | | 5 醫家類 |

**詩　賦　略　IV**

| 5 歌詩 | 1 賦屈原等 | 2 賦陸賈等 | 3 賦係卹等 | 4 雜賦 |
|---|---|---|---|---|

**文　集　錄　IV**

| 1 楚辭部 | 2 別集部 | 3 總集部 | 4 雜文部 |
|---|---|---|---|

**集　部　IV**

| 1 楚辭 | 2 別集 | 3 總集 |
|---|---|---|

**丁　部　集　錄　IV**

| 1 楚辭 | 2 別集 | 3 總集 |
|---|---|---|

**丁　部　集　錄　IV**

| 1 楚詞類 | 2 別集類 | 3 總集類 |
|---|---|---|

**集　部　IV**

| 2 別集類（八七四） | 1 總集類（上下） | 3 文史類 |
|---|---|---|

**集　部　IV**

| 1 楚辭 | 2 別集 | 3 總集 |
|---|---|---|

**集　部　IV**

| 5 樂曲類 | 1 別集類 | 3 總集類 | 4 文史類 |
|---|---|---|---|

**集　部　IV**

| 5 歌詞類類 | 1 楚辭類 | 5 詩集類（上） | 3 別集類（文史） | 2 總集類 | 7 文史類（中上） |
|---|---|---|---|---|---|

歌詞類類： 2 詞 ｜ 3 曲 ｜ 1 樂府

**集　部　IV**

| 4 歌詞 | 1 賦詩 | 2 別集 | 6 總集 | 7 文史 |
|---|---|---|---|---|

**集　部　IV**

| 1 楚辭類 | 2 別集類 | 3 總集類 | 4 文史類 |
|---|---|---|---|

**集　部　IV**

| 1 別集類 | 2 總集類 | 3 文史類 |
|---|---|---|

**集　部　IV**

| 5 詞曲類類 | 1 楚辭類 | 2 別集類 | 3 總集類 | 4 詩文評類 |
|---|---|---|---|---|

詞曲類類： 1 詞集 ｜ 2 詞選 ｜ 3 詞話 ｜ 4 詞譜 ｜ 5 詞韻 ｜ 6 南北曲

、雜占形法四種，有併為五行一類者，<small>自隋志至新唐志及明志。</small>有併為二三類者。<small>自崇文至宋志，惟四庫獨分析為七屬。</small>

方技略之醫經醫方二種，則自隋志以下，多併為醫方一類，<small>或名醫家、醫書。</small>房中則惟七錄獨有神仙則惟晁陳、馬三家有之。<small>七錄另有仙道錄。</small>除此之外，如儒道雜農小說則諸錄皆謹守不改。<small>惟四庫分雜家為雜學、雜考、雜說、雜品、雜纂、雜編之屬，小說為雜事、異聞、瑣語三屬。</small>其為後錄所新增者僅雜藝。崇文改為藝術，陳錄改為雜藝術，四庫分為書畫、琴譜、篆刻、雜技四屬。

志音樂，創於陳錄。<small>仿自鄭氏譜錄，創於尤目，四庫改為器用、食譜、草木、鳥獸蟲魚四屬。</small>是寥寥者僅三類耳。<small>樂書。</small>集部諸類自七錄確定。楚辭別集總集雜文四部。隋志刪去雜文以後僅崇文總目增文史，<small>四庫改為詩文評。</small>陳錄增詩集詔令，尤目增章奏，<small>四庫改入史部。</small>樂曲、歌選、詞話、詞譜、詞韻、南北曲之屬。而已。楚辭以一書而成類有似六藝、本不合理，故崇文尤目明志皆刪併之揆以詩詞文賦皆以單篇結集之例，則詔令奏議之入集部也亦宜。雖然談四部之義者固不必過分深求也。

四部分類源流一覽表

右表上下左右各有關係，自上至下，則部類始末此廢彼興莫不明悉，循右而左，則某錄分類若干，總為幾部，分合刪併觸目會心，讀是表者當可瞭然於隋志四庫為七略七錄之後裔，非復其仇敵矣。

## 隋志以前之專科目錄

正統派四部分類法之主流既如上述，遍求古錄能軼出其牢籠別創

新意者為書極少。前乎隋志者含術數文史書畫佛道無聞焉。術數有祖暅撰錄已見上文，自三國時

已有朱士行撰漢錄，詳名不知。為佛經有錄之始。晉宋以降作者數十家，及隋唐而蔚為二三十卷之鉅

帙，駁駁有與四部目錄抗衡之勢。迄今數隋唐以前之古錄除漢志與隋志幸附漢書隋書而偶存之

外，悉屬佛經目錄，可謂盛矣。本書以是特關宗教目錄篇以詳述佛錄之偉蹟，而道錄亦附著焉。道經

有專目殆始於劉宋陸修靜之靈寶經目及同時之上清原統經目。故王儉七志阮孝緒七錄皆特為

佛經道經闢一錄焉。隋志始距道佛經目於四部之外，而猶錄其分類大綱且敍其史蹟於小序中。開

元錄遂絕對不收佛道之書，而另有毋煚撰開元內外經錄與其古今書錄並行。崇文總目以下有兼

收道書釋書於子部者，文有兼收神仙釋氏於子部者，晁志、陳錄、馬志。於道家者，有兼

尤目、明志。有更併釋氏神仙於道家者，宋志。然皆偶爾摭拾少數經傳聊備一格，未能盡舉大藏道藏之

所有。至如隋志雜家竟有佛教類書華林遍略佛教目錄歷代三寶記佛教傳記釋氏譜高僧傳之屬，

其為荒謬不究可知。姑摭彼二教經錄與正統派四部目錄之分合於此，以見正統派以外固尚有若

干主流云爾至於書畫目錄，則隋志以前亦早已獨立於四部之外考其淵源起自劉宋。東晉王義之、

獻之父子號稱書聖墨寶流傳片楮千金。宋人虞龢首撰二王鎮書定目各六卷又撰羊欣書目一卷，【見虞龢論書表。】

鍾張等書目一卷，【見張彥遠法書要錄及新舊唐志。】想亦同一體裁此書法目錄六卷。【見舊新唐志。】同時有王愔撰文字志上卷紋古書三十六種，

內容不詳然古所謂圖書實卽圖畫之獨成一類得佔目錄之一角自此始矣晉末「桓玄性貪，

好奇天下法書名畫必使歸己及玄纂逆晉府眞跡玄盡得之。」【據張彥遠歷代名畫記。】玄敗劉裕先使臧喜入宮，

載焉王儉之所錄殆卽據宋宮所有也。「南齊高帝又科其尤精者錄古來名筆不以遠近爲次但以

優劣爲差自陸探微至范惟質四十二人爲四十二等二十七帙三百四十八卷聽政之餘，旦夕披【見何法盛中興書輯本。】

玩。」而郭若虛圖畫見聞志謂南齊高帝撰有名畫集此集殆卽圖畫最初之目錄歟？梁武

帝時祕書丞殷鈞「又受詔料檢西省法書古迹別爲品目。」【見梁書卷二十七。】貞觀公私畫史所謂太淸目始

卽是也同時傅昭撰書法目錄，【見竇息述書賦注。】陳祕閣亦有圖書法書目錄一卷隋志【隋大業初於東都觀文殿】

東西廂構屋分藏正御四部書「又聚魏已來古跡名畫於殿後起二臺東曰妙楷臺藏古跡西曰寶

「臺藏古畫」。隋志序。其法書目錄多至六卷，較諸正御書目錄僅少三卷，並見隋志簿錄篇。又雜家有寶臺四法藏目錄一百卷，亦「大業中撰」，見寶泉述書賦注。唐人不知內容爲大藏抑古畫。書畫目錄之足與四部目錄分庭抗禮，於斯見之矣。隋人姚最撰法書錄，唐人朱景玄撰書品目錄，見百川書志。寶蒙撰齊梁畫目錄。見馬志。以上各錄並已失傳，傳世最古者書目以褚遂良右軍書目，畫目以裴孝源貞觀公私畫史。史一作錄。爲最，並撰於貞觀十三年前後距今一千三百年矣。至於文史目錄，則新舊唐志載有楊松珍史目三卷，摯虞文章志四卷，宋明帝晉江左文章志二卷，沈約宋世文章志二卷，傅亮續文章志二卷，殆皆別錄文史書目或篇目之作，爲四部目錄所不能範圍者。又北魏祕書丞盧昶撰有甲乙新錄，見魏書卷八十四。豈魏齊藏書不收子集故目錄所載祇有經史歟？北齊祕書監尉瑾校書亦僅限於五經諸史，見北齊書卷四十五。唐宋以來專錄漸興，爰及近代益多鉅著別見專科目錄篇此不先述。

### 隋志以後闖出四部牢籠之十幾種分類法

自隋志規定四部四十種之分類法後乾封開元、天寶、貞元、開成、祕府幾經校理其所著錄殆無不一準隋志。參看通紀篇。唐代私家惟開元、天寶間韋述藏書至二萬卷兼有古今朝臣圖歷代知名人畫魏晉已來草隸眞跡數百卷古碑古器藥方格式錢譜、

璽譜之類當代名、公尺題無不畢備」見唐書卷一百二。收藏既不限於書籍，而廣及於書、畫、金石等類，其必有特殊目錄而非四部所能牢籠殆可想見此外不乏藏家間有目錄，而久已失傳莫測眞相以管窺天，固不妨逕謂有唐一代除佛道另有專錄外完全為四部之世界，別無例外也。直至宋仁宗皇祐元年，吾人始知河南李淑撰有邯鄲書目十卷又號圖書十志，見陳經、史、子、集四部分類至五十七，見晁。其錄。不恪遵隋志可知。「其外又有藝術志、道書志、書志、畫志、通為八目」錄。異則於四分之外又創八分法。宋敏求之書目北宋之末有董逌撰惜其類目失傳否則以李淑之淵博高明，當可大有裨於分類學也。惜亦失傳。廣川藏書志，「及於諸子而止」直齋書錄解題嘗仿其例以時日祿命遁甲為陰陽家類足見其分類法亦有不同於四部目錄者，南宋初年，莆田鄭樵撰通志其藝文略盡列古今目錄所收之書於一篇分為十二類一百五十五小類，小類之下更分二百八十四目纖悉極矣其經類雖全依隋志，而抽出禮樂及小學各為一類史類略同諸子提出天文五行藝術醫方及類書獨立文類即集部之別名。對於各書個別之銓配錯誤雖多而對於四部四十類成法徹底破壞；對於小類節目之分析不憚苛細其膽量之鉅識見之宏實曠古一人列其分類表於後：

一〇七

經類第一

易（分古易，石經章句，傳注集注義疏論說類例，譜考正數圖音讖緯擬易十六目。）

書（分古文經石經章句傳注集注義疏問難義訓小學逸篇圖音續鬐讖緯逸書十六目。）

詩（分石經故訓傳注義疏問辨統說譜名物圖音緯學十二目。）

春秋（分經五家傳注三傳義疏傳論序條例圖文辭地理世譜卦錄音讖緯十三目。）

春秋外傳國語——（分注解章句非駁音四目。）

孝經（分古文注解義疏音廣義讖緯六目。）

論語（分古論語正經注解章句義疏論難辨正名氏音釋讖緯十一目。）

爾雅（分注解圖義廣雅雜爾雅釋言釋名方言九目。）

經解（分經解誃法二目。）

禮類第二

周官（分傳注義疏論難義類音圖六目。）

儀禮（分石經注疏音四目。）

喪服（分傳注集注義疏記要問難儀注譜圖五服圖儀九目。）

禮記（分大戴小戴義疏書鈔評論名數音義中庸讖緯九目。）

月令（分古月令續月令時令歲時四目。）

會禮（分論鈔問難三禮禮圖四目。）

一〇八

通志藝文略

儀注——（分禮義吉禮賓禮軍禮嘉禮封禪汾陰諸祀儀注陵廟制家禮祭儀東宮儀注、后儀王國卅縣儀注會朝儀耕籍儀車服書儀國璽十八目。）

樂類第三——（分樂書歌辭題解曲譜聲調鐘磬簥茲鼓吹琴議緯十一小類。）

小學類第四——（分小學文字音韻音釋古文法書蕃書神書八小類。）

史類第五

正史——（分史記漢三國晉宋齊梁陳後魏北齊後周隋唐通史九目。）

編年——（分古史兩漢魏吳晉宋齊梁陳後魏北齊隋唐五代運歷紀錄十五目。）

霸史——

雜史——（分古雜史兩漢魏晉南北朝，隋唐五代宋朝，九目。）

起居注——（分起居注實錄會要三目。）

故事——

職官——

刑法——（分律，令格式勅總類古制專條貢舉斷獄法守十一目。）

傳記——（分耆舊高隱孝友忠烈名士交遊列傳家傳列女科第名號冥異祥異十三目。）

地里——（分地里都城宮苑郡邑圖經方物川瀆名山洞府朝聘行役蠻夷十目。）

譜系——（分帝系皇族總譜損譜郡譜家譜六目。）

食貨——（分貨寶器用豢養種藝茶酒六目。）

目錄——（分總目，家藝總目，文章目，經史目四目。）

儒術

道家——（分老子，莊子，諸子，陰符經，黃庭經，參同契目錄傳，記論書，經科儀符籙，吐納胎息，內視道引辟穀，內丹外丹金石藥服餌房中修養二十五目。）

釋家——（分傳記塔寺論議詮述章鈔儀律目錄音義頌讚語錄十目。）

諸子類第六

法家

名家

縱橫家

墨家

雜家

農家

小說

兵家——（分兵書軍律營陣兵陰陽邊策五目。）

天文類第七

天文——（分天象天文總占竺國天文五星占雜星占日月占風雲氣候占瑞氣八目。）

曆數——（分正歷歷術七曜歷雜星歷刻漏五目。）

算術——（分竺國算法二目。）

不特此也，鄭樵通志又特撰校讎略，披陳其對求書、校書、分類、編目之意見，其編次必謹類例，論尤多

古人未發之議，古來素少關於分類之討論，故其言有足觀者焉。

曰：『學之不專者爲書之不明也。有專門之書則有專門之學，有專門之學則有世守之能。人守其學，學守其書，書守其類。人有存沒而學不息，世有變故而書不亡以今之書校古之書，百無一存，其故何哉？士卒之亡者，由部伍之法不明也；書籍之亡者，由類例之法不

五行類第八　（易占軌革筮占龜卜射覆占夢雜占風角鳥情逆刺遯甲太一九官六壬式經陰陽元辰，三命行年相法相笏相印相字堪餘易圖婚嫁產乳登壇葬書三十小類）

藝術類第九　（分射騎畫錄畫圖投壺弈碁博塞象經樗蒲彈碁打馬雙陸打毬彩選葉子格雜戲格十六類）

醫方類第十　（分脈經明堂鍼灸本草本草圖本草音本草用藥採藥炮炙方書單方胡方寒食散病源五藏傷寒脚氣嶺南方雜病瘡腫眼藥口齒婦人小兒食經香薰粉澤二十六小類）

類書類第十一

文類第十二　（楚辭別集（再分時代）總集詩總集賦贊頌箴銘碑碣制誥表章啓事四六軍書案判刀筆，俳諧奏議論策書文史詩評二十二小類）

分也。類例分則百家九流各有條理，雖亡而不能亡也。巫醫之學亦經存沒而學不息；釋老之書亦經

變故而書常存。觀漢之易書甚多今不傳惟卜筮之易傳法家之書亦多今不傳惟釋老之書傳彼異

端之學能全其書者專之謂矣』『十二野者所以分天之綱即十二野不可以明天。九州者所以分

地之紀即九州不可以明地。七略者所以分書之次即七略不可以明書。欲明天者在於明推步，欲明

地者在於明遠邇。欲明書者在於明類例。噫！類例不明，圖書失紀，有自來矣。臣於是總古今有無之書，

爲之區別，凡十二類：經類第一，禮類第二，樂類第三，小學類第四，史類第五，諸子類第六，星數類第七，

但藝文略作天文類。五行類第八，藝術類第九，醫方類第十，道書類第十一，文類第十二……總十二類，百家，四

百二十二種。朱紫分矣。散四百二十二種書可以窮百家之學斂百家之學可以明十二類之所歸』

『易本一類也以數不可不合於圖圖不可不合於讖緯不可不合於傳注故分爲十六種。詩本一類也以

圖不可合於音音不可合於譜名物不可合於詁訓故分爲十二種。禮雖一類而有七種以儀禮雜於

周官可乎？春秋雖一類而有五家以崔趙雜於公穀可乎？樂雖主於音聲，而歌曲與管絃異事，小學雖

主於文字，而字書與韻書背馳，編年一家而有先後文集一家而有合雜日月星辰豈可與風雲氣候

同爲天文之學三命元辰豈可與九宮太一同爲五行之書以此觀之七略所分,自爲苟簡;四庫所部,無乃荒唐?』『類書猶持軍也若有條理雖多而治若無條理雖寡而紛類例不患其多也患處多之無術耳』『今所紀者欲以紀百代之有無然漢晉之書最爲希闊故稍略隋唐之書於今爲近故差詳崇文四庫及民間之藏乃近代之書所當一一載也』『類例既分學術自明以其先後本末具在,觀圖譜者可以知圖譜之所始觀名數者可以知名數之相承讖緯之學盛於東都;音韻之書傳於江左;傳注起於漢魏義疏成於隋唐觀其書可以知其學之源流或舊無其書而有其學者是爲新出之學非古道也』校讎略中又有見名不見書論指斥諸錄分類之誤謂『編書之家多是苟且有見名不見書者,有看前不看後者尉繚子兵書也,班固以爲諸子類,眞於雜家此之謂見名不見書隋唐因之,至崇文目始入兵書類顏師古作刊謬正俗乃雜記經史惟第一編說論語而崇文目以爲論語類解之謂看前不看後應知崇文所釋不看全書多只看帙前數行率意以釋之耳按刊謬正俗當入經解類』此外尙有編次之訛論,指摘隋志唐志崇文總目四庫書目分類之誤並謂『一類之書當集在一處不可有所間也』。『古今編書,所不能分者五:一曰傳記二曰雜家三曰小說,四曰雜史,五曰故

一二三

事。凡此五類之書足相紊亂又如文史與詩話亦能相濫』更有編書不明分類論、編次不明論、攻擊

劉向班固『胸中元無倫類』『初無獨斷之學』語多武斷不堪盡錄其所長者非羣書之部次乃

分類之理論耳而明人焦竑清人章學誠顧斷斷辨其部次銓配之得失頑固之徒死守七略四部之

古壘者又從而攻之多見其胡鬧也。通志之關涉目錄學校讎藝文二略而外尚有圖譜一略，首抒圖

譜必需有目錄之原理，乃備列古今圖譜之名稱分爲記有記無二大類記無類又分地里、會要、紀

運、百官、易、詩、禮、樂、春秋、孝經、論語、經學、小學、刑法、天文、時令、算數、陰陽、道家、釋氏、符瑞、兵家、藝術、食貨、

醫藥、世系二十六目門類不齊未爲典則其可貴者亦在議論自古提倡圖畫表譜意識最清出力最

大固未有蹤於鄭樵者也其言曰『河出圖天地有自然之象洛出書天地有自然之理天地出此二

物以示聖人使百代憲章必本於此而不可偏廢者也圖經也書緯也一經一緯相錯而成文圖植物

也書動物也。一動一植相須而成變化見書不見圖聞其聲不見其形見圖不見書見其人不聞其語。

圖至約也書至博也即圖而求易即書而求難古之學者爲學有要：置圖於左置書於右索象於圖索

理於書故人亦易爲學學亦易爲功舉而措之如執左契後之學者離圖即書尚辭務說故人亦難爲

學，亦難爲功雖平日胸中有千章萬卷，及真之行事之間則茫茫然不知所向。秦人雖棄儒學，亦未

嘗棄圖書，誠以爲國之具不可一日無也。蕭何知取天下易守天下難當衆人爭取之時，何則入咸陽，

先取秦圖書以爲守計。一旦干戈既定文物悉張，蕭何定律令而刑罰清，韓信申軍法而號令明，張

蒼定章程而典故有倫，叔孫通制禮儀而名分有別。故且高祖以馬上得之一時間武夫役徒知詩書爲

何物？而此數公又非老師宿儒博通古今者。若非圖書有在指掌可明見則一代之典，未易舉也然是

時挾書之律未除屋壁之藏不啓所謂書者有幾無非按圖之效也。後世書籍既多，儒生接武及乎議

一典禮有如聚訟玩歲愒日紛紛紜紜，縱有所獲披一斛而得一粒，所得不償勞矣何物其然哉？欽向

之罪上通於天漢初典籍無紀。劉氏創意總括羣書分爲七略只收書不收圖。藝文之目遞相因習故

天祿蘭臺三館四庫內外之藏但聞有書而已。蕭何之圖自此委地。後之人將慕劉班之不暇故圖消

而書日盛惟任宏校兵書一類分爲四種有書五十三家有圖四十三卷，載在七略獨異於他。宋齊之

間，羣書失次。王儉於是作七志以爲之紀。六志收書一志專收圖譜謂之圖譜志。不意末學而有此作

也且有專門之書則有專門之學有專門之學則其學必傳而書不失任宏之略，劉歆不能廣之。王儉

之志，阮孝緒不能續之孝緒作七錄，散圖而歸部錄，雜譜而歸記注。蓋積書猶調兵也，聚則易固，散則易亡。積書猶粟也，聚則易贏，散則易乏按任宏之圖，與書幾相等王儉之志自當七之一孝緒之錄，雖不專收猶有總記。內篇有圖七百七十卷外篇有圖百卷未知譜之如何耳隋家藏書富於古今然圖譜無所繁自此以來蕩然無紀至今虞夏商周秦漢上代之書俱在，而圖無傳焉。圖既無書復日多，茲學者之難成也天下之事不務說不用圖譜可也若欲成天下之事業，未有無圖譜而可行於世者作圖譜略』象。又曰：『何爲三代之前學術如彼？三代之後學術如此？漢微有遺風魏晉以降日以陵夷非後人之用心不及前人之學術也後人學術難及，大柢有二二者義理之學二者辭章之學義理之學尚攻擊辭章之學務雕搜耽義理者則以辭章之士爲不達淵源玩辭章者則以義理之士爲無文彩要之辭章雖富，如朝霞晚照徒煜燿人耳目義理雖深，如空谷尋聲靡所底止二者殊途而同歸是皆從事於語言之末而非爲實學也所以學術不及三代又不及漢者抑有由也以圖譜之學不傳則實學盡化爲虛文矣其間有屹然特立風雨不移者，一代得一二人實一代典章文物法度紀綱之盟主也然物希則價難平人希則人罕識世無圖譜人

亦不識圖譜之學。張華晉人也。漢之宮室，千門萬戶，其應如響，時人服其博物。張華固博物矣；此非博物之效也。見漢宮室圖焉。武平一唐人也，問以魯三桓鄭七穆春秋族系無有遺者，時人服其明春秋。平一固熟於春秋矣，此非明春秋之效也。見春秋世族譜焉。使華不見圖，雖讀盡漢人之書，亦莫知前代宮室之出處。使平一不見譜，雖誦春秋如建瓴水，亦莫知古人氏族之始終。當時作者，後世史臣皆不知其學之所自，況他人乎？臣舊亦不之知，及見楊佺期洛京圖，方省張華之由；見杜預公子譜，方覺平一之故。由是益知圖譜之學，學術之大者。且蕭何，刀筆吏也，知炎漢一代憲章之所自歟，向、歆父子紛爭於言句之末，以計較毫釐得失，而失其學術之大體，何秦人之典蕭何能收於草昧之初，蕭何之典歆向不能紀於承平之後，是所見有異也。逐鹿之人，意在於鹿，而不知有山；求魚之人，意在於魚，而不知有水。劉氏之學意在章句，故知有書而不知有圖。嗚呼！圖譜之學絕紐，是誰之過與？」

右原學。

又曰：「善為學者，如持軍治獄。若無部伍之法，何以得書之紀；若無覈實之法，何以得書之情。今總天下之書，古今之學術，而條其所以為圖譜之用者，十有六：一曰天文，二曰地理，三曰宮室，四曰器用，五曰車旅，六曰衣裳，七曰壇兆，八曰都邑，九曰城築，十曰田里，十一曰會計，十二曰法制，十三曰班爵，十

四曰古今十五曰名物十六曰書。凡此十六類有書無圖不可用也。人生覆載之間，而不知天文地理，此學者之大患也。在天成象在地成形星辰之次舍日月之往來非圖無以見天之象山川之紀，夷夏之分非圖無以見地之形天官有書書不可以仰觀地理有志志不可以俯察故曰：天文地理無圖有書不可用也。稽人之事有宮室之制有宗廟之制有明堂辟廱之制有居廬堊室之制有臺省府寺之制有庭霤戶牖之制凡宮室之屬非圖無以作室有尊彝爵斝之制有簠簋俎豆之制有弓矢鈇鉞之制有圭璋璧琮之制有金鼓之制有棺槨之制有重主之制有器祭器之制有鈞盾之制凡器用之屬非圖無以制器爲車旂者則有車輿之制有驂服之制有旂旐之制有儀鹵簿之制非圖何以明章程爲衣服者則有弁冕之制有衣裳之制有履舃之制有筭總之制有襚舍之制有杖經之制非圖何以明制度爲壇域者則有壇墠之制有丘澤之制有社稷之制有兆域之制大小高深之形，非圖不能辨爲都邑者則有京輔之制有郡國之制有閭井之制有市朝之制有蕃服之制內外重輕之勢非圖不能紀爲城築者則有郭郛之制有苑囿之制有臺門魏闕之制有營壘斥候之制非圖無以明關要爲田里者則有夫家之制有溝洫之制有原隰之制非圖無以別經界爲會計者則有

貨泉之制有貢賦之制有戶口之制，非圖無以知本末。法有制，非圖無以定其制。爵有班，非圖無以正其班。有五刑有五服，五刑之屬有適輕適重，五服之別有大宗小宗，權量所以同四海，規矩所以正百工，五聲八音十二律有節三歌六舞有序。昭夏肆夏宮陳軒陳皆法制之目也，非圖不能舉內而公卿，而大夫外而州牧侯伯虞而妃嬪賤而妾媵官有品命有數祿秩有多寡考課有殿最籍有數玉帛有等上下異儀尊卑異事皆班爵之序也，非圖不能舉要。非圖不以不識蟲魚草木而魚蟲之形草木之狀非圖無以別要。數五運之紀非圖無以通要。別名物者不可以不識古今者不可以不識三統五運而三統之紀非圖無以明書者不可以不識文字音韻，而音韻之清濁文字之子母非圖無以明凡此十六種可以類舉為學者而不知此則章句無所用為治者而不知此則紀綱文物無所施」用。右明。右皆鄭樵議論深切著明，得未曾有時至今日治圖書館之學者，猶多重書而輕圖有愧於樵遠矣。樵又撰有羣書會記三十六卷蓋即藝文略之單行本其後。端平中，樵之族孫鄭寅「以所藏書為七錄曰經曰史曰子曰藝曰方、

技曰文曰類」。亦見直齋書錄解題。蓋亦祖述樵例而改集為文併禮樂小學入經錄併天文醫方入方技術未可定。

故合十二類為七類耳此在分類學中頗近合理蓋空談之諸子萬不可與消遣之藝

分類篇

天文是否改入方

術，實用之方技合部，類書包含一切，更不宜屈居子末。今鄭寅能拔藝技類與四部抗顏行，眞可謂目

光如炬矣。自是以後作者無聞，惟〔輟耕錄稱莊肅「書目以甲乙分十門」〕

卜、方技官小說靡所不具」究竟十門爲何，尙弗之曉。爰及明英宗正統六年，始有楊士奇、馬愉、曹

鼐等奏上文淵閣書目。其分類法雖陋然能不守四部之成規，實開有明一代之風氣。首曰國朝，特錄

明帝御製敕撰政書實錄等項。此例一開，陸深、沈節甫、葉盛、焦竑、孫能傳皆倣行勿違。幾成明代衆錄

之共同特色。次曰易、書、詩、春秋、周禮、儀禮、禮記、禮書、樂書、諸經總類、四書、性理經濟，並無經部總名。其

善一。禮書、樂書皆後世之作，不雜入禮經，不冒充樂經，其善二。特闢性理、經濟二類，其善三。惟諸經總

類，實兼收無類可歸之經書義兼總雜失之渾沌。次曰史，史附史雜漫無界限。次曰子書、子雜附弊

與史同。次曰文集、詩詞，割出散文，與韻文對立可稱特識。較之衆錄但分總集別集者精善多矣。次則

類書不附於子、韻書不附於經，姓氏、法帖、畫譜、諸譜、政書、刑書、兵法、算法、陰陽、醫書、農圃、道書、佛書各

各獨立，不相比附亦頗合理。尤以政刑分門，譜帖異類爲他錄所不及。又因地方志特多，故特分爲古

今志〔附雜志〕。舊志、新志三類綜其全目本無深意較之四部舊法固如上述偶有所長而劣點更多，不足

相掩。然有明一代，除高儒朱睦㮮、胡應麟、焦竑、徐㪃、祁承㸁六家仍沿四部之稱而大增其類目外，私

家藏書多援文淵目爲護符，任意新創部類，不復恪守四部成規。此在分類史中實爲一大解放，而摧

鋒陷陣之功要不能不歸文淵目也。成化二十二年錢溥私撰祕閣書目，所據亦係正統五

盛之蓁竹堂書目即全仿其分類名次，惟改稱國朝爲聖製耳。其後武宗正德三年間，陸深撰江東藏

年文淵閣之藏書，分類亦多相同。 例如憲宗成化間葉

書目遂更創十四分之例。其言曰：『夫書莫尙於經，經聖人之書也；後有作焉凡切於經咸得附矣。故

錄經第一。理性之書倡於宋而盛之。然，經之流亞也，故錄理性第二。』語曰：「經載道史載事」故錄史

第三。書作於經史間而非經史可附者繫曰古書故錄古書第四。聖轍既逝諸子競馳故錄諸子第五。

質漸趨華而文集與焉故錄文集第六。四詩既刪體裁益衍案厥世代考高下焉故錄詩集第七。山包

海匯各適厥用然妍媸錯焉類書之謂也故錄類書第八。紀見聞次時事而掌不在官通謂之史可也，

故錄雜史第九。山經地志具險易紋貢賦寓王政矣故錄諸志第十。聲音之道與天地通而禮樂所由

出也故錄韻書第十一。不幼教者不懋成不早醫者不速起其道一也故錄小學醫藥第十二。方藝伎

術故有成書者孔子曰「雖小道必有可觀者焉」故錄雜流第十三。聖作物覩一代彰矣宣聖從周，

遵一統故也。特爲一錄以次宸章令甲示不敢瀆云目曰制書」見經籍會通及式 其特立制書、理性詩

集類書諸志雜史爲一部實仿文淵閣書目惟合併小學醫藥失之不倫別古書於經、史、子之外亦屬古堂書畫考。

多事較其大體則視文淵略爲整潔繼而起者嘉靖中有晁瑮孫樓二家、嘉隆間有沈節甫一家、萬曆

中有孫能傳陳第兩家崇禎中有茅元儀一家皆自出心裁唾棄四部晁瑮嘉靖進士撰有寶文堂書

目三卷，「以御製爲首。上卷分諸經總錄、五經、四書性理、史、子、文集、詩詞等十二目。五經分類、

書、子雜樂府、四六經濟舉業等六目。下卷分韻書政書、兵書、刑書、陰陽醫書、農譜藝圃算法、圖誌年譜、

姓氏、佛藏道藏法帖等十五目。」見北平圖書月刊第三卷第一號至第六號其作風又別成一格標四六舉業年譜之目分樂府

於詩詞之外並古錄所未曾及者孫樓以嘉靖三十年撰博雅堂藏書目錄「其分類一經二史三諸

子、四文集、五詩集、六類書、七理學書、八國朝雜記九小說家、十志書、十一字學書、十二醫書、十三刑家、

十四兵家、十五方技、十六禪學而道書附焉十七詞林書又特錄制書類而附以試錄墨卷」自序，見百川集。

故實有十八類頗覺秩然。而祁承㸁稱沈節甫玩易樓藏書目錄亦「首重王言故一曰制二曰謨三

曰經、四曰史、五曰子、六曰集、七曰別，別者道其所道，非聖人之所謂道也。八曰志、九曰類、十曰韻字、十一曰醫、十二曰雜。」

較前數家，特爲簡略。及萬曆三十三年，敕房辦事孫能傳、張萱、秦焜等奉諭撰內閣書

目，即文淵閣亦仿陸孫沈三家之例，廢除小類一律稱部以官書而從私家體裁，在往古實所未聞其部

名爲（1）聖製、（2）典制、（3）經（4）史（5）子（6）集（7）總集（8）類書（9）金石（10）圖經、

經析傳記於史部剖總集於集部，特立金石樂律二部似有進於前人然細按各部內書目則銓配失

（11）樂律、（12）字學、（13）理學、（14）奏疏、（15）傳記（16）技藝（17）志乘（18）雜部觀其別志乘於圖

當觸目皆是苟簡極矣後十二年有陳第撰世善堂藏書目錄先分經四書子史集各家六部，再分小

類。經部有周易尚書毛詩春秋禮記二戴周禮儀禮禮樂各著孝經諸經總解爾雅十二類。

大學中庸論語孟子四書總論五類子部有諸子輔道諸儒書各家傳世名書三類。史部有正史編年、

學堂鑑選明朝紀載稗史野史雜記語怪各書實錄偏據僞史論訓誡書四譯載記方州各志歷代

典制律例詔令奏議譜系類編十八類集部有帝王文集歷代大臣將相文集兩漢晉魏六朝諸賢集

唐諸名賢集 南唐 宋元諸名賢集明諸名賢集緇流集閨閣集詞曲諸家詩文名選金石法帖字學十 附。

二部。各家部有農圃天文時令歷家五行卜筮堪輿形相風鑑兵家書醫家神仙道家釋典雜藝十三

類詳其類名較以前各家特爲詳悉。

通俗之字學於異部特立四書部以與經部對立集部之分類兼用時代人物體裁三個標準、史部新

設學堂鑑選明朝紀載訓誡書四譯載紀類編等類皆其特優之點惟合道釋與術藝爲各家部殊覺

不倫揣其用意蓋謂是皆異端小道不堪與經史子集及四書同部故屛之於另一部耳除此之外尙

有所謂九學十部之白華樓書目顯標學字一掃雜稱於諸家中獨爲明潔有似乎現代之十分法焉。

但非十進。

茅坤嘉靖戊戌進士藏書甲海內崇禎中其孫元儀編爲九學十部目自逑云『九學者一曰

經學二曰史學三曰文學四曰說學五曰小學六曰兵學七曰類學八曰數學九曰外學十部者卽九

學之部而加以世學世學不可以示來世然時王之制吾先人以茲名於世吾敢忽諸』墨卷。（蓋指制藝？）見湖錄及

吳興藏書錄。向來目錄之弊惟知類書不知類學類之有無一依書之多少而定。司馬談分思想爲六家之

旨後世徒存其遺蛻於子部而不能充之於各部乃至以不成學術之名稱猥爲部類之標題自七略、

七錄已不能無其弊隋志以下抑又甚焉今茅元儀獨能以學術爲分類之標準且劃一其名稱整齊

其部次賢於往哲多矣綜觀上述文淵蓥竹江東寶文博雅玩易內閣世善白華九家目錄皆能廢棄

四部舊法，或約其類目或增其部名駸駸有奪隋志寶座之勢。流風所及，雖固守四部殘壘者，亦不復能絲毫不增減其類目焉。詳見下章。 爰及清代此風不泯。順治中，錢曾讀書敏求記卽以經、禮、樂、字、學、韻、書、書、數書、小學爲一卷。史時令器用食經種藝桼養傳記譜牒科第地理輿圖別志爲一卷子、雜家、農家、兵家、天文、五行、六壬奇門、歷法卜筮星命相法宅經葬書醫家鍼灸本草方書傷寒攝生藝術類家爲一卷集詩集總集詩文評詞爲一卷每卷之首雖有經史子集之目自然僅爲小類非屬總部合計四十四類與隋志略等，而精確過之且經史子集旣不復統攝他類則無扞格之虞。錢曾又撰有述古堂藏書目錄分類尤爲纖細卷一有經易書詩春秋禮禮樂易數儒小學六書金石韻學史傳記編年年譜襟編姓氏譜牒政刑文獻女史較書卷二爲子子雜文集詩集詞詩文評四六詩話類書卷三爲小說家儀注職官科第兵家疏諫天文占驗六壬太乙奇門歷法軍占地理總志輿圖名勝山志游覽別志人物志外夷卷四爲釋部神仙醫書卜筮星命相法形家農家營造文房器玩歲時博古清賞、服食書畫花木鳥獸數術藝術書目國朝掌故合計七十八部鐵琴銅雅堂爲叢書本。較讀書敏求記爲尤詳，而對於四部之徹底破壞也尤力。詆之者固可以有似類書譏之。然欲部次羣書臻於安善則非類目繁多不

為功。古錄之不能盡其責任正坐類目太少耳述古堂書目有一別本名也是園書目凡十二卷，分經、

史子集三藏道藏古今雜劇七部。據鄭堂讀書記卷三十二。余未之見不復推論然列雜劇為一大部者固以錢曾

為最早也康熙間有王聞遠撰孝慈堂書目亦有錢曾之風其類名如下：經總易經尚書詩經春秋三

禮樂論語續語爾雅孝經孟子四書字書韻書碑刻書小學正史通史編年雜史史學史傳記政事職

官謚法國璽篆刻家禮職掌律令時令寶貨器用酒茗食品樹藝裘養遺逸仙佛校書方輿郡邑役行、

屬夷川瀆名山陵寢名勝人物文獻譜牒姓氏年譜書目子總儒家道學道家墨家法家名家縱橫家、

兵家農家雜家小說天文宅葬陰陽歷家數學卜筮星命相法醫書藝術家畫錄類書詔誥表奏騷賦、

詩文集總詩文集詩餘詩文評詞餘釋經釋氏著述道經凡八十五目較述古堂書目更為繁多而鉅

細不齊廣窄同觀或異學而同類或學同而類分其得失亦與錢曾比焉。及乾隆中朝廷盛開四庫全

書館，採用隋志四部分類法為準則。四庫全書總目既成四部遂有一統分類界之絕對優勢然當書

館初開總目未成之際猶有周厚堉章學誠二家反對四部之法書成以後更有孫星衍撰孫氏祠堂

書目公然另創新法而不依四庫總目亦可見四部並非『古今不易之法』矣。厚堉撰來雨樓書目

二卷，『上卷爲經、史、子、集四類，下卷爲總選類纂二類類纂又分理學、經濟、博雅、技術、閒叢五子目』。

周中孚謂其『所分門目大都亂雜無章』並見鄭堂讀書記卷三十二。然其所添類目皆昔人所未稱，亦一奇也。學

誠撰和州志其藝文書序例謂『七略能以部次治書籍，而四部不能不以書籍亂部次』以『儀注

不入禮經職官不通六典謨誥離絕尙書史評分途諸子』爲非主張將文集『掇其大旨略其枝葉』

略去史集而存經子以達到其所夢想之『官守其書師傳其學弟子習其業』之目的謂非如此則

『論次其源流所自附其同於』儒、墨、名、法之某一家中。看章氏遺書到推其極旨蓋欲廢四部而返七

不能成就專門之學也然不久卽因四庫館開淸帝謂『從來四庫書目以經、史、子、集爲綱領衰輯分

儲實爲古今不易之法』見四庫總目卷首。學誠膽爲之怯不敢堅持其說故於校讎通義中又謂『七略之

流而爲四部勢之所不容已者也』凡一切古無今有古有今無之書其勢判如霄壤又安得執七略之

成法以部次近日之文章乎』見同上。較其矛盾不及孫星衍之有膽有識遠矣星衍撰孫氏祠堂書目序，承幹刻本。

時爲嘉慶五年學誠猶未歿四庫成書未久正總目風行草偃之際也而星衍之分部乃非四而爲十

二。『曰經學第一漢魏人說經出於七十子謂之師傳亦曰家法。六朝唐人疏義守之不失以及近代，十

仿王氏應麟輯錄古注皆遺經佚說之僅存者。學有淵原,可資誦法。至宋明近代說經之書,各參臆見,詞有枝葉,不合訓詁,或有疑經,非議周漢先儒,疑誤後學宜別存之以供取舍曰小學第二先以字書,次及聲韻,六義不明,則說經不能通貫,或且望文生義,文字之變,隸楷遞改,滋生日多,既集漢魏字書,亦及後世以盡其變,聲言反切,雖起六朝,或推本讀若舊音而作,且引古字書,足資校證,亦宜兼列曰諸子第三,九流區分,互有改易。班書隋志,部分最當,依此為類,庶非臆見,六韜舊入於儒,管子還列於道。周秦述作之才,幾於聖哲,或多古韻古字,偽書後出判然可知,唐宋依托前人,號為子書,文多膚淺,入錄甚少曰天文第四:黃帝巫咸甘石之學,是有五官分野,按五行以占吉凶,出於保章左史,其書最古,謂之天部,九章五曹之書,惟知轉算,不必長於觀象,謂之算法,遞甲、六壬,其術亦古,不可中廢合以命書算法謂之陰陽,三者俱屬天文,各有專門,後世或不能辨僅傳算學曰地理第五:先以統志次以分志,或總紀區宇,或各志封域,禹貢古文說及周地圖之言,存於列代地志及水經注,括地志諸書,宋元方志多引古說證經注史,得所依據,宜存舊說,地名更易,今古殊目,兼載今志,以資博考曰醫律第六,先以醫學,次以律學,醫律二學代有傳書,並設博士生入殺人所關甚重,經稱「十全為上」「醫

不三世，不服其藥」。史稱郭鎮、陳寵世傳法律。此學古書，未火於秦，歷代流傳，尤不可絕。醫則祛其後

出偏見者律則今代損益盡善，欲悉源流兼載古時令甲云曰史學第七：先以正史，次以雜史，次以政

書。古今成敗得失一張一弛施之於政厥有典則存乎正史史臣為國曲諱或有牴牾雜史以廣

異聞。朝章國典著作淵藪舉而措之若指諸掌則政書尤要云曰金石第八：金石之學始自宋代其書

日增逐成一家之學鐘鼎碑刻近代出土彌多足考山川有裨史事古今兼列無所刪除曰類書第九：

先以事類次以姓類次以書目古書亡佚獨賴唐宋人采錄存其十五非獨獺祭詞章實亦羽儀經史，

謂之事類譜學之傳，自東晉板蕩南宋播遷周秦世系不可復尋或多偽託唐宋學有專家傳書幸在

故為姓類流傳書牒自有淵源證以各家著錄偽書缺帙不能妄託其目曰詞賦第十先以總集，

次以別集。漢魏六朝唐人之文足資考古多有舊章美惡兼存。自宋以下人自為集取其優者入於書

目餘則略之曰書畫第十一先以總譜次之分譜。六朝以來以行楷爭奇存乎絹素或摹繪山川故事，

以傳往迹書畫小技不絕於今宜考其真贗鑑賞之學游藝及之所謂賢於博弈曰小說第十二神官

野史其傳有自宋以前所載皆有出典或寓難言之隱今則矯誣鬼神憑虛臆造並失虞初志怪之意。

擇而取之餘同自鄶焉』此序成後十年，始刊其書目部類分併，有異於序者列而存之以見四庫總目之外尚有不守規矩之目錄焉：『經學第一：（1）易、（2）書、（3）詩、（4）禮、（5）樂、（6）春秋、（7）孝經、（8）論語、（9）爾雅、（10）孟子、（11）經義小學第二：（1）字書、（2）音學諸子第三：（1）道家、（3）法家、（4）名家、（5）墨家、（6）縱橫家、（7）雜家、（8）農家、（9）兵家天文第四：（1）儒家、（2）算法（3）五行術數地理第五：（1）總編、（2）分編醫律第六：（1）醫學、（2）律學史學第七：（1）正史、（2）編年、（3）紀事、（4）雜史、（5）傳記、（6）故事、（7）史論、（8）史鈔金石第八類書第九：（1）事類、（2）姓類、（3）書目詞賦第十：（1）總集、（2）別集、（3）詞、（4）詩文評書畫第十一說部第十二』。此目配隸失當之處甚多，詳見陶湘宣所作之跋較其類目亦不如四庫之詳然其劃小學於經學之外出天文於諸子之中，析地理與史學爲二不強戴四部於各類之上，而新設數類以容性質獨立之書，此皆有得於明人諸錄之遺意雖誤合醫律爲一大失專門別類之理而不愜於四庫總目之權威膽敢立異，勇壯可嘉不愧爲別派之後勁矣。溯自北宋李淑另創八分法以來，迄於孫星衍之十二分法七百六十年間，一〇四九年至一八一〇年。

作者十數人背四部而騁馳獨適意而草創其間不乏

一三〇

良法美意，足資啟發所惜諸家著錄聊備檢尋原無深入研究之志隨意分合未必一一合乎分類之

原理。此種不專精不徹底之學風百科皆然非可獨責目錄學家一方則文化之惰性深入人心憚於

革命而安於守成者比比皆是。四部之類目比較繁多系統比較分明故自七錄創格隋志採用以後

除明朝官錄獨加屏棄外唐宋及清祕閣藏書莫不資為部次架列之準繩惟恐稍有違背私家目錄

靡然從風其聲勢之浩大遠過於本章所述之「別派」彼其所以成為正統派者固有由矣。

### 對於隋志部類之修正與補充

　　隋志四部四十類之綱目確定蔚為正統派之圭臬以後如上

一章所述已有對之不滿起而另創分類法者然蚊撼泰山終未能淘汰隋志代之而則補偏救弊

隨宜修正之功亦不可少故自開元羣書四部錄以下直至四庫全書總目皆不能不有所增刪改易

焉如上文正統派四部分類之源流一章及四部分類源流一覽表所顯正統派各錄對於隋志之類

目已微有更動矣然其差異極少所以列之為正統派。此派之外尚有僅守四部之大綱而大改其類

目者其風亦始於明代蓋楊士奇等之文淵閣書目既已廢棄四部法而其新法又不足為永制故除

葉盛之菉竹堂書目以外未有謹遵之者縱使不用四部法亦皆起意另創紛紛近十家或簡而不能

並包萬有或繁而不能複見重出。故私家藏書別有一派，仍用四部而增減其類目焉。所可知者，有高

儒朱睦㮮、胡應麟、焦竑、徐㶍、祁承㸁六家。高儒以嘉靖十九年撰百川書志，首增類目至九十三門。經

志於習見之十二類外增總於孝經之後，儀注於小學之前，道學求分立於樂之先後皆有別於

所謂正經。史志於習見之十四類外增御記於故事之後，姓譜於目錄之後，新創史詠文史野史外史，

小史等類子志於七略之十家外增德行、崇正政教、隱格物、翰墨六家於其後，復於醫家後加衞生術、

房中術於卜筮、歷數、五行、陰陽各家後加占夢術、刑法家；於神仙家、佛家後加雜藝術子鈔類書志

之類目尤爲詳悉既分詩文時代爲秦漢六朝文唐文宋文元文聖朝御製文睿製文名臣文漢魏六

朝詩唐詩宋詩元詩聖朝御製詩集睿製詩集名臣詩集又分文體爲詔制奏議啓劄對偶歌詞詞曲

文史最後復有總集別集唱和紀跡雜集等類自來依四部分類者未有若斯之詳明者也。然「以道

學編入經志以傳奇爲外史瑣語爲小史俱編入史志可乎儒家外別分德行崇正二家亦太叢雜不

倫矣。」見鄭堂讀書記。史志既有文史集志復有文史異實同名亦無可自解後來諸家所以不復依也。及

隆慶四年朱睦㮮撰萬卷堂書目，經類凡十一，史類凡十二，子類凡十，集類凡三，觀古堂書目出入於正

統派各家之間，了不足異惟史類多一制書耳。萬曆中，胡應麟二酉藏書山房書目始分子類為二十

二、集類為十四，或有得於百川書志，不同於他錄；而經類十三，史想亦無大異點。書既不傳惟見述於

經籍會
通。不能懸斷。徐燉紅雨樓書目史子集三部變動極大惟經部於六藝論孝之外僅增學庸孟子、

爾雅、經總略存舊態。史部則分正史、旁史本朝世史彙人物傳各省、名賢四目。再分聖賢、歷代、姓氏族譜年譜科目家

訓方與省雜志、各省題詠五目。子部分諸子子小說兵卜筮地理、即堪輿醫農圃器用藝術韻字書

書、畫彙書傳奇道釋十八類集部分集明三目。再分唐、宋、總集總詩詞調詩話啟劄四六連珠家集九類鉅

細不倫殆不足觀。見北平圖書月刊三卷六號至四卷四號。稍可觀者惟焦竑國史經籍志其書有特色三：(一)於四類之前首

列制書類內分御製中宮御製勅修記注時政四項似有異於隋志而近於文淵目(二)然仍以經、史

子集四類冠罩各項之上各項名稱亦十九與隋志同自序甚明(三)各項之下再分子目卻又用通

志藝文略之例所收書名不問其存佚與否亦仿鄭樵之意子目過多時與藝文略相出入無甚關係，

不復比述其經類分項十一亦無異於正統派所獨異者惟列算法於小學耳史類分項十五較隋志

則多時令食貨二項較藝文略則多時令儀注二項則參合眾錄而記之也子類分項十六亦包括道、

分類篇

一三三

釋二家在內集類分項六於別集總集詩文評之外更有制詔表奏賦頌亦從正統派之尤陳諸家折

衷而得之耳其書本在國史館所作而濫收前代斷限不明見譏後世書末附錄紕繆一卷對漢志隋

志唐志唐四庫書目宋志崇文總目藝文略訛志馬志一一摘其分類之非編目之誤而其書本身卻

又不能無過致勞後人再糾其繆（看章學誠校讎通義。）此固規模太大之工作所不可免者然而其在分類史上，

所貢獻者則亦謹矣統觀有明一代中對於隋志之修正分類之研究比較肯用心思有所發明者尤

推祁承爜為冠軍其所撰澹生堂藏書目錄既增減類名復詳分細目名詞之確當大勝於上文諸錄。

而其庚申整書略例推究分類之方法有四：『一曰因者因四部之定例也部有類類有目若絲之

引緒若綱之就綱井然有條雜而不紊故前此而劉中壘之七略、王仲寶之七志阮孝緒之七錄其義

例不無取裁而要以類聚得體多寡適均惟荀氏之四部稱焉。兩漢而下志藝文者無不守為功令矣。

若嘉隆以來陸文裕公之藏書分十三則一錄經次錄性理又次錄史錄古書錄諸子錄文集錄詩錄

類書錄雜史錄志錄韻書錄小學醫藥雜流而以宸章令甲別為制書示不敢瀆也。沈少司空稍為部

醫而首重王言故一曰制二曰誥三曰經四曰史五曰子六曰集七曰別——別者道其所道非聖人

之所謂道也。八曰志、九曰類、十曰韻字、十一曰醫、十二曰雜雖各出新裁別立義例然而王制之書不

能當史之一，史之書不能當集之三，多者則叢聚而易淆寡者又寂寥而易失總不如經、史、子、集之分，

簡而盡約而且詳循序倣目簡閱收藏莫此為善而間有未備焉如釋氏家、鄭漁仲之所收皆東土之著

述，而西土重譯單譯者俱無聞焉則釋藏總目條分甚析經有大小乘之分乘有重譯單譯之辨為律，

為論，為疏註為詮述皆一二可考總之不嫌襲故一曰益益者非益四部之所本無也而似經似子之

間，亦史亦玄之語無可入則不得不設一目以彙收而書有獨裁又不可不列一端以備攷故洪荒

邈矣而竹書紀年之後有逸古記有考信等編世代繁矣而皇極經世之後有稽古錄有大事

記，有世略治統等書此數十種者皆於十許卷之中約千萬之事既非正史之敍述亦非稗史之瑣言，

蓋於記傳之外自為一體者也故益以約史者一性理一書奉欽纂於文皇雖近錄宋儒之詮述然而

言乎天地之間則備矣他如伊洛淵源近思錄及真文忠公之讀書記黃東發之日鈔與淇文簡公之

格物通王文成公之則言傳習錄及前後諸儒論學之語或援經釋傳或據古證今此皆六經之註腳；

理學之白眉豈可與諸子並論哉故於經解之後益以理學者二代制出於王言非臣子所敢自擅經

筵關乎主德，非講義之可例觀。然而兩者皆無專刻，惟各取本集之所載，而特附其名目於詔制、經解之內。故益代言經筵者三。叢書之目不見於古，而冗編之著疊出於今。既非旁搜博探以成一家之言；復非別類分門，以爲考覽之助。合經史而兼有之，採古今而並集焉。如後世所刻百川學海、漢魏叢書、古今逸史、百名家書、稗海、祕笈之類，斷非類家所可併收，故益以叢書者四。文有滑稽，詩多豔語，搜耳目未經見之文，既稱逸品，品摘古今所共賞之句，獨誇粹裘，非可言集，而要亦集之餘也，益餘集者五。其他各目所增，固難縷數，雖似別蜂房之戶，而實非爲蛇足之添。如有請益，以俟再舉。一曰通。通之流通於四部之內也。事有繁於古而簡於今，書有備於前而略於後。故一史記也，在太史公之撰著與裴駰之註、司馬貞之索隱、張守節之正義，皆各爲一書者也。今正史則兼收之，是一書而得四書之用矣。一文選也。五臣之註與李善之補，皆自爲一集。今行世者，則併刻之，是一書而得三書之用矣。所謂以今之簡，可以通古之繁者，此也。至於前代制度，特悉且詳。故起居注及儀注之類不下數百部；而今且寥寥也，則視古爲略矣。故附記注於小史，附儀注於國禮，附食貨於政實，附歷法於天文，此皆因繁以攝簡者也。古人解經存者十一，如歐陽公之易童子問、王荊公之卦名解、曾南豐之洪

範傳，皆有別本而今僅見於文集之中。惟各摘其目列之本類使窮經者知所考求，此皆因少以會多

者也。又如靖康傳信錄建炎時政記，此雜史也。而載於李忠定之奏議宋朝祖宗事寔及法制人物此

記傳也。而收於朱晦翁之語錄；如羅延平之集而尊堯錄則史矣；張子韶之集而傳心錄則子矣。他如

瑣記稗史小說詩話之類各自成卷不行別刻而附見於本集之中者不可枚舉。即如郤州集之藝苑

巵言宛委餘編。又如馮元敏集之藝海泂酌經史稗譚，皆按籍可見人所知也。而元美之名卿蹟記元

敏之寶善編。即其集中之小傳原在某集之內者。是兩書久已不行，苟非爲之標識其目則二書竟無從考矣凡若此

類今皆悉爲分載特明註原在某集之內以便簡閱是亦收藏家一捷法也。一曰互見者，見於四部

之中也。作者既非一途立言亦多旁及。有以一時之著述而係爾談經而論政；有以一人之成書而

或以撫古或以徵今。將安所取衷乎故同一書也。而於此則爲本類於彼亦爲應收；同一類也。收其半而

於前有不得不歸其半於後。如皇明詔制制書也。國史之固不可遺，而詔制之中亦所應入。如五倫全

書敕纂也。既不敢不尊王而入制書，亦不可不從類而入纂訓。又如焦氏易林周易占林省五行家也，

而易書占筮之內亦不可遺。又如王伯厚之玉海則玉海耳，鄭康成之易詩地理之考六經天文，小學

紺珠,此於玉海何涉?而後人以便於考覽,總列一書之中;又安得不各標其目冊使溷淆者乎?其他如

水東日記雙槐歲鈔陸文裕公之別集、于文定公之筆麈,雖國朝之載筆居其強半,而事理之詮論亦

略相當,皆不可不各存其目以備攷鏡。至若木鐘臺集、閒雲館別編、歸雲別集外集、范守己之御龍子

集,而名類各分者,正爲此也。余所詮次,大略盡是。聊引其端,庶幾所稱詳而核、雜而不厭者乎!」

集如此之類,一部之中名籍不可勝數;又安得櫽以集收,溷無統類,故往往有一書而彼此互見者同

遺書本。承燦此論,實有古人未發者兩端:其所謂通卽後來章學誠所謂別裁,其所謂互卽學誠所謂互 紹興先正

其所標分類,表子目略仿鄭樵、焦竑,類目則仍以四部爲依歸,但不標經、史、子、集部名,一若各類獨立

著:欲使分類恰當,非善用此兩法不可。此古人所不識,石破天驚,允推承燦爲分類學之一大發明家。

也者。(1)易類分古易章句注傳疏義集解、詳說、拈解、攷正、圖說、卜筮、易緯、擬易十目。(2)書類分章

句注疏傳解攷訂外傳五目。(3)詩類分章句注疏傳解攷正圖說音義注釋外傳五目。(4)春

秋類分經傳總、左傳、公羊、穀梁、通解、圖譜、外傳八目。(5)禮類分周禮、儀禮、二戴禮、通解、圖攷、禮

緯中庸大學八目。(6)孝經類分注疏叢書、書或爲說之訛。外傳三目。(7)論語類分章句注疏解說別編

一三八

圖志外傳五目。（8）孟子類分章句注疏雜解、外傳三目。（9）經總解類分傳說、考定、音釋經筵四目。

（10）理學類分性理、詮集、遺書、語錄、論著、圖說六目。（11）小學類分爾雅、蒙書、家訓、纂訓、韻學、字學六目。（12）國朝史類分御製勅纂彙錄編述、分紀武功人物故時務雜記行役風土十二目。（13）正史類不分目（14）編年史類分通鑑綱目紀記事四目。（15）通史類分會編纂略二目（16）約史類不分目。（17）史鈔類分節詳摘略二目。（18）史評類分攷正論斷讀史三目（19）霸史類分列國偏霸二目。（20）雜史類分野史稗史雜錄三目（21）記傳類分別錄、垂範、高賢彙傳別傳忠義事蹟行役風土九目。（22）典故類分攷實職掌二目（23）禮樂類分國禮家禮樂律祀典四目。（24）政實類分時令食貨刑法官守事宜五目（25）圖志類分統志通志郡志州志邑志關鎮山川攬勝園林祠宇梵院十一目。

（26）譜錄類分統譜族譜年譜世家試錄姓名書目七目（27）儒家類不分目（28）諸子類分墨家法家、名家、縱橫家、雜家五目（29）小說家類分說彙說叢佳話雜筆閒適清玩記異戲劇八目。（30）農家類分民務時序雜事樹藝牧養五目。（31）道家類分老子莊子諸子諸經金丹彙書詮述修攝養生記傳餘集十一目。（32）釋家類分大乘經小乘經宋元續入經東土著述律儀經典疏注大小乘論宗旨、

語錄、止觀警策、詮述提唱淨土因果記傳禪餘文集十八目。（33）兵家類分將略兵政二目。（34）天文家類分占候歷法二目。（35）五行家類分占卜陰陽星命堪輿四目。（36）醫家類分經論脈法治法方書本草傷寒婦人小兒外科九目。（37）藝術家類分書畫琴棋數射（附投壺）雜伎七目。（38）類家類分會輯纂略叢筆三目（39）叢書類分國朝史經史子雜子彙說彙集彙集六目（40）詔制類分文總集文編詩編郡邑文獻家乘文獻遺文考識制科藝七目（42）辭賦類分騷賦二目（43）總集類分詩王言代言二目（41）章疏類分奏議書牘啟劄四六四目。（44）餘集類分逸文（附摘錄）豔詩（附詞曲）逸詩（附集句摘句）三目（45）別集類分帝王集漢魏六朝詩文集唐詩文集宋詩文集元詩文集國朝御製集國朝閣臣集國朝分省諸公詩文集八目（46）詩文評類分文式文評詩式詩評詩話五目此種四十五分法承燦雖自承爲「因四部之定例」而實際兼具反四部之精神其所增添約史理學詔制叢書餘集五類除理學仿自文淵江東之理性詔制仿自陳錄之詔令餘悉新創。尤以叢書之獨立於分類學之功勳最鉅俗儒乃謂至張之洞書目答問始創叢部，或又謂姚際恆好古堂書目之「經史子集總」爲「近世別立叢書部類之濫觴」跋柳陋矣子目之分配，亦較鄭、焦

二家為審慎蓋由確有其書，故無濫入之弊例如史評類能分辨考據評論及研究史法之別，別立禮

樂一類不混雜於禮類之中合著錄專門之書如族譜年譜試錄書目等項為譜錄類，從體裁言，不為錯誤。不以

雜家為無類可歸者之淵藪此皆向來諸錄所未能辦到者歷觀古今四部目錄未有能超錄此濟生

堂書目者也其惟一缺憾為未有應用技術一類，此則儒者藏書向輕實藝不足責矣自爾以往崇禎

中惟喬李姚氏賴古堂書目於四部之前添一制部，猶依焦竑之例。見鄭堂讀書記。趙琦美脈望館書目

涵芬樓祕笈本。則於經部之首添經書總類子部之首亦添總子史部多聖製經濟吏部戶部禮部兵部刑部、

工部子部有字學書畫書目樂書襍書譜牒、大西人術。即西洋人術譯書。其書本未定之備檢帳冊取便藏置故

多異類同廚不堪深究惟經總子之立清初錢謙益姚際恆猶沿其例。際恆亦好添子目其書亦未

定之本，經子二部之末皆有彙集一類史部有所謂集古時政食貨器用蟲魚方物名勝川瀆集部則

合表奏策論為一類合騷賦四六尺牘為一類之皆一時備用之作原無意於問世也。謙益絳雲樓

書目亦非極盛時完備之錄其分類亦無四部之名除一般習見者外新增類名為道學壬遁天主教、

偽書等類惟既有道家復有道藏道書既有類家復有類書層見叠出不知何意集則分別詩文斷截

時代，皆明代舊習。其外更有騷賦、金石論策奏議文說詩話以金石文字夾於詩文中間，較古錄之漫

入目錄類者猶爲得之。史則有本朝制書實錄本朝實錄本朝國紀傳記典故雜記等類皆屬明人撰

著，蓋爲私修明史所備並非收藏史書之全豹也與謙益同時者有黃虞稷千頃堂書目其經部分類

十一，史部分類十八子部分類十二並無特異惟史部冠以國史耳集部則分別制誥表奏騷賦詞

曲制舉總集文史八類純然一明錄典型也與際恆約略同時者有金檀文瑞樓書目其史部多運歷

宗藩謚法外夷制詔職掌科甲山陵行役等類地志史傳各有子目子部則分子書儒家道學家訓規

勸類書時令農家種藝貨寶食貨小學家，分四子目。釋家仙家小說家分朝。再分代中復雜有古文騷賦四六、

尺牘等類蓋誤訂也。集部詩文概分代分朝所收之集最多是其特長又有詩話樂府詞總集等類統

觀其書漫無典則惟小說及詩文集分別朝代最便循讀然亦明人早創之例也往後乾隆三十九年

之浙江探集遺書總錄遂循其法別集全以時代爲目總集則一以地爲次以地爲次

祁承㸁早已創行子部特立叢書類亦承㸁之遺法惟說家類再分總類文格詩話金石書畫小說四

目一反昔人舊例史部亦有特例數端新立掌故類分設總類職官食貨儀制兵刑河渠水利營造八

目傳記類既有總類復以時代爲次以地爲次地理類分自亦詳經部則惟分爾雅小學與六書爲三

是其特點往後不久即爲四庫全書總目統一整個目錄學界之時代除上章所述之孫星衍外未有

敢違背其成法者直至百年之後始有張之洞撰書目答問，實際係繆荃孫代筆。始於四部之外別增叢書、別錄

兩目以收容古今人著述合刻叢書國朝一人著述合刻叢書羣書讀本考訂初學各書詞章初學各

書童蒙初學各書集部四分散詞曲於總別集總集分文選文詩詞別集分時代，而於清人復分理學

家考訂家古文家駢體文家詩家詞家六目略具專家分門之意子部大半同於四庫惟增周秦諸子，

移譜錄入史部併釋道爲一，儒家分議論經濟理學考訂三目天文算法分中法西法兼用中西法三

目耳史部大體亦同惟增古史而去史鈔職官散目錄爲譜錄金石此其特異史部分論史法論史事

二目蓋得自祁承𤋮金石專錄金石目錄金石圖象金石文字金石義例，蓋得自孫能傳孫星衍譜錄

兼收書目姓名年譜名物亦承𤋮舊例也其餘則正史編年雜史地理政書各有子目較四庫爲略不

足述惟經部獨大異於四庫祇分正經正注列朝經注經說經本考證小學三類劃正文與後儒之專

著爲二斯爲特異古人所不及爲要之書目答問在分類史上之地位不在創造，而在對四庫總目加

以他人所不敢爲之修正以《張之洞之權威，答問之流行適值東、西洋譯書日多，四部分類法正苦不

能容納之時纂新書目錄者遂得借口另起鑪灶不復仿傍四庫總目。張氏雖絕對無意於打倒四庫，

而四庫之敗壞自此始萌其朕兆也自光緒之年答問刊行以後六十餘年來舊派目錄家感於四庫

總目之類目缺乏多有起而補充者所謂頭痛醫頭脚痛醫脚，未有其能起死回生也稍可述者惟近

年南京國學圖書館之總目。簡稱國學目。國學目對於四庫目之部類有增補而無改減於四部之外新加

志、圖、叢三部。叢部分類刻，志五項，每項又分目。彙編、郡邑分雜編、詩氏族，同上獨撰分時代。五類圖部專收

地圖自全國省縣城市水道交通歷史交界軍用經濟天象地質雜圖以至世界東西洋歷史日本凡

十六類志部專收地方志分省府州廳縣鄉鎮，省。再分志叢三類此其用意惟在取便庋藏以方志太多，凡

地圖異樣，故特設大部以儲之耳若從學術分類之理論言之，則以一地理學而兼佔兩大部復在史

部中佔一地理類，在書庫中既分居數處不便參考。在目錄中又層見叠出甚乖專科分類之義甚不

可也叢書之獨立，從古錄言之原較附居於類書者爲進步。然至現代則學術以專科而益精，已有散

歸各類之必要而一般目錄所以仍舊保存此類者特傱嬾畏煩耳是則以叢部與四部抗衡非特書

目答問不得專美於前即國學目亦無須誇口於後也國學目之特點，在散新書以歸舊類，其無可歸者，則立新類以納之以其藏書特多則小類子目亦最多而備最顯異者尤爲子部新增工家、商業、交通釋教神道耶教回教東方各教哲學自然科學社會科學十一類之多幾於平分原有各類之天下矣四部復各有叢類，{經史則名} 與叢部類刻類互見其尤奇者於雜家類特增雜志之屬下分二十{總類。}子目凡現代各種定期刊物概以入焉揆以該目「特多」「異樣」之圖書應另設部之義則雜志之宜特設一部而不應屈居一類中之一項也必矣其他各類之中分項別目最詳最備不能盡述要之國學圖書館總目在目錄學分類表中不失爲正統派四部分類法之最後殘壘（縱使其爲七部而非四部）然而其不能傳世而行遠也則大勢所趨無可奈何者矣──凡此所述對正統派而言，可稱修正派，蓋異乎正統派之固守不變亦不似別派之相背而馳也。

### 新分類法創造之嘗試

　　四部分類法之不合時代也，不僅現代爲然。自道光咸豐允許西人入國通商傳教以來繼以派生留學外國於是東西洋譯籍逐年增多學術翻新迥出舊學之外目錄學界之思想自不免爲之震動故五六十年前已有江人度上書張之洞論之曰：『第思目錄之學最難

配隸適當，四庫提要所列門目與昔之目錄家頗有出入。中堂書目答問，與四庫復有異同。

改彼隸此要亦難爲定論也章實齋致慨於四部不能復七略由史籍不可附春秋文集未便入諸子。

然處今之世書契益繁異學日起匪特七略不能復即四部亦不能賅有疑而願獻也藝文一志列

於漢書後世遂以目錄歸史部不知班氏斷代爲書秦火以後所存篇籍自宜統加收纂以紀一代之

宏規而目錄家豈可援以爲例？蓋目錄者合經史子集而並錄。如劉向之 安得專歸史部乎史氏可以
輯略。

編藝文而目錄不得登乙館此配隸未當者一也。隋志以類書入子部考諸子之學儒墨未礙於並立，

名法亦有所取材宗旨各殊不嫌偏宕畦徑獨闢別具精深所謂自成一家言也。類書者餚饌經史漁

獵子集聯百衲以爲衣供獺祭於枵腹豈可雜廁丙籍混跡子家？中堂原注亦有類 此配隸未當者二也。
書實非子之語。

金石之學隋志列經宋志屬史已覺歧異且昔之考核者少尚可附麗今之研究者多豈容率
叢書雜
纂同。

合六義附庸蔚爲大國夾漈通志所以別爲一略也蓋其中有證經者有資史者居之甲部旣病其偏
？ 四庫以金石入史部
　錄類之子目，尤非。

枯置之乙帙亦嫌其氾濫此配隸未當者三也。 他若譜錄圖書諸書精心殫慮各

有專長經史非其族者子集亦非其倫橫牽強附究多未安且東西洋諸學子所著愈出愈新莫可究

詰，尤非四部所能範圍，恐四庫之藩籬終將衝決也。蓋七略不能括，故以四部為宗，今則四部不能包，不知以何為當？如彼枘方試圓鑿，每虞其扞格，譬之算術得大數，而尚有畸零夙懷此疑致以貢之左右。」〔見書目答問‧篋補卷首。〕張之洞對此懷疑有何解決之方案不得而知然以其平昔「中學為體西學為用」之態度卜之殆亦未能進一步而廢棄四部也。對於中外新舊之學術綜合條理而分為若干科目者，據吾所知以袁昶為最先。〔昶以光緒二十年主講中江書院，略仿當時同文館、製造局之類，時代雖較早，而偏重西方格致語文之學。〕「四明之辨志文會、濫上之求志書院、鄂渚之兩湖書院分科設目」計十有五。「每目之中，再分子目。曰經學，小學、韻學附焉；曰通禮學，樂律附焉；曰理學；曰九流學；曰通鑑三通政典之學，歷代正史則系傳分代，史志分門部居散隸，以便檢閱善敗起訖與夫因革損益之迹為；曰輿地學〔宜有圖表。〕；曰掌故學宜詳於國朝以為根柢漸推上溯以至於近代；曰詞章學，金石碑版附焉〔仍略仿班〕；曰兵家學〔宜有圖。〕志形勢技巧權謀陰陽四目宜添製造一門；曰測算學；曰邊務學；曰律令學，吏治書分類附焉；曰醫方〔宜詳於圖。〕學；曰考工學；曰農家學。此十五目皆有益國故政要民生日用」〔見經籍纂要中江書院本。〕古專治制藝帖括之積弊而暢開新目錄學之機運蓋當日袁昶所講授之學實際仍不離書本故其

所分之學科實際亦卽書目之分類也。次年康有爲撰日本書目志，遂首創新分類法，分（1）生理、

（2）理學（3）宗教（4）圖史（5）政治（6）法律（7）農業（8）工業（9）商業（10）教育（11）文

學（12）文學語言（13）美術（14）小說（15）兵書，凡十五門。每門各分子目，自數項至數十項不等特

其用意在使中國人知日本有此種要籍而譯讀之，故吾人不能以分類之當否律之。如小說不附於

文學交通附屬於商業、社會、經濟家政等學附屬於政治皆不甚妥恰。尤以倂物理化天文曆氣象

地質鑛山地震博物生物人類動物植物哲論理心理倫理等學合稱理學漫無自然社會之分最爲

乖戾。雖然揭日本新學之全貌使國人爽然自失者固莫之或先也又明年，梁啟超撰西學書目表，

「將譯出各書都爲三類一曰學二曰政三曰教。」除宗敎一類之書不錄外，「自餘各書分爲三卷。

上卷爲西學諸書其目曰算學曰重學曰電學曰化學曰聲學曰光學曰汽學曰天學曰地學曰全體

學曰動植物學曰醫學曰圖學。中卷爲西政諸書其目曰史志曰官制曰學制曰法律曰農政曰礦政

曰工政曰商政曰兵政曰船政。下卷爲雜類之書其目曰報章曰格致總曰西人議論之書曰

無可歸類之書。」見飲冰室合集文集第一册。梁先生明知「凡一切政皆出於學則政與學不能分」而又「強爲

「區別」乃至併農礦工商等實業亦視為政之一項未免作繭自縛自此例一開頗有仿行之者。例如古越藏書樓著目亦成學政二部。然此表重西學而輕東學其弊正與日本書目志之有東籍而無西籍相同故徐維則又撰東西學書錄顧燮光補充之於光緒二十五年二十八年一再刊行分類凡三十八及三十年變光復續一編近年始刊為譯書經眼錄其目為史志法政學校交涉兵制農政礦務工藝商務船政理化象數地學全體學博物學衛生學測繪哲理宗教體操遊記報章議論雜著小說此外復有沈兆褘新學書目提要分法制歷史與地文學西學西藝雜錄小說八類其法制類刊於光緒二十九年皆後生專錄譯書一派之繼起者也譯書既多國人自著者亦隨之日衆其始各錄皆附繫於譯書目錄其後來附庸蔚為大國倍蓰於舊學各種學術既與舊學不同遂非舊有之四部所能安插故當時新與之圖書館頗有收新書目錄於舊書目錄之後自成一部者發其意者殆為黃慶澄之普通學書目錄其書卷一所列為中學入門書經學子學史學文學中學叢刻書試取以與書目答問比較即知其由答問脫胎而來卷二列西學入門書算學重學電學化學聲光學汽機學動植學礦學製造學圖繪學航海學工程學理財學兵學史學公法學律例學外交學言語學教門學寓言學西學叢刻書其分類較

西學書目表略多而名稱不妥。卷三為天學地學人學醫學。人學即書撰於光緒二十四年原為指授初學，融貫中西而設雖非藏書目錄且淺之無甚精義然混合新舊之目錄於一編者固未之或先也是後逐有以新書為時務部列於四部之後者。流風所扇入民國後猶有若干公立圖書館習用此種新舊分列之辦法如江蘇省立第二圖書館之舊書亦分五部新書則分文學政事實業三類每類各分子目。合名新部；廣西圖書館之新書部分為教育政法軍學實業哲學醫學修身經學國文外國文歷史地理算學理科體操圖畫樂歌雜誌小說十九部，每部或分若干類，或不分類。雲南圖書館之科學部分法政財政軍事警察教育倫理文學歷史地理博物理化算學樂歌體操圖畫手工農業工藝商業雜著二十類皆其顯者也新書日多一部不足以容納則有提出新書獨立於舊書之外各編目錄者。例如光緒三十三年之浙江藏書樓書目編者楊復胡煥既以甲編依書目答問之法「為國粹之保存」復「循附錄外編之例」將新書編為乙編「各行其是兩不相師」計分十六類：（1）法律章程。（2）政治（3）宗教、（4）教育（5）圖史（6）文學（7）文字（8）理學（9）算學（10）美術（11）樵誌（12）工業（13）商業、（14）兵書、（15）生理、（16）農業然各類之下並無子目藏書不多未為定例。至宣統三年之涵芬樓

新書分類目錄，舊書亦兼用答問及四庫法。始有最完密之類目分部十四：（1）哲學（2）教育（3）文學（4）歷史、地理（5）政法（6）理科（7）數學（8）實業（9）醫學（10）兵事（11）美術（12）家政（13）叢書、（14）雜書每部幾皆有總記及雜類哲學部兼含倫理論理心理哲學教育部兼含法令制度教育學、教育史教授法管理法學校衛生體操及遊戲特殊教育幼稚園及家庭教育社會教育文學部兼含文典及修詞學讀本尺牘詩歌戲曲外國語字帖小說史地部兼含本國史東洋史西洋史傳記史論、本國地理外國地理遊記政法部兼含政治法制本國法制經濟社會理科部兼含博物學理化學天文地文數學部兼含算術代數幾何三角高等數學實業部兼含農業工業商業醫學部兼含衛生醫學藥物學兵事部兼含陸軍海軍兵器美術部兼含音樂繪畫游藝寫眞家政部兼含簿記裁縫每一類中各有子目在十進法未輸入我國以前，此涵芬樓新目實爲新書分類之最精最詳者然新書目錄與舊書目錄分爲二冊則同類之書散見各處，集中研究，勢不可能，對於學術之進步妨礙殊大故混合新舊統一部類使同一學科之書，不問新舊庋藏一處，以便於檢尋研究，實爲至緊要之事功追溯近代首先混合庋藏統一分類者實爲光緒二十八年由邵寅署名之杭州藏書樓書目編者何人，

未及考出計其數目：（1）經學小學附，（2）史學掌故、輿地附，（3）性理哲學家言附，（4）辭章，（5）時務，（6）格致醫學附，（7）通學，即叢書。（8）報章，（9）圖表雖書少目略，要亦自關門戶不蹈昔人後徑者然其規模完備分類確當不若古越藏書樓書目此目先分學政二部學部再分易學書學詩學、禮學春秋學四書學孝經學爾雅學羣經總義學性理學生理學物理學天文算學黃老哲學釋迦哲學墨翟哲學中外各派哲學名學法學縱橫學攷證學小學文學下二十三類政部再分正史兼補表補志攷證編年史紀事本末古史別史雜史載記傳紀詔令奏議譜錄金石掌故典禮樂律輿地外史外交教育軍政法律農業工業美術稗史二十四類每類之下各分若干子目系統分明在此派中可謂登峯造極者惜學政二部不足以包攝各類耳入民國以後各地圖書館紛紛設立或強新書入舊類或別置新書而另創部類或以新書立科學部與四部並列或混合新舊書而仿杜威十進法罕見專爲舊書另創新分類表者惟陳乃乾南洋中學藏書目獨分爲（1）周秦漢古籍（2）歷史（3）政典，（4）地方志乘（5）小學（6）金石書畫書目（7）記述（8）天文算法（9）醫藥術數（10）佛學（11）類書，（12）詩文（13）詞曲小說（14）彙刻十四部標準不一次序無理每部所分之類亦不足述。

此在新分類法之嘗試殆為最失敗者總之本章所述實四部初衰十進法未與之際幼稚者羣對於新分類法之開始研究當時能讀西文書者既少研究圖書館學及目錄學者尤絕未見故十進法與起之後此項不新不舊之過渡法遂歸淘汰居今日而參觀各地圖書之林除少數私家藏書樓仍沿用四庫總目或書目答問之舊法外其採用此項過渡法者殆已絕跡矣。惟蘇州某圖仍舊分列新舊，舊書用洪有豐法，新書用杜定友法，不能統一，甚可笑。

## 西洋近代分類法之進步

圖書之插架其法有二一曰固定排列法或標部類名稱於廚架倬與目錄適合，如東觀藏書「並依七略而為書部」是也。或標字號於廚架而註其字號於目錄如開元釋教錄略出道藏目錄及文淵閣書目之以千字文編號是也。無論依照部類或字號以排列圖書，圖書之位置皆已固定不能任意移動插架之先必預算某類有書若干佔架幾具然後按次列書此在飽和自滿不復增益之舊式藏書樓固無不可。若在日進月益之圖書館當某一類新購之書增至該架不能容納時即不得不侵佔附近稍空之地位設使附近亦已飽和勢必遠覓空架任意暫置如脉望館書目及文瑞樓書目之所以凌亂無序殆即此因欲除其患惟有以數目字之號碼代表部類之

名稱標記於圖書之上按次排列，不必限定某類書永列某架，如此則目錄既可免登記架號之煩而

新書復無架可插之患此之謂活動排列法。然必有賴於分類之用號碼始得如意，向來我國目錄

學家從未注意及此故部類之增減雖層出不窮，而求其最便於庋藏檢尋者迄未之見也。直至近十

餘年，始有<u>西洋</u>分類法之輸入然後靡然從風頓改舊觀焉。西法之中尤以<u>美國人杜威</u> （ Melvil

Dewey） 之十進法為最流行。故述現代<u>中國</u>之分類法不可不略知<u>西洋</u>近代分類法之進步情形。

<u>西洋</u>古代之分類法亦不知以號碼代部類其弊正與我國目錄相同。直至十九世紀因受工業革命

之影響，新書出版之速度日增舊法之類目不能收容近代化之圖書館到處興起新目錄學之研究

漸精為適應活動排列法而創製之編號分類法始見於一八七〇年<u>美國人哈利斯</u>（William T.

H<u>arris</u>） 之<u>路易斯</u>（Louis Public） <u>中學圖書館</u>。<u>哈氏分類書為一百類每類各代以號碼自一號</u>

<u>Science</u> 至一〇〇號 Periodical，類號比次各有一定。同類中如再分類則加ａｂｃ等字母以別

之。此種方法發表未久，即為各地圖書館所採用。次年又有<u>美國人雪華爾茲</u> （Tacob Schwartz）

另發表一種助<u>記憶分類法。先分學術為二十三大類各代以Ａ至Ｗ之字母然後各附以號碼其代</u>

替大類之字母除 Language 之代符爲 K 不合原字外餘皆適與各類原字之第一字母相同例如

以 A 代 Arts 以 B 代 Biography 以 H 代 History 可謂巧極天工每大類中又分爲九中類各冠

以 1 至 9 之數字每中類中又可再分小類各冠以一字母以上兩法流行不久卽爲杜威之新法所

代替杜威以一八七六年取兩法之精神別出心裁製爲完全使用號碼適合活動排列之十進分類

表（原名 Decimal Classification and Relative Index）。先將一切圖書分爲十部：（1）總部

（General Works）（2）哲學（Philosophy）（3）宗教（Religion）（4）社會科學（Social Sciences），

（5）言語學（Philology）（6）自然科學（Natural Science），（7）應用技術（Useful Arts），

（8）美術（Fine Arts）（9）文學（Literature）（10）歷史（History）。每部各分爲十類每類各分十

目每目仍可再各十分直可分至無窮以 0 代總部以 1 代哲學順推至以 9 代歷史無論其爲單位，

十位百位各號碼所代表之意義均有一定以百位代部十位代類單位代目單位以下隔以小數點，

儘可增加號碼以代表各項小科目如用二位小數卽有包含十萬科目以之應付日出翻新之科學

略無擁擠慌亂之苦將分類號碼登記於書皮依其算學順序排列廚架苟能熟知某號卽某類某目，

檢之即得。如中間某類新增之書太多，即可將以下各類之書往後推移，架上既無須號碼，可免改易之煩目錄。如中及書皮上之號碼既非隨時變動之書架號碼而為永久固定之分類號碼，則一成不變，亦無時時塗寫之勞，且號碼次序略有連帶關係，如 500 為自然科學，510 為數學，511 為算術，512 為代數，513 為幾何，大部既可包含小類，小類之毗連亦有密切之學術關係，非但便於杜威者，故能流行世，即在學術研究時亦有觸類旁通之妙，在過去各種分類法中實未有更便於杜威純用十進之例瓜界蔚為目錄學界最大之權威也。雖然各種學術之領域，或寬或窄極非一致，且杜威純用十進之例瓜分每種學術為十類，儻若學術皆循算學之級數而進展者其不合理可知，且社會科學與歷史關係甚深，言語學與文學尤相表裏，而杜威竟分隔於懸遠之地，不使相隣無怪傳入我國之後起而變更其部次者多過於恪守不動者也。杜威之分類號碼，於一八九五年得不魯塞爾國際目錄學會之公認與修正，且由該會於一九〇五年發表補助符號五種，以 00 表示著者之觀察點，以（2）至（9）表示地理之區別，如（42）為英國，以“ ” 表示時代之劃分，如“18”為十八世紀，以（0）表示形式之特異，以＝2至＝9表示語言之歧離，此外又以 .. 表示一書中二種題材之互相關係，以 ——

表示題材之性質概加於分類號碼之後統名之曰不魯塞爾擴大十進法（Brussels' Expanded

Decimal）。杜威之法因是而益宏其功用然傳至我國以後性質略變此種補助符號亦甚少使用者。

杜威以外現代西洋別派流行足相抗衡之分類法尚有三大派在我國幾無人仿用其一爲美國人

卡特（Charles A. Cutter）之展開分類法其書名爲 Expansive Classification，第一表發表於

一八九一年卡特逐漸製造第二三表至第七表即病卒後來猶有專家繼述其志陸續編纂出版其

法爲由簡而詳第一表僅分八部第二表將每部各分若干類第三表將每類再各分若干項第四表

又將每項各分若干目繼續分剖直至無可再分用其法者可以任意伸縮書少則可用第一表再多

則可用第二表更多則可用第三表圖書逐漸增多分類亦可逐漸加詳無更張塗改之紛煩而有日

新月異之便利故名曰展開式其第一表以A代總部（General Works）以B代哲學與宗教

（Philosophy and Religion）以E代歷史（History）以H代社會科學（Social Sciences）以

L代科學與藝術（Science and Arts）以X代語言學（Language）以Y代文學（Literature），

以YF代小說（Fiction）。自第二表以下亦各用字母代替無論何部何類何目皆再分二十六項，

充其量可分至一萬七千五百七十六項任何方法皆無此法之詳盡所可惜者字母代替學科漫無

意義不似雪華爾茲之以學科之首一字母代表該學科故記憶極不易且字母既非我國所習用自

不如數字號碼之通行易記耳其二爲美國國會圖書館之分類法發表於一八九七年略仿卡特之

展開式而祇用兩個字母代表部與類每類再分目則用數字而不用字母數字用至第四位卽止此

外尙有許多符號以分細目其排列之次序純依ＡＢＣ之順序而無學理之關係分類表洋洋鉅冊亦

非旦夕所可理解茲僅錄其二十部名於下(1)Ａ總部 (General Works, Polygraphy),(2)Ｂ

哲學宗教 (Philosophy, Religion),(3)Ｃ歷史──補助科學 (History–Auxiliary),(4)Ｄ

歷史與地誌──美國除外(History and Topography (Except America)),(5)ＥＦ美國

(America),(6)Ｇ地理學人類學 (Geography, Anthropology),(7)Ｈ社會科學 (Social

Sciences),(8)Ｊ政治科學 (Political Science),(9)Ｋ法律(Law),(10)Ｌ教育(Education),

(11)Ｍ音樂 (Music),(12)Ｎ美術(建築學繪畫術) (Fine Arts (Architecture, Graphic

Arts)),(13)Ｐ語言學(語言與文學) (Philology (Language and Literature)),(14)Ｑ科學

（Science），（15）R醫學（Medicine），（16）S農業，植物與動物之實業（Agriculture, Plant and Animal Industry），（17）工藝學（Technology）（18）U軍事學（Military Science），（19）V海軍學（Naval Science），（20）Z目錄與圖書館學（Bibliography and Library Science）。

除上述二派外尚有英國人布朗（J. D. Braun）於一九〇六年發表之主題分類法，一般原譯標題，鄙意竊謂不如譯為主題。（Subject Classification），與美國式之三種完全不同其要點為悉聚研究或記載同一目的物之圖書於一處例如以腦為主題則凡研究腦之生理學腦之病理腦病之治法各項有關於腦之圖書皆應集中於此主題之下若引得（Index）然初不問其為解剖學生理學抑或病理學醫學也。

若依普通分類法則凡屬某科學之書必列入某科學之類目如是則研究一物之書勢必分散數處，不能集中惟改用主題分類法則可免此弊故布朗之法確有特長我國之類書西洋之百科全書以及中外通行之辭書即活用此項原理以成功者所可惜者主題之確定極覺困難欲將宇宙間萬物萬事各賦以一定之主題實屬不易且每一書之所言者決不限於某一主題其兼包並論界限模糊；必使繫屬於某一主題尤難得當勢必於最小不能再分之基本主題之上遞層加以能包括性質相

近之較大之主題層積既多又有混沌不明之弊正與普通分類法之科學部名相同。如不遞層包攝，則又嫌過於繁雜故布朗之分類表亦未見悉合論理也。布朗將人類知識大別爲（1）物質與力量（Matter and Force），（2）生命（Life）（3）思想（Mind），（4）記錄（Record）四部以（1）爲宇宙之原動力，（2）即由（1）而生而（2）復生（3）（3）復生（4）。再將各部加以論理學之分析而冠以總類共爲十一類如下表：

A　總類（Generalia）

B—D　物理學（Physical Science）

E—F　生物學（Biological Science）　｝物質與力量

G—H　人種學與醫學（Ethnology and Medicine）

I　實用生物學（Economic Biology）　｝生命

J—K　哲學與宗教（Philosophy and Religion）

L　社會與政治科學（Social and Political Science）

M　語言學與文學（Language and Literature）　｝思想

N 文學之形式（Literary Forms）

O—W 歷史地理（History, Geography）　　　　　　記錄

X 傳記（Biography）

最奇者其總部中除以ＡＯ代普通書（Generalia）外竟包含Ａ１教育（Education），Ａ３論理學（Logic），Ａ４數學（Mathematics），Ａ６繪畫與雕刻（Graphic and Plastic Arts），Ａ９普通科學（General Science）。布朗以爲此數者皆超越一切科學之學術也其荒謬抑甚可笑。所用字母只限一個後附數字只限三位故每部皆可分爲一千類較卡特美國會圖皆較簡單分類雖稍廣漠然其採用主題之原則則甚便利於專門學者故我國近日亦有仿其意而編專科參考目錄者焉特全仿其部類號碼以編藏書目錄者則尚未發見耳。

**杜威十進法之接受與修正**　　上文已述現代西洋各種分類法之四大派別因卡特與美國會團皆兼用字母與數字且其系統比較不如杜威之分明布朗之法在實施上又有困難故杜威之十進法獨能盛行於我國接受其法而加以修正者依發表之先後而列舉之則如次：

（1）沈祖榮、胡慶生：仿杜威書目十類法本章簡稱沈法。民國七年一月文華公書林初版，十二年改訂版。

（2）杜定友圖書分法類初稱世界圖書分類法，十四年上海圖書協會初版，後去世界二字，最後又加杜氏二字。

（3）洪有豐：圖書館組織與管理之第十二章。十五年八月，商務印書館圖書二十四年中國圖書服務社增訂版。

（4）陳天鴻中外一貫圖書分類法立中學圖書館印本。十五年八月上海民

（5）查修清華學校圖中文書籍目錄十六年該圖印本。查修又有杜威書目十類法補編，見清華學報二卷一期。

（6）陳子彝圖書分類法區立蘇州圖印本。十七年，中央大學

（7）王雲五中外圖書統一分類法商務印書館本。十七年十二月，

（8）劉國鈞中國圖書分類法版，二十五年三月增訂版。十八年一月，金陵大學圖書館初

（9）王文山南開大學中文書籍目錄分類法中西合編本。十五年四月該圖

（10）施廷鏞國立清華大學圖中文書目該圖本。二十年十月

（11）何日章，袁湧進：中國圖書十進分類法平師範大學圖本。二十三年五月，北

（12）皮高品中國圖書十進分類法圖學校印本。二十三年文華

一六二

（13）陳東原安徽省立圖圖書分類法二十四年一月該圖本。

（14）桂質柏國立中央大學圖分類大全二十四年一月該圖印本。桂質柏前此尚

（15）金天遊浙江省立圖圖書分類表之分類之第三章。二十五年該圖圖書

此十五家雖皆受杜威之影響而宗旨各殊類目迴異摘其特色,可分爲五派。第一派爲倣杜威十分

十進之意而變更部類之名稱次序者,如沈祖榮杜定友洪有豐陳天鴻陳子彝陳東原桂質柏等皆

是也。第二派爲保存杜威之十部及大多數類目而增加及變動許多類目者,如王文山何日章、

皮高品金天遊等皆是也。第三派爲倣杜威用三位數字作分類號碼之意而另創部類不用十分法

者,如施廷鏞劉國鈞等是也。第四派爲遵守杜威成法而稍微增改一二子目者,如查修是也。第五派

爲絕對不改動杜威成法而增加幾種符號及號碼以容納中國之書者,惟王雲五一家爲然。第一派

諸家鑒於杜威之過重宗教語言且賦予中國書之號碼過少且過小故祇用其十進之意而完全

不守其部類名次,沈祖榮與胡慶生之法成於民國六年十月次年一月出版可謂倣杜之最早者其

分類表規定０爲經部及類書,１爲哲學,２爲宗教,３爲社會學,４爲政治,５爲科學,６爲醫學,７爲

美術，8為文學9為歷史析社會科學為社會與政治併語言於文學易技術為醫學是其不同於杜威處然十二年改訂版又併哲學與宗教為1，科學與醫學之先後對調加工藝為6。杜定友倣其意，亦併宗教於哲學擴教育學為2抑方言學為7，而將自然科學應用科學、美術遞移向前一位後來屢經增訂至二十四年之杜氏圖書分類法又將藝術提前為4，而抑二種科學隨於其後陳天鴻則祇增教育於2而不更其他部次至於小類子目則三家無一保留杜威原來名次者然對於大部名稱次第猶十九保留也至洪有豐則併名稱次第亦盡改舊觀矣其法以0為叢1為經2為史地3為哲學與宗教，4為文學5為社會科學，6為自然科學7為應用科學8為藝術又無900故實際僅有九類悖杜威十分十進之義遠矣故嚴格論之有豐亦應歸入第三派也桂質柏之中央大學團分類大全因之加革命文庫為900湊成十部質柏在齊魯大學團時原有嚴守杜法之意後因職業關係故改從有豐之法耳在此派中改動大部最少者為陳東原其法僅移文學於語言之地位而新設地理部於文學原位餘悉不動。然於部以下之類目則亦以意自造總之此派名為倣杜實只倣其意則並不守其例。其中以杜定友之細目最完備倣用者亦最多自餘諸家惟劃疆自守而已第二

派比較前派穩健，大體不甚變動，而僅增改若干類目之名義及次第其增改最少而細目最詳，可備

一般團員參考者允推皮高品之中國圖書十進分類法及索引。此派之趨勢最值得注意蓋其用意

祇在補偏救弊而不欲另起鑪灶也。第三派則與之絕對相反。如劉國鈞即不用十分法者彼雖用三

位數字而非完全十進蓋鑒於學術之以大包小並無一定每學十分尤屬呆板。杜威之法強類目以

就數字實有不合論理之處故雖沿杜威大部之名義而變動其次第合語文一部擴史地部佔二

部之號碼其順序如下以０為總部、１為哲學、２為宗教、３為自然科學、４為應用科學、５為社會科學

６７為史地８為語文９為美術其設立類目也每視中國書之有無多寡而定故於中國書之庋藏

頗有較便於他法者倣而用之亦數數見施廷鏞之法則又與劉國鈞不同乃有得於布朗兼用字母

數字之意先分八類以甲乙丙丁戊己庚辛代表總類哲學宗教自然科學應用科學社會科學史地、

語文藝術每類各分十目共用100至999九百號雖每類中亦用十進十分之法而實際已有千位，

大類且屬八分較之杜威夐乎遠矣有與此派完全相反者可舉查修為例彼除加經書於000至０

09外絕對遵守杜威原來之名次縱有一二改動而無傷大體然杜威固輕視中國書者也故以中國

四部之一之文集僅得佔一分位·895.1焉。史部之位數略大亦僅得 951。其他渺小之學，杜威原用

十位者，亦祇得依之。故音樂之書屈指可盡反可列入 780 矣。或則削足以適履，或則小人穿大衣大

小不倫全悖杜威十進之義，其見譏於世也宜矣。王雲五有鑒於此，知墨守杜法之不適於中國與妄

改杜法之不合於西書，其弊正同故發明十十廿等符號以安排中國書使中外可以並列，而大小不

致倒置。對於杜威原定名次號碼絕對不動，而惟加符號於號碼之前以代表中國。凡有十之號碼必

排列於無十而絕對相同者之前有廿之號碼必排列於無廿而十位相同者之前有卄之號碼縱有

小數亦必排列於無土而整數相同者之前自此三種符號後則中國書之號碼用之不盡中外對譯

之書亦可並肩駢立矣。

# 體質篇

**目錄之體質**　目錄之內容以其記載之對象不同而有藏書目錄與非藏書目錄之異。非藏書目錄之體質本書將撰史志宗教目錄、專科目錄、特種目錄等篇以述之。藏書目錄實為目錄學之主流其名目至為繁賾向為學者所注重且有為之列表彙集者著者以為遍舉之則不能盡擇舉之則有所遺且其對象不變而分類及體質則時時有進步故本書祇擷取其分類及體質之不同分撰二篇系統敍述不復備稱其名目撰人焉夫所謂體質者構成目錄之質料目錄構成之體式皆是也通俗言之則為編目自然現代所謂編目之含義略狹未能廣包故改用「體質」以統攝編目解題引得小序總序等等構成目錄之質料與活頁辭典類書年表散文等等目錄構成之體式語意所及卻又並不限於藏書目錄蓋藏與非藏之分古代相距甚近原不必強加隔離且非藏書目錄之分類與體質，亦同樣有提出合述之必要也。或曰藏書目錄既為目錄學之主流何以獨不自成一篇曰頃已言之矣對象不變則其內容大多從同祇須擷取有異者敍述於分類篇與體質篇足矣何必備列其名數

哉?

**編目法之演進** 現代最古目錄為漢書藝文志其前身即七略。今觀其編目法首為總序敍漢室藏書校書之源流次列書目撰人篇數其例有四:有先著書名而後繫撰人此撰人通指註者編者。篇數者如「劉向五行傳記十一卷」是也有即以撰人為書名逐繫篇數者如「屈原賦二十五篇」是也。再次則有小注其內容有六類一如「名何字叔元蜀川人,」係介紹撰人二、如「自甲子至壬子說易陰陽,」係解釋書之內容三、如「出孔子壁中」係斷定書之存佚六、如「陸賈所記」係「多問王知道,」係記載篇目之多寡五、如「有錄無書」係判定書之時代及真偽此皆自七略摘要而來原皆敍錄之一二語也。並列同種之書暗中彷彿仍有子目同屬一子目者則以時代為次。補注書之撰人七、如「六國時所作託之力牧力牧黃帝相」係說明書之來歷。四如一種之後必計其總數如「凡易十三家二百九十四篇」是也然後有一段小序其例文已引見於

有先著撰人而後繫書名篇數者如「周書七十一篇」是也有即以撰人為書名而不錄撰人者,或因未詳何人,或因多人累積。

「易經十二篇施孟梁丘三家」是也有僅著書名篇數而不錄撰人者如「太史公百三十篇」是也有加文體於撰人後即以書名而繫以篇數者如

溯源篇,大體敍述此種學術之源流,並論定其是非得失,或說明自成一類之理由合若干種爲一略,

必有一段稍長之序,統論此略學術之大勢批評之意多而敍述之語少最後則有一行「大凡書六

略三十八種五百九十六家萬三千二百六十九卷」以總括大數。漢志之體質若是後世之史志遂

以爲宗。其不同之處惟隋書經籍志始一律首列書名及卷數爲綱改以撰人爲注對於撰人不復詳

介,而祇敍其時代官銜。書之內容眞僞亦仿漢志之例,間或注明。但特創分別存亡殘缺之注一以七

錄爲準如「梁有江淹齊史十三卷亡。」雖附注於沈約齊紀之下其實無關此一例也又如「後漢

記六十五卷」注云:「本一百卷,梁有今殘缺」此二例也當時現存者則不備注存字後世經義考

之創立存佚關,未見四柱,即有得於隋志之遺意。然一般藏書目錄與史志皆未用此例,而獨對於首

列書名之例則守之最嚴,成爲習用之定法矣每類成小序及每部總序,隋志本漢志之舊而接述後事。

下至開元羣書四錄古今書錄猶有此風。自舊唐書以下始加翦除,除明焦竑國史經籍志近人黃逢

元補晉書藝文志嘗恢復小序外其他各家無論是否藏書目錄皆不復注意及此漢隋之間則惟七

志、七錄、七林有之,其他亦不甚可考。此在體質史中實爲有小序之一派其旨在敍述學術源流,章學

誠所最恭維者也。三七之外，兩晉、南北朝之祕閣目錄，自荀勗「但錄題及言盛以縹囊書用緗素至

於作者之意無所論辯」後介紹撰人解釋內容批評得失之敍錄逐被屏棄不用。試觀隋志所載王

儉宋元徽元年四部書目錄，殷鈞梁天監六年四部書目錄，陳天嘉六年壽安殿四部書目錄，陳德教

殿四部目錄，開皇四年四部目錄，香廚四部目錄，皆祇四卷便知其正合開元七

年令麗正殿寫書應於四庫各為目錄之詔，蓋原來皆在書庫中備檢尋之用故各成一卷合之四庫，

適為四卷也。此種四卷之四部目錄，隋志譏其「不能辨其流別，但記書名而已。」晉隋之間目錄學

最為衰敝正坐「但記書名！」唐初始稍稍革新而明代又蹈覆轍。如文淵閣書目僅有書名冊數併

撰人亦不能盡列此在目錄之體質史中實為僅有書名之一派簡陋之藏書樓目錄每每如此其旨

祇在備尋書之用原非著作也介乎上述二者之間無前者之小序而詳於後者之但記書名者則為

一般藏書目錄溯其原始或漢代私藏之家業已有之史籍所載則以梁人任昉為最早但其體質如

何究不可知今存之書以南宋尤袤之遂初堂書目為最古但又出於任意刪削古書之說郅中故是

否原來之眞相亦不可知姑據以考察則書名之外更繫卷數及撰人如有數種版本則兼載之此例

一開，遂成後世最習用之體質，現存明清二代之藏書目錄，十分之八皆此類也。論此道最精者，爲清

孫從添之藏書紀要。其第六則編目有云：「大凡收藏家編書目有四則不致錯混顛倒遺漏草率檢

閱清楚門類分晰，有條有理乃爲善於編目者。一編大總目錄分經史子集照古今收藏家書目行款，

或照經籍考連江陳氏書目俱爲最好可謂條分縷晰精嚴者矣前後用序跋每一種書分一類寫某

書若干卷，某朝人作該寫著者編者述者撰者錄者注者解者集者纂者各各寫清不可混書依宋板

元板明板時刻宋元鈔舊鈔明人鈔本新鈔本一一記清校過者寫某人校本下寫幾本或幾冊有套

無套。一種門類寫完後有存白頁以備增寫新得之書編成一部末後記書書若干部共若干卅總數於

後以便查閱有無將來即爲流傳之本其分年代不能全定因得書先後不一就其現在而錄之可也。

釋道二氏之經典語錄附於後寫清裝成藏於家。二編宋元刻本鈔本目錄亦照前行款式寫但要寫

明北宋南宋宋印元印明印本收藏跋記圖章姓名有缺無缺校與未校元板亦然另貯一櫃照式行

款寫之。櫃用封鎖不許擅開精鈔舊鈔宋元人鈔祕本書目亦照前行款式寫但要寫明何人鈔本，

記跋圖章姓名有缺無缺不借本印宋鈔本有板無板校過者書某人校本或底本臨本錄成一冊雖

目錄亦不可輕放恐人借觀遺失非常行書籍皆罕有之至寶收藏者慎之寶之。三編分類書櫃目錄一部以便檢查而易取閱。先將書櫃分編字號櫃內分三隔櫃門背左實貼書單三張分上中下各照櫃隔寫書目本數於上以便查取右門背貼書數目亦分三張上下中另寫一長條於傍記書總數目。而所編之書目照櫃字號亦分寫上中下三隔先寫經部某字號櫃內上隔某一部若干卷某人作某板共幾册上隔共書若干部共若千本二三隔照寫一櫃則結總數都寫完則寫大總結數於末行後頁。如有人取閱借鈔即填明書目上某年某月某日某人借或取閱一月一查取討原書即入原櫃銷去前注借者更要留心若一月不還當使催歸原櫃不致遺失此本書目最爲要緊須託誠實君子經管庶可無弊四編書房架上書籍目錄及未訂之書在外裝訂之書鈔補批閱之書各另立一目候有可入收藏者卽歸入櫃增上前行各款書目內可也。寫書根用長方桌一隻坐身處桌面中挖一塊板中空五本書厚縫一條挾書於中緊緊書與桌平照書名行款卷數要簡而明細楷書寫之用黑筆畫勻細清朗乃爲第一。……書上挂簽用礬紙或細絹摺一寸闊照書長短夾簽於首册內挂下一二寸，依書厚薄寫之上寫書卷名數角用小圖章已上書目如此編寫可以無遺而有條目矣」向來藏書

目錄，其精詳者，大體均準孫氏此例，但普通祇有第一種大總目錄刊行於世，藏善本者則有第二種善本目錄行世，至於第三種書櫃目錄、架上目錄僅專為庋藏檢尋之用，未有宜傳於外者也。洎乎西洋圖書館之編目法傳入我國，各圖始有仿而行之者，介紹其法者似以顧實之圖書館學通論為最早，民國七年。　旋即有杜定友之圖書目錄學、洪有豐之圖書館之管理與組織，然皆略談編目，及其他。拙著目錄學亦然。晚近始有專門研究編目法者，如金敏甫之現代圖書館編目法、裴開明之中國圖書編目法、何多源之圖書編目法、黃星輝之普通圖書編目法皆名著也。一般所討論之目錄皆指活頁片式而言，以便檢尋。每一活頁對於版本、出版處、稽核事項、叢書名稱、目次、分類號碼、收入登記號碼皆一一記錄。其不同於舊有帳簿式者有三：(一)形式之異，改書本為活頁。(二)體例之異，有索書號碼而無解題敍錄。(三)編次之異，不復僅依分類而序列，有混合撰人書名依檢字法編為辭典式者，有創用事物主題為綱而分類序列者，有併分類目錄亦用辭典式者，且叢書彙刊有分析目錄，兩類皆近者、一人二名者、著譯同書者皆有互見目錄，日報雜誌另列者有獨立目錄，較之古代目錄條目較多，檢查益便。凡能利用圖書館者類能道之，無庸一一詳述矣。

## 解題之有無及其派別

自劉向校書，「每一書竟，輒撮其旨意錄而奏之」，對於撰人之履歷、思想、書之內容得失校書之曲折皆觀縷述之。見溯源篇。逐開後世解題一派。然目錄未必皆有解題，解題亦未必皆同體例。劉向別錄所開之風氣，後世有完全接受者，有撮取精華者，有偏舉局部者如其子劉歆之七略唐毋煚之古今書錄清之四庫全書簡明目錄即撮取精華各方面皆已論到而又不如別錄之詳盡者也。如劉宋殷淳之四部序錄唐元行冲之羣書四錄北宋之崇文總目南宋之中興館閣書目清之四庫全書總目提要即完全接受別錄之體例對於一切皆一一詳論者也。如劉宋王儉之七志「但於書名之下，每立一傳至於作者之意，無所論辯」南宋晁公武之郡齋讀書志陳振孫之直齋書錄解題，明高儒之百川書志則精神時有所偏，不能每書皆逐一研究其各方面體例不能純潔，此又一派也。自清初錢曾撰讀書敏求記，特別注重版本方面後來自黃丕烈之百宋一廛書錄至繆荃孫之藝風藏書記皆向此途發展此又一派也。看特種目自朱彝尊撰經義考，仿元馬端臨文獻通考經籍考備錄成說以備考證之例，撰史籍考者數家，小學考許學考之類層出不窮藏書家如陸心源麗宋樓藏書志亦用其例此又一派也又有專述書之內容以便讀者之取材者，周中孚之

鄭堂讀書記已啓斯意，近人之解題尤多精到之論，如先師梁任公先生之要籍解題及其讀法即其最顯者。看特種目錄篇。

## 檢字引得之進步

古人檢字之法極難考知中世始有依韻目檢字者，有依千字文檢字者明清之間部首之法始克通行。康熙字典其最著者也。依「江山千古」「、丨丿一」之次序則早行於官署檔案之間，莫悉其所由來至於以筆畫之少多爲先後則始於三十年來之字典晚近乃有百餘種檢字法發生盡其種類除部首法筆數法外可分爲三：(一)筆順法即根據「江山千古」而改善者以陳立天之五筆檢字法爲最精。而萬國鼎之漢字母筆排列法陳德芸之德芸字典次之(二)字形法將字形之異分類而訂定其順序最著者爲杜定友之漢字形位排檢法吾友張鳳君之體點線面檢字法，但皆不同。(三)號碼法則以王雲五先生之四角號碼檢字法爲最易學易檢且最通行而洪業之中國字庋擷法亦用號碼爲次此外諸法無庸細述至其與目錄之關係則因其可爲編製引得(Index)之用此理古人已有知之者如章學誠即謂「校讎之先宜盡取四庫之藏中外之籍擇其中之人名、地號官階書目凡一切有名可治有數可稽者略倣佩文韻府之例悉編爲韻仍於本韻之下注明原

書出處及先後篇第自一見再見以至數千百皆詳注之藏之館中以爲羣書之總類至校書之時遇有疑似之處即名而求其編韻因韻而檢其本書參互錯綜即可得其至是此則淵博之儒窮畢生年力而不可究殫者今即中才校勘可坐收於几席之間非校讎之良法歟」見校讎通義。今日各圖辭典式之活頁目錄即應用檢字法而成書本目錄亦有不分類而用檢字法製成引得者如洪業之二十種藝文志綜合引得其鉅著也即使依然分類亦多附錄引得以便檢尋此例甚多不待遍舉矣。

目錄體式之變態 古代目錄多屬類書式分類列目備記書名卷數撰人或略敍內容。如漢。或兼列版本書目。如遂初堂近二十年始有活頁式，即卡片。其內容略同古錄此目錄之通常體式也活頁依檢字法編爲引得或更彙刊爲書本則成辭典式又有依購收時間之先後時經書緯列爲年表式者又考一人一學派一時代之著作亦用年表式者其兼有解題之目錄則有附類書式而存在者亦有如散文之雜入文集或獨立成書者廣義而論文集中之序跋及書評皆解題目錄之變態也不可以其名目不備體式不倫而輕棄之。

# 校讎篇

校讎與目錄　校讎之義近乎整理，非祇校勘字句，著者已於敍論篇言之矣。校讎在目錄之先，

目錄爲校讎之果古之書籍，未經校讎難於著錄，故兩事相因而不易分辨中世以藏書爲炫耀祕府往

往鈔寫舊書爲一律之體式故校勘整理俱所不免寫定之後亦有目錄近世私家善讀書者則廣勘

衆本考定異同擇善而從蔚成專科之學藏者不必能校者不必自有目錄目錄學之與校讎學（校勘）

遂截然兩途矣本書對於純粹之校勘學未便過於牽涉僅能取歷史上幾番大規模之校讎（整理）

工作與目錄學有重大而密切之關係者略述爲校讎篇而私家藏書校讎（校勘）最精者亦稍稍

附及焉。

漢代校書七次　向歆錄略，學者共曉。班固典校東觀，隋志所載。除此之外尚有五焉。漢初丁秦

火之後丞相御史博士所藏圖籍猶多，但已散亂故高帝令「蕭何次律令，韓信申軍法，張蒼爲章程，

叔孫通定禮儀」據史記自序，漢書高帝紀。此爲第一次之大整理。武帝以「書缺簡脫」「於是建藏書之策置

寫書之官」此爲第二次之大整理，其結果爲「下及諸子傳說皆充祕府」。據漢志。楊僕且「紀奏兵錄」。「漢成帝時以書頗散亡」，詔劉向任宏尹咸李杜國等校經傳諸子詩賦兵書數術方技。「哀帝復使向子歆卒父業」。考索無庸再述。後漢「光武遷還洛陽，其經牒祕書載之二千餘兩自此以後，參倍於前」。此爲第三次之大整理，別錄與七略由是出焉，溯源一篇已將此三事詳加。據後漢書儒林傳。

「石室蘭臺彌以充積，又於東觀及仁壽閣集新書校書郎班固傅毅等典掌焉，並依七略而爲書部。」據隋志。但有誤。考班固以明帝永平五年「被召，詣校書郎」，後除蘭臺令史，再遷爲郎，始「典校祕書。」非亦非校書郎。又隋志此文之後，有「固又編之以爲藝文志。」意若漢書藝文志乃竊據東觀及仁壽閣之新書編成也者。殊不知漢志乃全抄七略也。故隋志之「之」字應視爲七略之代名詞。非指東觀，與東觀及仁壽閣之新書也。此第四次之大整理也。安帝永初四年「鄧太后詔謁者僕射劉珍與校書郎劉騊駼馬融及五經博士校定東觀五經諸子傳記百家藝術，整齊脫誤是正文字」。據後漢書卷五十六。十及卷五。此第五次之大整理也。順帝永和元年詔侍中屯騎校尉伏無忌「與議郎黃景校定中書五經諸子百家藝術」。並令長樂太僕蔡倫「監典其事」。據後漢書卷百八。同上卷百八。此第六次之大整理也。靈帝熹平初，蔡邕「拜郎中校書東觀」，熹平四年，與堂谿典楊賜馬日磾張馴韓說單颺等奏求正定六經文字，遂立石經於太學門外。據後漢書卷九十。

此第七次之大整理也。除第三次外其目錄並不傳於後[錄略傳至唐未乃亡。]後漢四次，史籍且未載其有目錄。[隋志所謂並依七略而爲書部。]

然治史者固不可因史籍不言而遽斷其必無姑認爲皆倣第三次之成規，亦未始不可耳。

## 魏吳兩晉校書六次

「魏氏代漢采掇遺亡，藏在祕書中外三閣，魏祕書郎鄭默始制《中經》」隋志。此曹魏之校書也。

「考覈舊文删省浮穢。[中書令虞松謂曰：『而今而後朱紫別矣。』]」[據晉書卷四十四。]此曹魏之校書也。

「孫休踐祚」韋昭「爲中書郎、博士祭酒」休「命昭改作曬[原避晉諱。]依劉向故事校定衆書」[三國志吳志卷二十。]此孫吳之校書也。

晉武帝泰始十年，[參看拙著中國目錄學年表。]荀勗「領祕書監與中書令張華依劉向別錄整理記籍」[晉書卷三十九。北堂書抄卷一○一引荀勗讓樂事表有「臣掌著作，又知祕書，今覆校錯悞，十萬餘卷」等語，則其校書規模甚大，與向錄同。]因魏《中經》「更著新簿分爲四部總括羣書」[參看分類篇。]見隋志。此西晉第一次之校書也始正名爲「整理」較之校讎明確多矣歷[大凡四部合二萬九千九百四十五卷但錄題及言盛以縹囊書用細素至於作者之意無所論辨」]時頗久，故後數年發現之汲冢書亦已編入簿中汲冢之發掘年代不明晉書卷三武帝紀「咸寧五年冬十月，汲郡人不準掘魏襄王冢得竹簡小篆古書十餘萬言藏於祕府」荀勗傳卷九○。「及得

汲郡冢中古文竹書詔勗撰次之以爲中經，列在祕書。」事在「咸寧初」之後，「太康中」之前。束

哲傳：」〔卷五十〕。「初，太康二年，汲郡人〔不準〕盜發魏襄王墓或言安釐王冢得竹書數十車。」有「紀年

十三篇易經二篇易繇陰陽卦二篇卦下易經一篇公孫叚二篇國語三篇名三篇師春一篇瑣語十

一篇梁丘藏一篇繳書二篇生封一篇帝王所封大曆二篇穆天子傳五篇圖詩一篇又雜書十九篇

大凡七十五篇七篇簡書折坏不識名題初發冢者燒策照取寶物及官收之多燼簡斷札文既殘缺

不復銓次武帝以其書付祕書校綴次第尋考指歸而以今文寫之哲在著作得觀竹書隨疑分釋皆

有義證」據此所載則發現汲冢竹書之事却在太康二年後於武帝紀所載凡二年而今存荀勗上

穆天子傳序亦稱係太康二年不知武帝紀何所據而提早二年也〔杜預左傳集解序又作太康元年。〕汲冢書既「列在

祕書」，編於晉中經簿丁部詩賦圖讚之後七錄序又稱其簿「雖分爲十有餘卷，而總以四部別之」

著者以是斷其不分類別，僅僅約略有四部之異置。又隋志稱其「但錄題及言，至於作者之（參看分類篇。）

意，無所論辯」。而上穆天子傳序却有簡單之解題，據此推之，則所謂「錄題及言」者，著錄書名及

略作解題也。所謂「於作者之意，無所論辯」者，不似別錄之能批評得失判別是非也。其書當與後

來之王儉七志同一體制,有解題而極略論其淵源,乃自七略,但其有部無類則又似別錄至於魏吳

校書是否一準劉向之例尚未考知若後漢則既「並依七略而為書部」則或亦依別錄而有詳細

之敍錄與向歆殆同一系自荀勗「但錄題及言」後此制泯滅直三百五十年至唐貞觀初始由魏

徵恢復舊觀中間南北各代分類則悉沿四部編目則刪除敍錄其能稍作解題雖有遜於劉向之詳

而不似李充之陋者惟劉宋殷淳王儉二家耳。參看次章。東晉一代則有李充、徐廣二次校書於隋志:「東

晉之初著作郎李充以勗舊簿校之其見存者但有三千十四卷充遂總沒衆篇之名但以甲乙為

次。」晉書卷九十李充傳:「征北將軍褚裒又引為參軍充以家貧苦求外出乃除剡縣令遭母憂服

闋,為大著作郎。于時典籍混亂,充刪除煩重,以類相從分作四部甚有條貫祕閣以為永制」古今書

最廣弘明集卷三引。有晉元帝書目卷數適與李充所校相同,而說者乃謂充之編目在元帝時也豈知褚裒於

成帝咸和二年始為參軍穆帝永和五年始為征北大將軍則李充之入著作乃在永和五年後若干

年,其書所以名晉元帝書目者,徒以據元帝所遺留之書而編目耳收書既少,非但不分小類,

且亦略無解題,所謂「沒略衆較之荀勗又遜一籌,在目錄學史中又為一大變化,衰弊極矣!徐廣

所謂「但以甲
乙為
次」。

篇之名」。

之事，則爲一般所不注意。玉海（卷五十）引續晉陽秋：「寧康十六年，詔著作郎徐廣校祕閣四部見書，凡三萬六千卷。」晉書（卷八十二。）徐廣傳：「孝武世除祕書郎，典校祕書省增置省職，轉員外散騎侍郎仍領校書。」「義熙初」始「領著作。」考孝武帝寧康僅有三年，玉海所引「十六」當爲「元」字形似之訛廣領著作在安帝義熙初，則職銜亦略有誤當以晉書爲準也。吾今書最有晉義熙四年祕閣四部目錄，或卽據徐廣所校而編成者。

## 南北朝校書十餘次

南朝承東晉之舊第一次之大整理，不爲一般所習知。宋書（卷五十九）殷淳傳：「少帝景平初爲祕書郎，衡陽王文學祕書丞中書黃門侍郎。……在祕書閣撰四部書目（南史（卷二十五。）作四部書大目）凡四十卷，行於世（元嘉十一年卒）古今書最隋志唐志並不載此目惟新唐志有「殷淳四部書目序錄三十九卷」卽其書也夫既稱爲「大目」或「序錄」又多至四十卷，則其必有異於普通無敍錄之書目矣，王儉七志亦有四十卷（其體制必略同。）淳於少帝時卽入祕書然少帝在位僅有一年次年卽爲文帝元嘉元年則淳第二次入祕書爲丞時已在元嘉之初，宋書（卷六十）謝靈運傳：「徵爲祕書監使整理祕閣書補足闕文。」事在誅徐羨之之後考文帝紀（卷五）誅徐在元嘉三年則靈運爲

監淳為丞，時代近接。靈運素憚公事，且「尋遷侍中」於元嘉五年託疾東歸，遂不復入建業而隋志

序乃載「宋元嘉八年祕書監謝靈運造四部目錄大凡六萬四千五百八十二卷」名數殆皆有誤。

古今書最載宋元嘉八年祕閣四部目錄有書一萬四千五百八十卷可知隋志之「六」字實為「一」

字之誤。而「謝靈運或亦為殷淳之誤也（靈運官職較高於淳，古書往往以小官之名而沒小官之功。）故殷謝之業或同功實南朝校

書撰錄之第一次第二次則在後廢帝元徽元年先是祕書郎太子舍人王儉（超遷祕書丞上表求）上表

校墳籍依七略撰七志四十卷。（南齊書卷二十三。）「元徽元年八月辛亥」（宋書卷五。）「上表獻之」（南齊書。但宋書作三十

卷。）分為七類。（見分類篇。）「其道佛附見」（見宗教目錄篇。）「合九條。」隋志稱其「亦不述作者之意但於書名

之下每立一傳而又作九篇條例編乎首卷之中文義淺近未為典則」夫既「不述作者之意」則

似無敍錄然又「於書名之下每立一傳」所謂傳者非專指作者之傳記乃稱書名之解題也其體

制當與郡齋讀書志及直齋書錄解題略似重在說明書之內容而不述作者之思想故其文字當稱

簡耳著者陋見認定自荀勗殷淳過王儉冊昃下逮郡齋直齋二錄省屬同一系統介乎有敍錄之

別錄與無敍錄之晉中經簿兩者之間在編目解題方面實衍七略之緒也。王儉同年「又撰定元徽

「四部書目」（南齊卷二十三）。「大凡一萬五千七百四卷」（志隋），而其自僅四卷，當七志十分之一，蓋有目而無解題，故渺小若是耳。梁初任昉、殷鈞之業，卽繼承此項祕閣四部書目錄（古今書最正）而作，故昉雖「躬自讎校」（梁書卷十四），其結果亦不過「篇目定焉。」（上同）殷鈞所撰梁天監六年四部書目錄四卷（志隋），卽與昉同功之果也。是時當梁武帝極盛右文之際，祕閣四部之外，又於「文德殿內列藏衆書，華林園中總集釋典」（志隋），「令劉孝標撰文德殿四部目錄」（志隋），而書畫亦有目錄。（見宗教曰）「其術數之書，更爲一部，使奉朝請祖暅撰其名」（志隋），此外非目錄錄篇。

學之業，如任昉編地記（見隋志。其先有齊人陸澄編地理書。吳均撰通史，見梁書卷四十九。），何思澄等撰華林遍略（同上），大半皆由梁武帝發縱指揮，對於古代文化作一番大規模之整理，其業甚盛，然多因而不創，故其成績未能卓絕。錄方面亦無以超軼前代焉。同時雖有阮孝緒撰七錄，廣羅當代官私目錄爲一編，在分類篇中頗有地位，然非確有其書，未經校讎，故無紙錄書名雖似七略、七志（分類則同一系統，且爲七林隋志之祖，請看分類篇。），而實質迥殊，數量亦僅僅十二卷，誠未堪比儗耳。自此以後，梁元帝雖藏書十四萬卷，而未聞有校讎著錄之事。陳代則宣帝太建中嘗鈔寫古籍，而其規模則遠遜宋梁矣。至於北朝則魏齊周隋皆嘗校書。魏孝文帝

永明末盧昶「轉祕書丞」[魏書卷四] 宣武帝[世宗]「卽位之後」孫惠蔚「自冗從僕射遷祕書丞，旣入東觀見典籍未周乃上疏曰：『觀閣舊典籍先無定目新故雜揉首尾不全有者累帙數十無者曠年不寫，或篇第褫落始末淪殘，或文壞字誤謬相屬篇目雖多全定者少。[此種現象，劉向校書時當亦如此。]臣請依前丞臣盧昶所撰甲乙新錄，欲裨殘補闕損併有無校練句讀以爲定本次第寫其省先無本者，廣加推尋搜求令足然經記浩博諸子紛綸部帙旣多章篇紕繆當非一二校歲月可了。今求令四門博士及在京儒生四十八人在祕書省專精校考參定字義』詔許之。」[魏書卷八十四] 此次規模不小，惠蔚後又「遷祕書監仍知史事」[隋書志。北史卷八十三。] [上同] 似其功可成當有目錄，而史不之載迨北齊天統、武平校寫不輟。」[志] 文宣帝天保七年「詔令校定羣書供皇太子」樊遜與高乾和「等十一人同被尚書召共刊定時祕府書籍紕繆者多」乃借書於邢子才魏收等之家「凡所得別本三千餘卷五經諸史殆無遺闕」[北齊書卷四十五]，魏齊二度皆僅校經史而不及子集。北周則明帝卽位後，嘗「集公卿已下有文學者八十餘人於麟趾殿刊校經史」[周書卷四]。與其事者爲元偉、蕭撝、宗懍、王襃、姚最、明克讓等。似亦僅有經史而無子集，[定。但未可] 其故皆莫之知其目錄亦不見於史，隋代則文帝「開皇三年祕書

監牛弘表請分道使人搜訪異本每書一卷賞絹一匹校寫既定本卽歸主於是民間異書往往間出。隋志開皇四年四部目錄當卽是時所作也。「及平陳以後經籍漸備檢其所得多太建時書紙墨不精，書亦拙惡於是總集編次存爲古本召天下工書之士京兆韋霈南陽杜頵等於祕書內補續殘缺，爲正副二本藏於宮中其餘以實祕書內外之閣凡三萬餘卷」隋志開皇九年四部目錄當卽是時所作也及十七年，「許善心除祕書丞時祕藏圖籍尙多淆亂善心倣阮孝緒七錄更製七林各總敍冠於篇首又於部錄之下明作者之意區分類例焉又奏追李文博陸從典等學者十許人正定經史錯謬」隋書卷五十八，北史卷八十三，此則注重分類而無彼錄者也。「煬帝卽位祕閣之書限寫五十副本分爲三品，上品紅瑠璃軸中品紺瑠璃軸下品漆軸於東都觀文殿東西廂構屋以藏之東屋藏甲、乙西屋藏丙、丁。「有大業正御書目錄九卷」又聚魏已來古迹名畫於殿後起二臺東曰妙楷臺藏古跡、西曰寶臺藏古畫又於內道場集道佛經別撰目錄」隋志。參看宗教目錄篇及專科目錄篇。此種橫亘於四部書畫佛道之大規模整理實爲梁武帝以後範圍最大之一次，前此惟漢成帝時可比後此惟唐玄宗宋仁宗清高宗時可比其餘皆不堪相儗焉據上所述則南朝之宋有二度，殷淳、王儉、梁有數處，祕閣、文德殿、華林園。此外各代編目甚多，非

大規模之整理，故不錄。」

北朝則魏、齊、周各有一度，史惟載其隋獨有四度其。同一現象在分類方面爲多用李充

四部而無小類，除七志、七林外，在編目方面爲刪除敍錄而存書目，殷淳大目及七志除外。在目錄學史中實上接兩

晉而爲最衰弱之一期焉，七錄分類之特色應除外。

唐代校書四次　唐初有一大事爲一般所不注意者，則魏徵嘗撰敍錄是也。唐會要：卷三十五。

「武德五年祕書監令狐德棻奏請購募遺書重加錢帛增置楷書專令繕寫」唐書卷十上。「至貞觀二年祕書監魏徵以喪亂之後典章紛雜奏引學者校定四部書」十一同。唐書卷十上。唐書卷一百九「太宗命祕書監魏徵寫四部羣書將進內貯庫別置讎校二十人書手一百人」徵改職之後令虞世南顏師古等續其事至高宗初其功未畢。顯慶中罷讎校及御書手令工書人繕寫計直酬傭擇散官隨番讎校」唐會要：乾封元年十月十四日上以四部羣書傳寫訛謬並亦缺少乃詔東臺侍郎趙仁本兼蘭臺侍郎李懷儼、兼東臺舍人張文瓘等集儒學之士刊正然後繕寫」唐書卷一百九崔行功傳與李懷儼「等相次充使檢校又置詳正學士以校理之行功仍專知御集遷蘭臺侍郎咸亨中官名復舊改爲祕書少監上元元年卒」據上所引則唐太宗高宗二朝自魏徵至崔行功校書不絕前後互連至少四十七年

以後或停頓。可謂久矣。舊、新唐志並未載徵等之目錄。然毋煩古今書錄序序引。舊唐志攻擊羣書四錄之五大罪狀其一宗為「所用書序，或取魏文貞所分書類皆據隋經籍志。」考文貞為魏徵之諡，引魏徵校書，撰有序錄確然無疑。世南師古以下，踵其前規想亦就其所校寫本各撰序錄。「四萬卷目二千部書名目首尾三年便令終竟」亦古今書錄序語。良由成例具在鈔撮非難故其所成之書，多至二百卷實為數十年來先哲漸積之功非僅賴開元時代二十數人之力耳。開元校書撰錄之業，原由褚無量馬懷素分職進行祇因馬褚先後病卒故由元行沖總代其職。舊、新唐書唐會要及玉海記載此事各有差誤且甚混亂讀者惑之謹鉤稽考訂述之於次：「開元三年十月甲寅以光祿卿馬懷素、左散騎常侍褚無量並充侍讀」此一事也見於舊唐書卷八玄宗本紀，新唐不載。而於「左」字上衍一「為」字文遂不通考褚無量傳（舊唐書卷百二）、經籍志（舊唐書卷四十）：「召拜左散騎常侍復為侍讀」而知左散騎常侍非懷素而是無量也。唐會要卷三十五乃誤左為右。玄宗曰：『內庫皆是太宗、高宗先代舊書，常令宮人主掌，所有殘缺未遑補緝，篇卷錯亂，難於檢閱，卿試為朕整比之。』」唐會要略同。此又一事也。考玄宗本紀三年尚在京師長安，宴言及經籍，唐會要作「言及內庫及祕書墳籍」。此又一事也。

未幸東都（洛陽），則其所言，當指京師內庫及祕書監之藏書，與後二年在東都乾元殿之寫書或爲二事；

如係一事，則「三」字當爲「五」字之誤。而舊唐書及唐會要乃與七年借書之詔及百官入乾元

殿觀書二事相屬爲文殊不知觀書乃在東都借書之詔乃在馬褚死後絕無關係也。玉海（卷五十）引

集賢注記「五年於東京乾元殿寫四部書無量充使檢校」此又一事也。而新唐書（卷五十藝文志）

乃誤記：「玄宗命左散騎常侍昭文館學士馬懷素爲修圖書使與右散騎常侍崇文館學士褚無量

整比會幸東都，乃就乾元殿東序檢校」不知檢校乾元殿乃無量專任之業與懷素並無關係也。

茲先述無量之事：新唐書（卷二）褚無量傳所載最詳：「初內府舊書自高宗時藏宮中甲乙叢倒，無

量建請繕錄補第，以廣祕籍。天子詔於東都乾元殿東廊部彙整比，無量爲之使。因表聞喜尉盧僎、

江夏尉陸去泰（唐會要去泰作元。）、左監門率府胄參軍王擇從武、（唐會要作分衛尉）徐楚璧分部讎定。（要儌作撰。）庫檢校。

設次光祿給食。又詔祕書省司經局昭文、崇文二館更相檢讎采天下遺書以益闕文。」舊唐書（卷百）

褚無量傳則載「無量以內庫舊書自高宗代卽藏宮中漸致遺逸奏請繕寫刊校以弘經籍之道。玄

宗令於東都乾元殿前施架排次大加搜寫廣采天下異本」通鑑「五年十二月詔訪逸書，於乾元

殿編校」。玉海引集賢注記：「六年三月五日學士以下始入乾元院。」又云：「六年八月十四日，整

比四部書成令百官入乾元殿東廊觀書無不歎駭。」據此則無量擔任整比內庫之書並訪求遺逸，

補寫入藏其助手爲盧僎等其時爲六年其地爲乾元殿昭昭甚明。而舊唐志及唐會要乃繫百官觀

書之事於七年之後會要且誤百官爲百姓官人舊唐書褚無量傳則又誤記「數年間四部充備仍

引公卿已下入殿前縱觀焉」誤同。考玄宗本紀「六年十月丙申車駕還京師」七年並未東幸則

知整比完成百官入觀確爲六年八月之事矣。舊唐書褚無量傳：「開元六年駕還又勅無量於麗正

殿以續前功。」新唐書褚無量傳：「帝西還徙書麗正殿更以修書學士爲麗正殿學士比京官預朝

會復詔無量就麗正篹續前功。」唐會要卷六十四：「六年，乾元院更號麗正修書，以祕書監馬懷素、右散騎常侍褚無量充使。」此條有二誤。一、乾元在東都，麗正在京師，乃遷移，非

更號。二、徙書麗正已在十月之後，而懷素已死於七月矣。此在京師之另一工作也。蓋於整比東都舊書之後復有校寫新書之事故

新唐傳又載「無量又言『貞觀御書皆宰相署尾臣位卑不足以辱請與宰相聯名跋尾』不從」

倘使不寫新書何必跋尾然新唐傳記此事於四庫完治之後徙書麗正殿之前殊失倫次且其藝文

志複述「無量建議御書以宰相宋璟蘇頲同署如貞觀故事」竟無「不從」字樣尤乖眞相唐會

要：﹝卷六十﹞「六年已後，祕書丞殷承業、右贊善大夫魏哲、通事舍人陸元悌、右牽府兵曹參軍劉懷信、

胡履虛、恭陵令陸紹伯、扶風縣丞馬利貞，並別勅入院。」又：﹝卷三十﹞「七年九月勅『比來書籍缺亡

及多錯亂良由簿歷不明，綱維失錯或須披閱難可校尋令麗正殿寫四庫書各於本庫每部爲目錄。

據此一語，便知晉唐間之四部目錄乃是每庫藏一部之書，即每部自爲目錄，以備入室取書之用。不必合訂一卷也。其有與四庫書名目不類者依劉歆七略排爲七志。此語則當指馬懷素之業。

﹝隨文修補﹞」舊唐傳「明年﹝八年﹞無量病卒年七十五臨終遺言以麗正寫書未畢爲恨」

八年正月壬申，右散騎常侍舒國公緒無量卒。」通鑑作正月丙辰。

其經史子集及人文集以時代爲先後以品秩爲次第其三教珠英旣有缺落宜依舊目

無量卒其業未畢容於後文續述之茲插述馬懷素之事：新唐書﹝卷百九﹞馬懷素傳「玄宗詔與褚無

據此聯想則無量寫書於麗正殿始自六年至七年而始爲四庫目錄八年而

量同爲侍讀更日番入……有詔句校祕書是時文籍盈漫皆泉朽蟫斷籤縢紛舛懷素建白『願下

紫微黃門召宿學巨儒就校謬闕』又言『自齊以前舊籍王儉七志已詳請採近書篇目及前志遺

者續儉志以藏祕府』詔可即拜懷素祕書監乃詔國子博士尹知章、四門助教王直、直國子監趙玄

黓陸渾丞吳綽桑泉尉韋述扶風丞馬利徵湖州司功參軍劉彥直、臨汝丞宋辭玉、恭陵丞陸紹伯、新

鄭尉李子釗、杭州參軍殷踐猷、梓潼尉解崇質、四門直講余欽、進士王愜、劉仲丘、右威衛參軍侯行果、邢州司戶參軍袁暉、海州錄事參軍晁良右率府胄曹參軍毋煚、滎陽主簿王灣、太常寺太祝鄭良金等，分別讎次。踐猷從弟祕書丞承業、武陟尉徐楚璧是正文字。懷素奏祕書少監盧偆、崔沔爲修圖書副使，祕書郎田可封康子元爲判官。」《舊唐書·卷一》

素上疏曰：『南齊已前墳籍，舊編王儉《七志》已後著述其數益多。《隋志》所書亦未詳悉。或古書近出前志闕而未編。或近人相傳浮詞鄙記。若無編錄難辯淄澠。望檢括近書篇目幷前志所遺者續王儉《七志》藏之祕府。』上於是召學涉之士國子博士尹知章等，分部撰錄幷刊正經史。」韋述傳：「開元五年爲櫟陽尉祕書監馬懷素受詔編入圖書乃奏用左散騎常侍元行冲、左庶子齊澣祕書少監王珣、衛尉少卿吳兢幷述等二十六人同於祕閣詳錄四部書。」但元行冲似於懷素死後始任此職，韋述傳必有誤。由此所載則懷素在祕書省續《七志》與無量之在乾元殿整比舊書完全異趣所同者惟皆是開元五年開始耳。

馬懷素傳：「是時祕書省典籍散落條疏無敘。懷素奏祕書官並號修書學士草定四部人人意自出無所統一，

元五年爲櫟陽尉祕書監馬懷素受詔編入圖書乃奏用左散騎常侍元行冲、左庶子齊澣祕書少監王珣、衛尉少卿吳兢幷述等二十六人同於祕閣詳錄四部書。」

知新唐志何以又牽涉二事爲一也？《資治通鑑》亦誤記二事爲一。「然懷素不善著述，未能有所緒別。」《新唐》傳。「六年秋七月己未」病卒。《舊唐書·卷八》。「懷素卒後詔祕書官並號修書學士草定四部人人意自出無所統一，

踪年不成有司疲於供擬太僕卿王毛仲奏罷內料又詔右常侍褚無量、大理卿元行沖考紬不應選

者無量等奏修撰有條宜得大儒綜治詔委行沖。新唐書馬懷素傳。

書四錄。舊唐書元行沖傳。「乃令嬺述欽總緝部分踐猷憪治經述欽治史嬺彥直治子灣仲丘治集」新唐書馬

懷素。接事之始當在七年今書錄序之「首毕三年」。古至九年冬十一月丙辰左散騎常侍元行冲上羣

傳。據馬傳之「踰年不成」，

書目錄二百卷藏之內府」據舊唐書卷八。但新唐書馬懷素傳誤作八年，但舊唐志序衍一部字。「新錄「所用書序或取魏文貞，

所分書類皆據隋經籍志」「有書二千六百五十五部四萬八千一百六十九卷」玉海卷五十引會要。在過去

一切目錄中龐大無比即在後世亦惟四庫全書總目提要差堪比擬然此則專錄存書彼則兼收存

目部卷之數此雖僅及彼之半而紋錄之詳彼實有遜於此其劣點在材料方面則爲「祕書省經書

實多亡闕諸司墳籍不暇討論」「新集記貞觀之前，永徽已來不取近書採長安之上神龍已來未

錄」在體例方面則爲「或不詳名氏或未知部伍」「書多闕目空張第數」此冊嬺古今書錄序

所指摘者也自馬懷素建議續七志至元行沖變計改撰羣書四錄前後凡五年。故韋述傳云：「五年

而成其總目二百卷一此事雖嘗經褚無量考核一次然前由懷素創辦後有行沖主持實際與無量

無關祇因無量病卒後數日，玄宗卽「命右散騎常侍元行沖整比羣書。」（通鑑）故（舊唐書卷二百。）元行沖

傳「祕書監馬懷素集學者續王儉今書七志，左散騎常侍褚無量於麗正殿寫四部書事未就而懷

素無量卒詔行沖總代其職」雖時次不明固顯然有分別也行沖旣「知麗正院又奏紹伯利徽彥

直踐猷行果子剡直奬述灣玄默欽良金與朝邑丞馮朝隱冠氏尉權寅獻祕書省校書郎孟曉揚州

兵曹參軍韓覃王嗣琳福昌令張悱進士崔藏之入校麗正書由是祕書省能撰輯而學士皆在麗正

矣。」（懷素傳。）後來行沖「以老罷麗正校書事，」（新唐書元行沖傳。）而十三年夏四月丁巳改麗正書院爲集

賢殿書院，以中書令張說充學士知院事，（唐會要卷六十四。）代行沖（舊唐書百官志注。）至「十九年冬車駕發京時，

集賢院四庫書總八萬九千卷」雖「其中雜有梁陳齊周隋代古書貞觀永徽乾封總章咸亨舊本」

雖多複本亦可謂富矣然毋煲以羣書四錄「知有未愜追怨良深」「其後周覽人間頗觀

闕文」「乃與類同契積思潛心審正舊疑詳開新制永徽新集神龍近書則釋而附也未詳名氏不

知部伍則論而補也空張之目則檢獲便增未尤之序則詳宜別作紕繆咸正混雜必刊。改舊傳之失

（玉海引會要。）

者三百餘條加新書之目者六千餘卷」（鸞唐志引古今書錄序。）將羣書四錄「略爲四十卷名爲古今書錄。」

舊唐志。其分量爲五與一之比異點爲何，極堪考索除正誤補闕拾遺改作書序增加書類已經煛序明

言外舊唐志又言「煛等四部目及釋道目並有小序及注撰人姓氏」煛序又言對於釋道之書「言

亦具翻譯名氏序述指歸又勒成目錄十卷名曰開元內外經錄」則煛錄並未删除「序述指歸」

之書序與羣書四錄實同一體制何以又僅有其五分之一乎由舊唐志之「略」而聯想及七略之

略七略與別錄至煛時猶存七略亦有序述指歸之敍錄不過較別錄爲略耳然則古今書錄之所異

於羣書四錄者殆亦僅在敍錄較略之一點耳蓋四錄出於衆修或全抄各書序跋及篇目頗似後來

之經義考，但經義考不列篇目，而四錄或無 及前此之別錄；但別錄或無錄或不引他書考證語。各類小序。 而書錄則加以翦裁修正節略繁雜之各

書序跋爲「小序」耳舊唐志所謂「小序」殆非各類說明分類理由及敍述學術源流之小序

如漢志 而指各書條目後之簡略序錄也總之四錄之成「學士無賞擢者」玉海卷五。而書錄「奏上，從
例。

賜銀絹二百」同上引唐則 毋煛所撰猶之王儉七志雖出私人之手亦食祕府校讎之果矣自此以後
    會要。

德宗貞元二年七月祕書監劉太眞請擇儒者詳校九經於祕書省從之三年八月又請添寫史書從

之六十五。祕書少監陳京「凡四命爲集賢學士在集賢奏祕書官六員隸殿內而刊校益理求遺書
  唐會要卷

一九五

凡增繕者，乃作藝文新志名曰貞元御府羣書新錄」見柳柳州集陳京行狀。「文宗時鄭覃侍講禁中以經籍道

喪，屢以為言詔令祕閣搜訪遺文日令添寫開成初四部書至五萬六千四百七十六卷」見舊唐

「於是四庫之書復全分藏於十二庫。」新唐志。總上所述則李唐一代四度校書第一期自太宗貞觀

初至高宗永元元年第二期自玄宗開元五年至天寶十四載玉海引唐會要。第三期為德宗貞元年代第四

期為文宗開成年代。

宋代校書五次　北宋館閣藏書，最多複本。五代原有所謂三館，宋太宗太平興國二年始於乾

元殿東改建三年二月賜名崇文院。院之東廡為昭文書庫南廡為集賢書庫，西廡有四庫分四部為

史館書庫凡六庫書籍正副本八萬卷。九年搜訪闕書端拱元年又建祕閣於崇文院中堂分內庫書

籍四萬卷藏之。真宗咸平元年十一月以三館祕閣書籍歲久不治詔朱昂杜鎬與劉承珪整比著為

目錄二年閏三月詔三館寫四部書來上當置禁中太清樓及龍圖閣。三年咸平館閣書目告成五年，

以龍圖閣及太清樓藏書尚有舛誤而未讎對者猶二萬卷於是令劉均聶震等七人就崇文院校勘。

次年，真宗謂龍圖閣書屢經校讎最為精詳分為經典史傳子書文集天文圖畫六閣。大中祥符三年，

又命王欽若選官詳校道藏經。九年癸上。八年，崇文院火，太宗眞宗二代藏書大半煨燼矣，乃命王欽若

提點寫校館閣書籍，陳彭年副之，借太清樓本補寫。仁宗天聖九年，新作崇文院，增募書吏，將館閣正

副本書看詳其存廢譌謬重複並從刪去內有差漏者令補寫校對做開元四部錄，約國史藝文志

景祐元年閏六月，以三館祕閣所藏有繆濫不全之書，命翰林學士張觀、知制誥李淑、宋祁，

著爲目錄，仍令翰林學士盛度等看詳三年，補寫四部書告成寶曆元年，翰林學士王堯臣等上新修

觀、宋庠等。嘉祐四年，祕閣校理吳及以「近年用內臣監館圖書庫久不更，借出書籍亡失已多又簡

崇文總目六十卷分十九部有書三萬六百六十九卷同功撰集者爲聶冠卿、郭稹、呂公綽、王洙、歐陽修、張

編脫落書史補寫不精，請選館職三兩人分館閣編吏人編寫書籍」二月丁酉，遂置館閣編定書籍官。

以祕閣校理蔡抗、陳襄、集賢校理蘇頌、館閣校勘陳繹，分史館、昭文館、集賢院、祕閣而編定之，不兼他

局，二年一代用黃紙寫印正本以防蠹敗又廣開獻書之路。七年三月，又詔參知政事歐陽修提舉三

館祕閣寫校書籍。先是，修請降舊本補寫嘗詔龍圖、天章、寶文閣、太清樓管掌內臣檢所缺書錄上於

門下省膽寫。至是年六月丁亥，祕閣上補寫御覽書籍，於崇文總目之外定著一千四百七十四部八

千四百九十四卷以校勘功畢明年途罷局此北宋第二次之大整理也徽宗崇寧初祕閣補寫黃本。

政和七年校書郎孫覿及著作郎倪濤校書汪藻劉彥適撰次祕書總目較崇文總目多數百家幾

萬餘卷宣和四年建補緝校正文籍所館閣之儲為部六千七百有五為卷七萬三千八百七十有七。

此北宋第三次之大整理也南宋則有二次高宗紹興十四年五月祕書省復置補寫所又迭次求書

州郡至孝宗淳熙五年祕書少監陳騤上中興館閣書目七十卷為一大結束凡五十二門計見在書

四萬四千四百八十六卷較崇文總目所收多一萬三千八百十七卷寧宗嘉定十三年祕書丞張攀

續之又得書一萬四千九百四十三卷。本章所述，多據玉海，宋會要稿，及宋詳見拙著中國目錄學年表。以上所述皆館閣對於一切

書籍之整理此外北宋自太宗至仁宗校刊十七史及醫書則純屬於校勘學之大工作也

【元明二代不校書】 元代雖有祕書監及翰林國史院又有所謂經籍所編修所與文署而皆不

校書。明代則祇於翰林國史院後去國史二字設典籍二人。後去一人以掌經籍。祕書監嘗設而即罷。成祖遷都

北京藏書於文淵閣亦嘗求遺書英宗正統六年大學士楊士奇嘗令人編成文淵閣書目十四卷。據千

凡四萬三千二百餘冊而皇史宬所藏之永樂大典及列朝實訓實錄二三萬卷尚不與焉。神頃堂書目。

宗萬曆三十三年內閣勒房辦事孫能傳張萱等又撰為內閣書目四卷較之正統時十僅存二三。此二次皆未有校讎之事其書亦由徵集而來未經繕寫至於成祖之命解縉等撰永樂大典祇是類抄古書雖嘗經校讎而拆散原書依韻分部故與目錄雖有關係而非嫡系不必詳述。

## 清代校寫四庫全書

清高宗之命文臣纂集四庫全書也其原料來路有二：一為令各省訪求遺書，一為派官採輯永樂大典中之古籍恢復其原狀其目的有二：一為博好古右文之美名，一為絕反滿復明之根株其辦法為（1）中選之書照鈔為一律格式名曰四庫全書（2）內有近似反滿之語，任意刪改（3）不中選之書存其目錄不鈔入全書。（4）反滿最烈之書，一律焚燬查禁（5）從全書中另選一部分要籍名曰四庫全書薈要但各書皆仍保存原文（6）四庫全書重鈔複本七份分處七處半供公開閱覽之用除鈔成一律格式及重鈔複本二例為漢隋唐宋四代之成規外其餘各點皆為前代所無向來校書皆無總括之名惟四庫全書獨另起稱號蓋有叢書之實而倣類書之名也其事始於乾隆三十八年建議者為安徽學政朱筠薈要成於四十四年，全書成於四十七年然補鈔重校又十年而未輟七閣藏書亦互有出入每書首頁皆有提要然又與刊版單行之四庫全書總

目提要互有詳略提要之撰經過幾番之周折。乾隆三十八年，朱筠奏請每書必校其得失撮舉大旨，

敍於本書卷首。清帝猶不贊成謂「若欲悉倣劉向校書序錄成規，未免過於繁冗但向閱內府所貯

康熙年間舊藏書籍多有摘敍簡明略節附夾本書之內者於檢查洵爲有益應俟移取各省購書全

到時即令承辦各員將書中要旨隲括總敍匯略粘開卷副頁右方」。然三十九年七月二十五日四

庫全書處進呈總目於經史子集內分晰應刻應鈔及應存書目三項各條下俱經撰有提要將一書

原委撮舉大凡，並詳著書人世次爵里，可以一覽了然矣。較之崇文總目蒐羅旣廣體例加詳。清帝以爲

「自應如此辦理」又謂「現辦四庫全書總目提要多至萬餘種卷帙甚繁將來鈔刻成書繙閱已頗

爲不易自應於提要之外另刊簡明書目一編祇截某書若干卷注某朝某人撰則篇目不繁而檢查

較易卑學者由書目而尋提要，由提要而得全書」四十一年九月又令將諸書校訂之語另爲編次，

刊爲四庫全書考證一書全書及提要於四十六七年先後告成提要多至二百卷事實上較劉向別

錄增大至十倍出乎清帝初意之外各書提要全倣別錄之例其優點爲能考出撰人之生平著書

之大旨劣點則爲好作苛論未能持平近人論之者甚多惟任松如許之最力其言曰：「吾國王者專

斷以乾隆爲極致其於四庫書，直以天祿石渠爲腹誹偶語者之死所。不僅欲以天子黜陟生殺之權，行仲尼褒貶筆削之事已也刪改之橫制作之濫挑剔之刻播弄之毒誘惑之巧搜索之嚴焚燬之繁多誅戮之慘鐔毀鏨仆之殆遍摧殘文獻皆振古所絕無雖其工程之大著錄之富足與長城運河方駕迄不能償其罪也」四庫全書答問序。而楊家駱撰四庫大辭典以撰人書名爲條目節提要之略以爲解題且述其編校之經過甚便參考亦目錄學之似因實創之作也。

**私家校讎**　以上所述皆爲祕閣藏書之校讎僅擇其最顯著者略事提挈至於詳情著者別有目錄學年表以記之私家校讎則有異於祕閣其功不在於整理而在於搜羅與比勘搜羅之富比勘之精亦有遠勝於祕閣之敷衍了事者漢儒注經頗重校讎而「鄭玄括囊大典網羅衆家刪繁裁蕪，刊改漏失自是學者略知所歸」後漢書本傳。校讎之脫離目錄而別成爲注解學自此始也。任昉「墳籍無所不見家雖貧聚書至萬餘卷率多異本昉卒高祖使學士賀縱共沈約勘其書目官所無者就昉家取之」梁書卷四。私家藏書之多於祕閣且有目錄自此始也唐書卷百一稱韋述「聚書二萬卷，皆自校定鉛槧雖御府不逮也」。校讎之道固有待於專家，非可漫責之於文吏耳北宋初宋綬「藏

書過祕府章獻明肅太后稱制，未有故實，於其家討論，盡得之。」此事見於孫公談圃經「常謂校書

如掃塵，一面掃一面生故有一書每三四校猶脫繆」此語見於夢溪筆談綬子敏求「藏書皆校三

五遍世之蓄書以宋爲善本」此事見於曲洧舊聞故葉氏過庭錄陸游跋京本家語咸推宋氏書

「校讎精審勝諸家」同時有王洙及其子欽臣藏書，宋史稱欽臣「手自讎正，世稱善

本」徐度卻掃編稱「予所見藏書之富莫如南都王仲至卽欽。侍郎家，其目至四萬三千卷而類書

之卷帙浩博如太平廣記之類皆不在其間聞之其子彥朝云：「先人每得一書必以廢紙草傳之又

求別本參校至無差誤乃繕寫之必以鄂州蒲圻縣紙爲册以其緊慢厚薄得中也每册不過三四十

葉恐其厚而易壞也此本傳以借人及子弟觀之又別寫一本尤精好以絹素背之號鎮庫書非已不

得見也。鎮庫書不能盡有幾五千餘卷蓋嘗與宋次道卽敏求。相約傳書互置目錄一本遇所闕卽寫寄，

故能致多如此。」古今藏校之精莫過欽臣此法矣雖漢劉向之「以殺青簡書」北宋館閣之黃本

清文淵閣之四庫全書其精美亦不能超越欽臣之書也北宋之末則趙明誠李淸照夫婦「每獲一

書卽同共校勘整集籤題。」金石錄後序。賀鑄「手自校讎無一字脫誤」葉夢得建南宋初則晁公武「躬

以朱黃讎校舛誤」郡齋讀書志序。岳珂「刊九經三傳，以家塾所藏諸刻并與國于氏建安余仁仲本，凡二十本又以越中舊本注疏建本有音釋注疏，蜀注疏合二十三本，專屬本經名士反覆參訂，始命良工入梓，其所撰相臺書塾刊正九經三傳沿革例於書本字畫注文音釋句讀脫簡考異，皆羅列條目詳審精確。」見陳鱧曏書雜記。校勘學、狹義校讎學。版本學刊刻學之確立自茲始也，其後賈似道刊九經，亦以數十種版本比校雇百餘人任校正之事，然獨刪落注疏不及岳珂遠矣。元明校書之風稍衰然精者亦頗不少。清代諸儒最重考據對於古書字句之校勘幾成為每一學者必備之常識必做之工作，其尤精者，為乾隆時代之盧文弨及王念孫引之父子，清末則有俞樾嚴元照書盧抱經先生札記後。稱文弨「喜校書，自經傳子史下逮說部詩文集凡經披覽無不丹黃，即無別本可勘同異必為之釐正字畫然後快嗜之至老愈篤自笑如猩猩之見酒也」錢大昕盧氏羣書拾補序。稱其「精研經訓自通籍以至歸田鉛槧未嘗一日去手家藏圖籍數萬卷手自校勘精審無誤自宋次道求劉原父諸公皆莫能及也」文弨撰羣書拾補念孫撰讀書雜志引之撰經義述聞俞樾撰古書疑義舉例皆對於古書字句之脫誤疑難校讎極精為考證學奠定極堅固之基礎自是以來真正之校讎（校勘）學遂成為有方法有理論之科

校讎篇

二〇二

學，非復目錄學或考證學之枝節矣。晚近一般圖書館之藏書，以形式固定無整理之必要。而字句之脫誤，在讀者自懽之團員亦不復引爲己任。校讎之與目錄，遂如湘灘之分流差之毫釐而失之千里矣。今人胡樸安及其侄道靜撰校讎學，蔣元卿撰校讎學史，述此學之源流並牽涉目錄學而不能細爲釐別。而劉咸炘撰校讎述林續校讎通義，則上承宋鄭樵校讎略清章學誠校讎通義之緒，而衍陳目錄分類之理論非復狹義之校讎（校勘）學所能範圍焉。

# 史志篇

**史志之價值**　向來撰目錄者多據其所典藏之書而從事焉，或官府世守，或私家新收，於以登記名目取便稽尋，其在當時此地之功效甚大。然時移世易彼瑯環插架之書既多燬滅軸籤編目之錄亦鮮留傳。後人欲考鏡古代學術源流書籍存佚舍史籍中之藝文、經籍志殆莫由焉。蓋藏書目錄，孤本單行，傳抄者稀偶遭焚棄，便易佚亡。故開天闢地之別錄與七略雖爲後世所珍重而終於不傳。多至二百卷之羣書四錄刊版行世之崇文總目，吾人亦無從窺見全豹者，實由於枯燥無味之帳册不爲學子所誦習耳。幸而歷代史籍頗有採取書目入志者以其內容繁富可備爲政爲學之參考故得留傳千古史志之所以見重於世卽斯之由也。而唐人劉知幾獨力詆藝文志爲無用謂「前志已錄而後志仍書篇目如舊頻煩互出何異以水濟水誰能飲之乎？」此因知幾生當開元盛世藏書充足古錄具存故謂「四部七錄中經、祕閣之輩莫不各踰三篋自成一家。史臣所書宜其輒簡。」因而攻擊「著隋書者⋯⋯廣包衆作⋯⋯百倍前修非唯循覆車而重軌亦復加闊眉以半額」也彼

意以為「藝文一體古今是同；詳求厥義，未見其可。愚謂凡撰志者宜除此篇必不能去當變其體；…唯取當時撰者……庶免譏嫌」見史通書志篇。其宗旨在節省史籍之篇幅，刪芟非要之繁文吾人祇須

一翻舊唐志目錄篇，自漢迄隋之古錄大半尚存即知幾之論非無理由自可不必反駁然而人事難測，知幾身後不久即遭天寶之亂古錄之因是失傳者不知其數再經唐末廣明之亂更掃地無餘。

試考宋時崇文總目所載目錄，則唐初以前之書，竟不得一種焉宋後學者欲知古書之名目乃不得不求之於漢志、隋志。知幾所嫌其繁富者後人轉恨其簡略矣由是而知史志之功效固有超乎藏書目錄者。

**史志之源流**　截時代而記書目初不問其存佚惟著重在敍述學術源流者其例創於東漢初年班固之漢書藝文志而晉末袁山松之後漢書藝文志繼之唐初李延壽等撰五代史志始改藝文志名經籍志即劉知幾所攻擊之隋志是也。五代北宋先後撰唐書並沿其例刪去小序又開後志之風。南宋初鄭樵撰通志更恢其範圍爲藝文圖譜二略復有校讎略以述其理論。元初馬端臨之文獻通考亦有經籍考，而包羅稍窄。元末修宋史又稍稍宏之以爲藝文志明代則有焦竑師鄭樵之意欲

盡列古書於其國史經籍志，清初黃虞稷、倪燦二家略變其例，黃則記其所藏，倪則不計存亡而皆欲盡述明人所撰，上補遼金宋元諸史之闕，其後王鴻緒重修明史始遵知幾「唯取當時撰者」之說，祇錄明人撰述不及古籍。三通館所修續通志、續通考、清通志、清通考之類，則僅移錄四庫全書總目，不能廣羅萬有有愧於前哲多矣。晚近始有劉錦藻續清文獻通考頗能收及四庫以後雖不能備錄清人撰述亦可謂史志之殿軍凡上所述多附麗於史籍以行蓋所謂史志也史志出於修史者所爲，而修史者未必皆撰藝文志即修之亦未必皆能完備自倪燦首倡補修遼金元史志之說繼起者數家近數十年其風轉熾後漢三國而下無代不有人爲之補志者漢志隋志以時代特古自宋末即有王應麟撰漢志考證近代倣其例而考證拾補者亦不乏人在目錄學史中乃蔚爲補志考志一派故合述其事爲史志篇。

## 漢書藝文志及後人之研究
班固刪七略而爲藝文志，已見本書溯源篇據著者考證所得其體例蓋與七略無殊即後人所最推尊之小序有考鏡學術源流之作用者，亦爲七略之原文故此處所宜論者非漢志之內容而爲漢志所記之書是否即當時東觀所藏抑爲全抄七略並無其書歟漢

志序稱「今刪其要以備篇籍」，顏師古注曰：「刪去浮冗取其指要也」。玩刪字之義，則對於七略之原文僅加以刪節而未嘗更易紊亂故偶有出入必用自注以明之如書「入劉向稽疑一篇」師古注曰「此凡言入者謂七略之外班氏新入之也其云出者與此同」所入之書僅劉向揚雄二家之作爲向歆校書所未收者則原文重複故省之也如樂「出淮南劉向等琴頌七篇」春秋「省太史公四篇」故六藝總計「出重十篇。」玩此「重」字便知所以省出之因矣又如兵書略「省十家二百七十一篇」則以儒家已有孫卿子陸賈道家已有伊尹太公管子鶡冠子縱橫家已有蘇子蒯通雜家已有淮南墨家已有墨子故以爲不宜重出耳非但有所增減必加注明而已卽移動一書入他類亦已注明。兵書略之「出司馬法百五十五篇入禮」實爲漢志對七略部類之唯一變動此外則未嘗稍有紊亂焉由此推論則漢志所載除新加向雄二家刪省重出之書十餘種外全部皆七略之舊目殆無疑矣再循此出發則吾人須問七略所錄之書班固時是否全部保存於東觀？七略成書之後有撰述者是否限於劉向揚雄二家？自七略告成迄王莽亡國尚有三十年之久無論王莽好文多所制作卽劉歆龔勝之徒亦未必無所撰述他如圖讖繁與緯候競出新書之入於中

祕出乎七略之外者，定然不可勝紀故王莽中葉，揚雄猶校書天祿閣。見漢書卷八十七。據是言之則援漢書絕

筆莽亡之例最後三十年之作者決不僅有向、雄二家。班固所以祇增二家者蓋舉其所知偶然附入

耳。再由此推論則漢志所錄並非存書可知蓋中祕所藏倘尚存在則班固典校之餘所加於七略者，

決不止二家也。由其無他增補便覺隋志所載「王莽之亂又被焚燒」之說似屬可信蓋天祿閣固

在未央宮中兵火容可波及耳然祕書若已被焚漢志及王莽傳何以不言後漢書儒林傳何以又謂

「光武遷還洛陽其經牒祕書載之二千餘兩」是二千餘兩者既明爲祕書且班固典掌時「並依七

略而爲書部」亦見隋。而漢志錄書獨不依當時祕書之目而反墨守七略之舊倘非憚煩即爲淺識。

鄭樵嘗之雖非其道。而班固之過固不容掩也自班固創此不問時代之例以後歷代史

志並根據前代祕書目錄隨意轉膽既非盡收古來一切書目又非當代確實保藏之物而惟慮應故

事漫充篇幅而已至如舊唐志但錄開元盛時遺棄後百餘年之撰述推其惡例何嘗非漢志所已開

啓故論史志之利弊不可徒因漢志倖保古書名數而遽推尊之也惟其因漢志之有不明不備故後

世頗有爲之考證注解者。吾人所知首爲宋末元初之王應麟應麟以顏師古注漢志「僅略疏姓名、

時代所考證者，如漢書著記卽起居注家語非今家語，鄧析非子產所殺，莊恩奇嚴助之駁文，逢門卽逢蒙之類，不過三五條而止。」故撰漢書藝文志考證，「捃摭舊文各爲補註，不載漢志全文惟以有所辨論者摘錄爲綱略，如經典釋文敍錄之例其傳記有此書名而漢志不載者亦以類附入凡二十六部各疏其所註於下而以『不著錄』字別之。」四庫提要語。清人王鳴盛評其於「本源之地未曾究通不得要領」姚振宗則謂「然使後人尋流溯源引申觸類未有不以其書爲先聲之導」故特援其例而恢之撰漢書藝文志拾補以收集遺漏得書竟達三百一十七部。撰漢書藝文志條理以圖恢復原狀並詳加注釋凡上古載籍之名目後人研究之意見廣搜條錄殆已無遺。有此兩書，而後古書顯，漢志明，誠目錄學之絕作也。近年之爲此學者，如劉光賁有注解，顧實有講疏，李笠有彙注箋釋李廣芸有考誤較之振宗省不能稍勝。而孫德謙更有舉例，強作繩墨尤不足觀。

## 後漢藝文志之補撰

後漢一代，當古籍固定之後有別錄爲讀者之指導，故其學術水平線較前漢爲高著述數量亦較前漢爲富。所惜一經董卓遷都之紛擾大半湮滅故晉宋史家述後漢書者多不著藝文志焉惟阮孝緒七錄序載：「其後有著述者袁山松亦錄在其書」其古今書最亦載有

袁山松後漢藝文志，惜有闕文，未知其所收之書共有幾何。然山松以晉末隆安五年戰歿，上距漢末已百八十二年，中更董卓及五胡之亂，祕閣藏書繾萬餘卷，則其著錄之不能完備可想而知，故宋末王儉既集今書爲七志「又條七略及兩漢藝文志中經簿所闕之書并方外之經佛經道經各爲一錄」亦見七錄序。也儉既能補前志之闕則其通記古今兼列存佚雖屬單行亦史志之流亞也然袁王之作並已失傳後人欲識後漢書目舍隋志莫由焉。而隋志不能無遺故近世多補撰後漢書藝文志者自乾隆初年已有厲鶚創其業二百年來繼起者先後有錢大昭、洪飴孫、勞經原、侯康、顧槐三姚振宗、曾樸等共計八家。厲洪勞之書今並未見錢志僅著書目撰人最爲疏略侯志較詳而非完璧。顧志多引關係文字雖詳而收書並非最多惟有經學師承一篇列述經師傳記隱顯並備雖乖錄例亦考鏡後漢學術史者所不可少之篇也所可惜者引書篇名或注或否或詳或略甚至互訛。蔣國榜跋。蓋亦未定之本故不能如姚志之精詳曾志雖於諸志所收多逾千種倍於漢志後漢著述有可考者殆無復遺漏非獨爲隋志所不及詳且亦遠非范曄後漢書所能包。欲考究後漢遺書者其道固有由矣。錢志有七錄謹飭有法而博搜精考亦不及姚志後漢之書其體例有意仿古

史志篇

學齋、廣雅、昭代，侯志有廣雅、嶺南，顧志有金陵、廣雅、小方壺齋，姚志有遺圜、師石山房等叢書本。又二十五史補編僅收此五志。

## 三國晉南北朝藝文志之補撰

補志之在近代，相習成風故後漢之外治三國志者有二家治晉志者有五家治南北朝志者有三家，皆所以補隋志之闕遺者也。侯康之補三國藝文志僅成子部有廣雅、嶺南、小說家以前農家之後有錄無書集部則未見隻字蓋與其後漢志同爲未成或殘餘之書也。姚振宗之三國藝文志例質亦一準其後漢志著錄之書至千一百二十二部亦與後漢志相埒然三國歷年僅及後漢三分之一而書數不相上下固由裴松之三國志注保存史料較多亦可見振宗搜輯之勤矣補晉志者五家，時代相距不遠異方並起互有詳略異同。吳士鑑之作獨名經籍志，又撰有晉書斠注故其文簡書多有近史裁。丁國鈞則以創立黜僞存疑二類秦榮光則以輯錄典籍掌故源流黃逢元則以各類皆撰小序文廷式則以考證最精最詳各有所長互不相掩著錄之書文志有二千二百九十六部黃志有一千二百八十八部，秦志有一千七百四十七部，丁志有一千七百五十四部，尙有疑僞及補遺共二百一十九部。吳志則有二千一百二十六家部數在此數之上諸家一致之例爲注明出處分類綱目亦皆依照隋志或四庫試一一比勘其內容條目則此無彼有此詳彼略殊難取其一而

遽舍其餘也。南北朝之補志，則又不然。元人蔡珪、清人汪士鐸，嘗撰補南北史志，並已遺佚。今人所撰，

稍近草率。如徐崇之補南北史藝文志，僅取材於南、北史紀傳，非是則不錄，故如隋志簿錄篇所載陳

代目錄數種及其他目錄多種，皆不見於補志，直所謂目察秋毫而不睹輿薪其所遺漏者多矣。至如

不知王儉七志之七十卷爲梁人賀縱補注之本而妄謂爲三卷與四十卷之合本其幼稚亦可憐也。

又將書名之不見南、北史紀傳所述書目彙錄吾人如欲盡知南北朝一切撰述則尙須另下一番工夫耳雖然較諸南

史、北史紀傳所述書目而見於同時八書者復別爲載記一篇亦殊無謂故其書僅可視爲南

志則又豐富多矣。此外有聶崇岐補宋書藝文志、惟據隋唐諸錄而不求之於宋齊各書復無考證甚

至如王儉七志及元徽元年祕閣四部目錄亦不見焉若謂王儉沒於齊代則此二書固宋時所撰且

爲考宋代學術所不可不知之書豈可少哉陳述補南齊書藝文志，則頗仿王應麟漢志考證之例輿

向來諸家補志者同一體裁稍勝又有李正奮撰補後魏書藝文志余未之見。〔北平圖有鈔本。〕

## 隋書經籍志

今存古錄除漢志外厭推隋志。亦惟此二志皆有小序，自後諸志則不復繼述，故

並見尊於世其自序云：「今考見存分爲四部」一若所錄之書皆見存者然各條自注每云：「梁有

某書若干卷今亡」或「今殘缺」每類通計亦必於存書總數之外另注存亡合計之總數則其實

乃通記存亡而非專錄見存者其序又稱：「遠覽馬史、班書近觀王、阮志、把其風流體制削其浮雜

鄙俚離其疏遠合其近密約文緒義凡五十五篇。實只四各列本條之下以備經籍志。」此蓋指學術
十篇。

源流及目錄分類而言非謂所收書目遠及馬班也其書原名五代史志限於梁、陳、齊、周、隋五代故凡

此五代之官私目錄皆在其包羅之中且有藏書以備考核故能分別存亡且又以意去取耳其去取

之例自謂「其舊錄所取文義淺俗無益教理者並刪去之。其舊錄所遺辭義可采有所弘益者咸附

入之。」憑主觀為鑑別，有異於班固之全抄七略實啓後世任意廢書之惡習又妄刪佛經、道經之書

目而僅錄其部名卷數變荀李之甲、乙、丙、丁為經、史、子、集，使後世墨守四部之分類而不復能變通，
篇詳分類

篇。 則其弊也唯一之優點為各類之小序稍採漢志接其後事敍述各類學術之由來頗具學術

史性質然其所增者殆根據王儉七志阮孝緒七錄而為之也至其書目則多未備開元初馬懷素已

昌言之而從事補緝。另詳下 清乾嘉間章宗源光緒中姚振宗各撰考證廣徵古籍以補其闕遺且詳
章。

載各書之原委學者便焉宗源所輯僅存史部振宗實仿其成規而備引古史及異說最為淵博在姚

氏諸志中，尤爲最精不朽之作，有師石山房叢書本，二十五史補編本。前文所述補後漢至南北朝史志亦有可與隋志互相考證者。此外又有張鵬一撰隋書經籍志補楊守敬撰隋書經籍志補證李正奮撰隋代藝文志北平圍有鈔本。試參合研究之，則先唐古籍可無遺蘊矣。

## 羣書四部錄古今書錄及唐書經籍志之關係

·

唐玄宗嘗命褚無量馬懷素撰錄皆未成而卒，元行沖總代其職始成其功。舊新唐書及唐會要所載極其渾沌一若同時同地同功也者。

著者盡三日夜之力始得分析清楚考定源委記之於通紀篇蓋無量校寫書籍原在東都乾元殿後徙於麗正殿雖「各於本庫每部別爲目錄」唐會要卷三十五。而非懷素行沖所撰之羣書四部錄懷素之功，乃以祕書省典籍爲根據「括檢近書篇目並前志所遺者續王儉七志」唐書卷一百二。「踰年不成」唐書卷一百二。「有司疲於供擬」爲開元五年之事而地點不同目的不同後因「懷素不善著述」唐書卷一百二。雖與無量校書同乃詔行沖綜治其事。新唐書卷九十九。「於是行沖請通撰古今書目名爲羣書四部錄」唐書卷一百二。又命「行沖整比存書，」通鑑故祕書省諸學士皆入居麗正新唐書卷九十九。於開元九年撰成羣書四部錄二百卷。唐志序。自古目

韋述等分治四部。新唐書卷九十九。後因無量病卒「麗正寫書未畢」唐書卷百二。委冊曵音貫懔。

錄未有鉅於此書者後世亦惟四庫全書總目提要堪與比擬餘皆不及焉篇幅既鉅必有提要其書若存，實考古治學者之最大恩物。不幸非久旣遭天寶之亂唐代後期又未纂類書故其佚文殆亦無從纂輯惟據毌煚古今書錄序則對於「曩之所修，……追怨良深」蓋以「于時祕書省經書實多亡闕諸司墳籍不暇討論此則事有未周一也其後周覽人間頗覩闕文新集記貞觀之前永徽已來不取近書採長安之上神龍已來未錄此則理有未弘二也書閱不偏事復未周，或不詳名氏或未知部伍此則體有未通三也書多闕目空張第數旣無篇題實乖標牓此則例有所虧四也所用書序或取魏文貞、徵所分書類皆據隋經籍志理有未允體有不通此則事實未安五也」故毌煚「常有遺恨竊思追雪乃與類同契積思潛心審正舊疑詳開新制永徽新集神龍舊書則釋而附也未詳名氏不取部伍則論而補也空張了目則檢獲便增未允之序，則詳宜別作紕繆咸正混雜必刊改舊傳之失者三百餘條加新書之目者六千餘卷。……凡四部之錄四十五家，都管三千六百六十部五萬一千八百五十二卷」見唐志序。

成古今書錄四十卷。毌煚此書較之舊錄分量僅爲五分之一而其序末說明所删略者爲何據唐志序稱「煚等四部目及釋道目並有小序及注撰人姓氏」則煚錄之不同於

舊錄者蓋刪去過於繁蕪之各書序跋，而撮其要旨撰為簡明之解題耳。唐志尚嫌其「卷軸繁多」，

又「並略之但紀篇部」。則更刪去小序及小注故又略四十卷為一卷此即別錄一變而為七略再

變而為漢志之另一比照也。毋庸別有開元內外經錄十卷「亦具翻譯名氏序述指歸」二錄倖未

遭天寶廣明之兵燹至後唐猶存故史臣猶得據之以為唐書經籍志唐志序又稱「其釋道目附本

書今亦不取據開元經篇為之志天寶以後名公各著文篇儒者多有撰述或記禮法之沿革或裁國

史之繁略皆其徒實繁臣以後出之書在開元四部之外不欲雜其本部今據所聞附撰人等

傳。其諸公文集亦見本傳此並不錄」故唐志實為古今書錄之節本既非通撰古今亦未備錄唐代

蓋古今書錄雖以古今為名，而實據當時祕書省及諸司所藏之書而記其目皆非確有其書並非盡錄

古書虛存其目也。史志之任務或專記一代著述或通錄一代典藏或盡收前代書目三者必有其一

惟唐志不然嚴格論之殆非史志之體。故宋祁撰新唐藝文志加錄唐代學者自為之書多至二萬八

千四百六十九卷。而後唐人所著與唐代官府所藏約略俱備焉。然唐末廣明之亂祕籍業已蕩然則

新唐志所新收者必非盡為宋室所藏豈貞元開成續添之書目至宋初猶存歟？若然則何以又不見

於其目錄類也。

## 宋國史藝文志及宋藝史文志

宋制：國史皆有藝文志，且每類皆有小序，每書皆有解題，迥異於歷代史志。蓋根據當時館閣書目以為之也。宋史藝文志序稱：「始太祖、太宗、真宗三朝，三千三百二十七部三萬九千一百四十二卷。次仁、英兩朝，一千四百七十二部，八千四百四十六卷。次神、哲、徽、欽四朝，一千九百六部二萬六千二百八十九卷。三朝所錄則兩朝不復登載而錄其所未有者。四朝於兩朝亦然最其當時之目為部六千七百有五為卷七萬三千八百七十有七焉」考三朝國史為呂夷簡等所上其藝文志所據當為慶曆元年王堯臣歐陽修等所撰之崇文總目四朝國史為王珪等所上其藝文志所據當為成平三年朱昂杜鎬劉承珪等所撰之館閣書目兩朝國史為李燾等所撰其藝文志所據當為政和七年孫覿倪濤等所撰之祕書總目國史志既已除去重複故宋志於北宋以前之書尙少舛複惟於南宋之書則並非依據國史而直接取材於淳熙五年陳騤等之中興館閣書目及嘉定十三年張攀等之中興館閣續書目而北宋諸目與中興之目「前後部帙有無增損互有異同」宋志「合為一志」雖云已「刪其重複」而重複顛倒不可枚數咸淳以後新出之書，

又未及收錄。故四庫提要譏爲諸史志中之最叢脞者。清初黃虞稷千頃堂書目即有意拾其遺書。康熙中倪燦修明史藝文志，亦特補苴宋志之闕，乾隆中盧文弨又爲之校正。見金陵，廣雅，八史經籍志，二十五史補編。此外尚有朱文藻書目見清吟閣書目。王榮蘭書目見光緒湖南通志卷二五。亦嘗從事吾友劉紀澤君則撰有宋志匡謬趙士煒更欲全部董理之故輯有宋國史藝文志其分化宋志而專攻其一部分者則有顧懷三撰補五代史藝文志王仁俊撰西夏藝文志及次章所述補遼金史諸家皆專錄一代撰述其性質與宋志之專錄館閣藏書者有殊。柯維騏宋史新編之藝文志全抄宋史，反有遺漏，故不錄。

### 通志與文獻通考

南宋初年有鄭樵撰通志，通紀百代之有無爲藝文略圖譜略金石略又撰校讎略以說明分類編目之意見主張編次必記亡書藝文略原爲單行之書名曰羣書會記編次必記亡書。其所根據之書目爲漢志隋志唐志新唐志崇文總目四庫書目、北宋館閣道藏目錄及當時民間所藏如荊州田氏目錄，漳州吳氏書目之類。而大藏目錄則似未及收故釋類之書僅有三百三十四部其意則欲包括古今備錄無遺在一切目錄中實爲野心最大範圍最廣者通志原爲通史故藝文略亦史志之流雖於書名或誤或漏或重複然此種通史藝文志之作要不可少迄今日猶有重新彙

編之必要也。後百餘年馬端臨於宋末元初撰文獻通考，中有經籍考七十六卷。大體雖據晁公武、陳振孫二家之書而宋世館閣之書亦備除盡錄二家解題外兼引漢、隋、新、唐三志及宋三朝、兩朝、四朝中興各國史藝文志崇文總目通志藝文略各史列傳各書序跋及文集語錄之有關係文字每書皆有解題。每類各述小序凡各種學術之淵源各書內容之梗概覽此一篇而各說俱備多引成文無甚新解。然徵文考獻者利莫大焉較諸鄭樵之僅列書目者有用多矣後世朱彝尊撰經義考章學誠撰史籍考謝啓崑撰小學考即仿其例在目錄學中別成一派，對於古籍之研究，貢獻最鉅。

### 遼金元三史藝文志之補撰

清倪燦撰明史藝文志以「元史既無藝文宋志咸淳以後多缺」故「並取二季以補其後而附以遼金之僅存者萃爲一編列之四部」序原雖「諸書既非官所簿錄，多探之私家故卷帙或有不詳」然補志之風實自此始也。乾隆中盧文詔提出補志部分分爲宋史、藝文志補補遼金元史藝文志，而加以補訂。　見廣雅叢書，二　金門詔似未見其書故又「取三史所載，幷旁搜探合爲一志。」　見昭代，廣雅，八史經籍志，二十五史補編。　倪盧之作收書至一千七百十家，一萬二千二百二十卷，較門詔爲詳其後錢大昕撰元史藝文志，亦附見遼金之書搜檢所得又較倪盧爲富除蒙古文部份

遺漏必多，外漢文之書殆已差備矣。魏源撰元史新編，其藝文志即抄錢志而稍補充之，別有專補一代史志者遼史拾遺，有屬鶚之遼史拾遺、繆荃蓀之遼文存、王仁俊之遼史藝文志補證、黃任恆之補遼史藝文志，前者有單行本，後三者見二十五史補編。以最後一種比較精詳。金史則有杭世駿、鄭文焯二家，元史則有張景筠一家，余並未見不復具論。又吳榮光有四朝經籍志補二冊，北平圖有鈔本。

## 明國史經籍志千頃堂書目及明史藝文志之演變

明史藝文志之撰集，凡經五變。焦竑創始於前，不分存佚，通記古今；黃虞稷搜藏於後，兼補前朝，殆盡目睹。清人修史，傅維鱗但取殿閣所藏，不限朝代。倪燦、尤侗專收明人撰述，附拾前志所遺。王鴻緒抹去前代，重分類例，遂成張廷玉進呈之本。

考明神宗萬曆十七年，焦竑進士及第。見明詩綜大學士陳于陛議修國史，引竑專領其事，僅成經籍志五卷。「叢鈔舊目，無所考核」庫且「延閣廣內之藏，竑亦無從遍覽。」志明故四庫提要謂「古來目錄，惟是書最不足憑，世以竑負博物之名，莫之敢詰，往往貽誤後生」卷八十。然其每類皆有小序，分部雖準四部，而小類多依通志藝文略，且仿文淵閣書目之意，增制書一部，復有附錄一卷，專糾漢志至文獻通考分類之誤。此其精神注重之點，惟在分類，故於名數多所忽略耳。在目錄學史中，惟竑能

二二一

繼鄭樵之志包舉千古而力不足勝其任，故為四庫所譏也。有粵雅堂叢書本。清順治五年傅維鱗分纂明史，私

撰明書遂成經籍志三卷其志序述明代敕撰書籍之事甚詳錄殿閣皇史宬內通籍庫藏書四千六

百七十部。釋道書不具載原無卷數故仍因之分類亦依文淵閣之舊考其書名多宋元舊本至於明

人新作寥寥無幾名雖明書實不相關。有錢輔叢書本。及黃虞稷撰千頃堂書目三十二卷始有意於搜集一

代藝文故凡宋志以前所錄之古籍悉屏不收但為彌補宋志之遺漏且因遼金元三史無藝文志故

於每類明書之後附錄宋末及三代書目明代撰述則據所見所藏而備列之最為徵實其分類亦多

創例如削去樂經立食貨刑政二類於史部併名墨法縱橫諸家於雜家別集以朝代科分為先後又

特收制舉之書皆其不苟同處。參看分類篇。書目卷數之外更注撰人略歷較其他各志特為詳明後來王

鴻緒張廷玉所修明志皆以此書為根據足證其賅贍矣。康熙十八年倪燦尤侗等奉敕分修明史合

撰藝文志四庫提要載有侗志五卷稱其分易書詩禮樂春秋孝經諸經四書小學正史稗史傳記典

故地理譜系儒家道家釋家農家法家兵家小說五行藝術奏議詩文纂二十八類有書七千一百

四十一部又稱其「所撫拾既多挂漏又往往不載卷數及撰人姓名其例惟載有明一代著作」而

又往往兼收宋元之作及明刊古籍因此許「此志又出宋志之下」殊不知侗志即燦志燦有明志

序明言「今文淵之書，既不可憑且其書僅及元季三百年作者缺焉此亦未足稱紀也故特更其

例去前代之陳編紀一朝之著述元史既無藝文宋志咸淳以後多缺今并取二季以補其後而附以

遼金之僅存者萃爲一編……諸書既非官所簿錄多採之私家故卷帙或有不詳」見匯圖、燦侗同

及考耳試取侗志與今明志較則侗志多過明志，明志僅有四千六百三十三部。

時修史燦序與侗志例合故知所撰實無二致。四庫提要所致疑者燦序解答甚明，特提要未

今本實係康熙末年王鴻緒總裁之本。萬斯同以布衣參史局。王序稱「明季祕書已亡則前代陳編無憑記載第

就二百七十年各家著述足成一志爰取士大夫藏目錄稍爲釐次凡卷數莫考疑信未定者寧闕

而不詳云」見明史稿。 今本爲乾隆初年張廷玉等所進惟改動志序數語至於書目部卷數則絕對相

同。然試與黃虞稷千頃堂書目相較則部數卷數減少極多一一比勘則其所刪削者多爲原無卷數

者鴻緒等不能詳徵博考乃猥以「寧闕而不詳」一語輕輕抹殺數百千部之書目而世人亦不加

細察乃侈稱明史優於前史！此梁任公先生過推萬斯同之過，著者不能爲之曲諱。實則明史之多誤，不限此志，即卷一太祖紀亦有舛誤數十處。 著者斷言試取數百

種現存明人傳記及數千種明人撰述一一考之，則可以補明志之闕目增至一倍世之考史者重遠

而忽近不知近代史之荒蕪尤大有待於吾人之開墾也。吾友謝國楨君有晚明史籍考，詳贍可補明志之闕，別見專科目錄篇。

四庫全書總目提要及三通考二通志清史稿　四庫提要之作，已詳紀其事於通紀篇論其例

於分類及編目解題篇矣。其書雖為庋藏之目，而附錄存目各書之提要，則亦有近於史志焉。況同時

所修續文獻通考皇朝文獻通考續通志皇朝通志幾於完全抄撮提要，所不同者惟沿襲馬、鄭之例，

通考則稍取清初少數學者論考古籍之語，通志則惟錄書目而刪去提要其分類亦依違於馬、鄭，四

庫之間不值一顧。續清之別，一則繼馬、鄭而迄明末一則祇記乾隆以前之清人撰述耳道光中有黃

本驥者鈔撮四庫總目之清人書目，一則嫁名曰皇朝經籍志了無增補深可嗤鄙其能補四庫之未備者，

嘉慶中有阮元之四庫未收書提要光緒間有鄭文焯之國朝著述未刊書目、朱記榮之國朝未刻遺

書志略民國初年有劉錦藻之續皇朝文獻通考。然皆取舍任情，不能完備及趙爾巽等撰清史稿，其

藝文志雖曾經繆荃孫之手亦非精詳之作，如西洋教士之譯籍，滿、蒙、藏、回及四裔之奇文，以及新出

之新書雜誌小說皆未及收錄錯誤重複觸目皆是倘以四庫提要撰者苛刻之眼光論之，則「此又

出〈宋志〉〈明志〉之下」矣。

**四種集刊** 百年前已有日本人合刊〈漢志〉、〈隋志〉、〈唐志〉、〈新唐志〉、〈宋志〉、〈明志〉及倪燦之〈宋、遼、金、元志補〉，金門詔之〈三史藝文志補錢大昕之〈元史藝文志補〉爲一書，名曰〈八史經籍志〉。後來傳入我國，卽有國人翻印學者便之。近年，書報合作社印歷代藝文志，祇有正史六志，惟加入〈元史新編〉一志而已。大光書局接出續集，則取三〈文獻通考〉及〈三通志〉之經籍考充之。楊家駱輯歷代經籍志其下册亦僅錄六志及文廷式〈補晉志〉及倪金錢三志而删去考據之語上册爲歷代經籍總目則以書名及著者爲綱，依四角號碼檢字法編爲辭典式之目錄以上三種皆非史志之全相惟開明書店所刊吾友王鍾麒君所輯之廿五史補編收錄諸家補志最多且悉保原狀不爲删易專家用之多稱滿意然格於補志之名義故如事實上確爲史志而名義則否之〈千頃堂書目〉不入於編，而近人未熟之作反而濫收不少識者病焉。

# 宗教目錄篇

## 宗教目錄之分道揚鑣

自漢武帝「罷黜百家，表章<u>六經</u>，<sub>見漢書武</sub>「設科射策勸以利祿，<sub>帝紀。</sub>

見漢書儒儒術遂成一尊之學，前此並肩之諸子百家後來崛起之佛道諸教咸莫能與之京雖<u>向歆錄</u>林傳。

略不廢數術、方技，<u>晉宋</u>四部目錄初亦兼收佛經，<u>七志七錄</u>且特為佛經道經新增二錄。而後來帳籍

終於分道揚鑣，不相為謀。正統派之目錄學家既自局於四部之範圍堅拒異端高自標置。而佛道之

徒亦別立門目不復寄人籬下抄集結藏著錄成目其造詣轉有勝於正統派者特以其書深隱叢林，

故不甚為流俗所重晚近先師<u>梁任公</u>先生始論佛家經錄在中國目錄學之位置稱：「其所用方法

有優勝於普通目錄之書者數事一曰歷史觀念甚發達凡一書之傳譯淵源譯人小傳譯時譯地靡

不詳敘。二曰辨別真偽極嚴凡可疑之書皆詳審考證別存其目。三曰比較甚審凡一書而同時或先

後異譯者輒詳為序列勘其異同得失。在一叢書中抽譯一二種，或在一審中抽譯一二篇而別題書

名者皆一求其出處分別注明使學者毋惑。四曰蒐采遺逸甚勤雖已佚之書亦必存其目以俟采訪，

令學者得按照某時代之錄而知其書佚於何時。五曰分類極複雜而周備：或以著譯時代分；或以書之性質分性質之中，或以書之函義內容分如既分經律論又分大小乘；或以書之形式分如一譯多譯一卷多卷等同一錄中各種分類並用；一書而依其類別之不同交錯互見動至十數子學者以種種檢查之便吾儕試一讀僧祐法經費長房道宣諸作不能不歎劉略班志荀簿阮錄之太簡單太樸素且痛惜於後此踵作者之無進步也。鄭漁仲章實齋治校讎之學精思獨闢，恨其於佛錄未一涉覽焉；否則其所發攄必更有進可斷言也」見圖書館學季刊創刊號，欲自爾以還恍如燉煌經洞之發露，

殷虛卜辭之出土焉目錄學宮黑暗之一角重幕驟揭而大放光明。

### 天主教與基督教之目錄

佛錄而外道藏目錄亦自有源流統系爲普通目錄所不及詳者獨回教經典彌募余尚未見其目錄天主教則輸入雖較晚，而清康熙間已有韓霖張賡撰道學家傳於各教士傳後列舉其所著譯之書名附刊於聖教信證之後趙魏竹崦庵書目載有韓霖西士書目殆即其單行本也。而瞿穎山清吟閣書目又有耶穌會士著述目則未必同爲一書。清末王韜重刊此書始改名泰西著述考其實則僅錄明末清初西洋來華教士之著述耳晚近吾師陳援庵先生纂有明末

清初教士譯著現存目錄、油印未刊。浙人方豪纂有天主教文獻年表、稿本未刊。皆專治初期天主教目錄

學之傑作。教會書局目錄、則以上海土山灣慈母堂印書館及北平西什庫天主堂遣使會印書館所

出為最多。前者分類二十六後者分類二十三。其並收今古兼錄中西俾天主教徒關於中華之著述

無有遺漏，余尚未見，是有待於來哲。至於基督教則輸入雖較天主教為尤遲而彙刊譯著目錄則早

已從事一八六七年已有 Rev. Alexander Wylie 創輯中華基督教文字索引 (A Classified

Index to the Chinese Literature of the Protestant Christian Churches in China)。其後，

一九〇七年有季理斐續編，一九一八年有雷振華續編，一九三三年有李培廷續編雖取便購求，兼

利推銷而凡中華基督教各教會書局、學校所出版之書籍概依杜威 (Dewey) 分類法彙錄一編中

文西文概無遺漏，較之天主教似覺略勝一籌矣。然其在宗教目錄學之地位比諸佛教乃不可以道

里計。故本篇所述側重佛教目錄而道教目錄次之。

**佛教目錄之全貌**　佛教起於天竺漢「哀帝元壽元年已有博士弟子秦景憲從大月支王使

依存口受浮屠經。」見裴松之三國志注引魚豢魏略西戎傳。而「中土聞之未之信了。」老志。後漢楚王劉英「為浮屠

二二九

「齋戒祭祀」於明帝永平八年「奉送縑帛以贖愆罪」，詔令「還贖以助伊蒲塞、桑門之盛饌。」（見後漢書卷七十二。）則祀佛齋僧，後漢初年因已有之矣。然漢法「唯聽西域人得立寺都邑以奉其神，其漢人皆不得出家。」（據慧皎高僧傳（下文簡稱「皎傳」）卷十及晉書卷六十五佛圖澄傳引石趙中書著作郎王度奏。）故「章和以降，經出蓋闕，良由梵文雖至，緣運或殊，有譯乃傳，無譯乃隱」，（見僧祐出三藏記集（下文簡稱「祐錄」）卷二。）「邇及桓靈，經來稍廣，安清朔佛之儔，支讖嚴調之屬，飛譯轉梵，萬里一契，離文合義，炳煥相接矣」。（見祐錄卷二，參看卷十三。）厥後「丹陽人笮融在徐州廣陵間大起浮屠寺」，（見後漢書卷一百三陶謙傳。）漢法既弛，佛教逐盛，而晉武帝時，燉煌人竺法護「隨師至西域及歸，譯經凡一百四十九部」，穎川人朱士行「出家以後」「以魏甘露五年」「西行求經」，「經法所以廣流中華者護之力也」。（上同。）故道安有云：「佛之延及此土，當漢之末世晉之盛德也」。（同上卷五。）譯經既多，爰有目錄，其始創者殆即安清。而朱士行竺法護之撰錄，則明見於後世眾經之稱述。荀勗之晉中經簿首收佛經，（引古今書最。）足見佛經之在晉初，不特已有目錄，抑且深入祕閣矣。東晉中葉，支敏度撰經論都錄、經論別錄於前，釋道安撰綜理眾經目錄於後，佛錄之基礎始得成立。宋元嘉八年祕閣目錄遂收佛經四百三十八卷，而王儉七志且特闢佛經錄，並為書名立傳，同時有

釋王宗（？）者撰衆經別錄分教義爲大、小乘判文裁爲經、論、律、數更提出關本、疑經，各自獨立體例

之精，非特鑒空抑且垂後謂佛錄至斯乃得成學亦無不可。而齊、梁間釋僧祐撰出三藏記集踵安錄

而增序、傳記三體寶唱繼之分類更細阮孝緒又攝衆錄爲佛法錄包羅彌廣其在北朝則魏末有李

廓、齊初有法上收錄雖少部勒反精隋代踵承法經遂確定四十二分之法其整潔爲衆錄冠費長房

擴其境界併祐錄、阮錄經錄之長於一身唐道宣因之撰大唐內典錄勒定十錄囊括古今遂集斯學

之大成延及智昇其開元釋教錄名數之富規律之精前無古人後無來者百世盛崇準爲圭臬。

有作僅得其偏者至此歎觀止矣同時毋煚撰開元內外經錄序述指歸上承王阮，下啓慈雲惟白

王古一派爰及北宋三家競起各撰解題蓋吸收之後，正從事於消化矣。清初智旭撰閱藏知津，亦同

此意。

## 中國歷代佛教目錄所知表

| 錄 | 卷數名數 | 存佚性質 | 本篇簡稱 | 撰人 | 撰成年代 | 西曆 | 門類 | 部數（敗書部數） | 卷數（敗書卷數） | 出處 |
|---|---|---|---|---|---|---|---|---|---|---|
| 漢錄 | 一 | 佚 | 專錄漢代諸家譯經 | 朱士行 | 魏高貴鄉公甘露五年以前 | | | | | 費錄宣錄 |

| 書名 | 卷 | 存佚 | 性質 | 撰人 | 時代 | 年代 | 著錄 |
|---|---|---|---|---|---|---|---|
| 衆經目（經論） | 一 | 佚 | 專錄自譯 | 竺法護 | 西晉惠帝末 | 前三〇五以 | 費錄宣錄 |
| 衆經錄目 | 一 | 佚 | 通錄古今 | 聶道眞 | 西晉懷帝永嘉中 | 三〇七—一二 | 費錄宣錄 |
| 古錄 | 一 | 佚 | 通錄古今 |  | 兩晉之間？ |  | 祐錄 費錄 法華傳記 宣錄 |
| 經論都錄 | 一 | 佚 | 通錄古今 | 支敏度 | 東晉成帝時？ | 三二六— | 費錄宣錄 |
| 經論別錄 | 一 | 佚 | 分類，始 度錄 | 支敏度 | 東晉成帝時？ | 三二六— | 祐錄宣錄 |
| 舊錄 |  | 佚 | 通錄古今 |  | 東晉成帝後，蕭齊以前 |  | 祐錄費錄 |
| 別錄 |  | 佚 | 同右，分 |  | 同右 |  | 祐錄宣錄 |
| 二趙經錄 |  | 佚 | 通錄，僞 |  | 宋初 | 四二一 | 祐錄費錄 |
| 綜理衆經目錄 | 一 | 佚 | 類錄，分 安錄 | 釋道安 | 東晉孝武帝寧康二年 | 三七四 | 祐錄費錄宣錄 |
| 廬山錄 |  | 佚 | 專錄廬山 譯經？ | 釋慧遠 | 東晉孝武帝太元中？ |  | 費錄宣錄 |
| 二秦衆經錄目 | 一 | 佚 | 專錄秦涼 譯經 | 釋僧叡 | 晉安帝義熙間 |  | 費錄宣錄 |
| 漢錄 |  | 佚 | 專錄漢代 譯經 | 竺道祖 | 晉恭帝元熙元年？ |  | 費錄 |
| 魏世經錄目 |  | 佚 | 專錄魏代 譯經 | 竺道流 | 同右 |  | 費錄宣錄 |
| 吳世經錄目 | 一 | 佚 | 專錄吳代 譯經 | 竺道祖 | 同右 |  | 費錄宣錄 |

| 錄名 | 卷數 | 存佚 | 性質 | 別名 | 撰者 | 年代 | 公元 | 數字 | 出處 |
|---|---|---|---|---|---|---|---|---|---|
| 晉世雜錄 | 一 | 佚 | 專錄晉代 | | | 同右 | | | 費錄宣錄 |
| 河西經錄一名涼錄 | 一 | 佚 | 專錄河西 | | | 同右 | | | 費錄宣錄 |
| 佛經錄 | 八 | 佚 | 總目錄之一部分 | 七志 | 王儉 | 宋後廢帝元徽元年 | 四七三 | | 祐錄費錄志七錄序隋書經籍 |
| 眾經都錄 | 二 | 佚 | 通錄古今 | 都錄 | | 齊初 | | | 費錄宣錄 |
| 眾經別錄 | 二 | 佚 | 通錄，分類。 | 別錄 | | 齊初 | | 一〇 八九 九三 二五 | 費錄宣錄 |
| 眾經目錄 | 一 | 佚 | 通錄，分類。 | 宗錄 | 釋王宗 | 南齊武帝時 | 四七九—五〇一 | | 祐錄費錄宣錄 |
| 宋齊錄 | 一 | 佚 | 專錄宋齊譯經晉末 | | 釋道慧 | 南齊武帝時 | 四七九—五〇一 | | 皎傳費錄宣錄 |
| 釋弘充錄 | | 佚 | 專錄藏經 | | 釋弘充 | 南齊時 | 四七九—五〇一 | | 費錄宣錄 |
| 定林寺藏經錄 | 一 | 佚 | 專錄藏經 | | 劉勰 | 南齊時 | 四七九—五〇一 | | 梁書卷五十 |
| 始興錄一名南錄 | | 佚 | 通錄古今？ | | | 南齊時？ | | | 費錄宣錄 |
| 出三藏記集 | 七 | 存 | 通錄古今 經論 | 祐錄 | 釋僧祐 | 梁武帝天監四年至十四年間 | 五一五 | 二一 六二 二四 二八 | 費錄宣錄 |
| 華林佛殿眾經目錄 | 四 | 佚 | 專錄藏經 | | 釋僧紹 | 梁武帝天監十四年 | | 二一 二四 二三 | 費錄宣錄 |
| 梁代眾經目錄 | 四 | 佚 | 專錄藏經 | 唱錄 | 釋寶唱 | 梁武帝天監十七年 | | 二〇 三三 一四 四一 | 宣錄 |
| 釋正度錄 | 四 | 佚 | 通錄古今 | | 釋正度 | 梁武帝時？ | | | 費錄宣錄 |

| 名稱 | 卷數 | 存佚 | 性質 | 別稱 | 撰人 | 時代 | 西曆 | 數 | 數 | 數 | 出處 |
|---|---|---|---|---|---|---|---|---|---|---|---|
| 佛法錄 | 三 | 佚 | 通稱古今 | | 阮孝緒 | 梁武帝普通四年以後 | 五二三— 五 | | 二四〇五 | 一〇〇四 | 廣弘明集 |
| 眞諦錄 | | 佚 | 專錄自譯經論 | 經錄 | 釋眞諦 | 陳宣帝太建元年 | | | | | 經錄 |
| 王車騎錄 | | 佚 | 專錄自譯經論 | 經論 | 王？ | 南朝？ | | | | | 費錄 |
| 峙號錄 | | 佚 | | | | | | | | | 費錄 |
| 一乘寺藏衆經目錄 | | 佚 | 專錄藏經 | | | | | | | | 費錄宣錄 |
| 南來新錄 | | 佚 | | | | 南朝？ | | | | | 費錄宣錄 |
| 東錄 | | | | | | | | | | | 宣錄 |
| 譯衆經論目錄 | | 佚 | 專錄譯經 | 支錄 支 | 菩提流支 | 北魏永平二年至天平年 | 五七〇— 一 | 一〇 | 七四二 | 五三〇 | 費錄宣錄 |
| 魏世衆經錄目 | | 佚 | 專錄藏經 | 廓錄 | 李廓 | 北魏孝靜帝天平年 | 五五〇— 一 | | | | 廓錄宣錄 |
| 釋道慇錄 | | 佚 | 或錄藏經？ | | 釋道憑 | 北齊時 | 五七〇— 一 | 八 | 七八 | 三四 | 宣錄大藏 |
| 齊世衆經目錄 | 七 | 佚 | 專錄藏經 | 上錄 | 釋法上 | 北齊後主武平中 | 五七〇— 一 | 八 | 七八 | 三四 | 宣錄大藏 |
| 大隋衆經錄目 | 七 | 存 | 通錄古今 | 經錄 | 釋法經 | 隋文帝開皇十四年 | 五九四 | 九門四類 | 五一二七 | 一五五〇三 | 宣錄大藏 |
| 開皇三寶錄一名歷代三寶記 | 五一 | 存 | 通錄古今 | 費錄 | 費長房 | 隋文帝開皇十七年 | 五九七 | 六八二二 | 一六一七四 | | 宣錄 |
| 隋仁壽年內典錄 | 五 | 存 | 專錄藏經 | 琮錄 | 釋彥琮 | 隋文帝仁壽二年 | 六〇二 | | 〇二九一 | 五五八〇 | 宣錄大藏 |

| 譯經錄 | 卷數 | 存佚 | 或錄藏經? | 略稱 | 撰者 | 時代 | 西曆 | 出典 |
|---|---|---|---|---|---|---|---|---|
| 林邑所得崑崙書諸經 | | 佚 | 專錄崑崙經 | | 釋靈裕 | 隋煬帝大業元年以前 | | 費錄・宣傳 |
| 衆經目錄（目錄） | 五 | 佚 | | 琮錄 | 釋彥琮 | 隋煬帝大業二年 | 六〇六 | 續高僧傳 |
| 衆經目錄 | 一〇 | 佚 | | | 釋智果 | 隋煬帝大業年 | 六一七 | 隋志 |
| 唐衆經目錄 | 五 | 佚 | | 琬錄 | 釋玄琬 | 唐太宗貞觀九年 | 六三五 | 宣傳・宣錄 |
| 大唐京師西明寺所寫正翻經律論乘傳等 | | 佚 | | | 釋道宣 | 唐高宗顯慶三年 | 六五八 | 宣錄 |
| 大唐内典錄 | 一〇 | 存 | | 宣錄 | 釋道宣 | 唐高宗麟德元年 | 六六四 | 大藏 |
| 大唐東經大敬愛寺一切經論目 | 五 | 存 | | 泰錄 | 釋靜泰 | 唐高宗麟德二年 | 六六五 | 大藏 |
| 古今譯經圖記 | 四 | 存 | | 邁記 | 釋靖邁 | 唐高宗時 | 六五〇～六八三 | 大藏 |
| 大周刊定衆經目錄 | 一五 | 存 | | 佺錄 | 釋明佺 | 周則天帝天冊萬歲元年 | 六九五 | 大藏 |
| 大周刊定偽經目錄 | 一 | 存 | | 佺偽 | 釋明佺 | 元年 | 六九五 | 大藏 |
| 續大唐内典錄 | 一 | 佚 | | 昇續錄 | 釋智昇 | 同右 | 七三〇 | 大藏（本非眞） |
| 續古今譯經圖記 | 一 | 存 | | 昇記 | 釋智昇 | 唐元宗開元十八年 | 七三〇 | 大藏 |
| 大唐開元釋教錄 | 二〇 | 存 | | 昇錄 | 釋智昇 | 唐玄宗開元十八年 | 七三〇 | 大藏 |
| 開元釋教錄略出 | 四 | 存 | | 昇略 | 釋智昇 | 同右 | 七三〇 | 大藏 |

| 錄名 | 卷數 | 存佚 | 別名 | 撰者 | 時代 | 公元 | 出處 |
|---|---|---|---|---|---|---|---|
| 大唐貞元續開元釋教錄 | 三 | 存 | 續照錄 | 釋圓照 | 唐德宗貞元十年 | 七九四 | 大藏 |
| 貞元新定釋教目錄 | 三〇 | 存 | 新照錄 | 釋圓照 | 唐德宗貞元十五年 | 七九九 | 大藏 |
| 內典目錄 | | 佚 | | 王彥威 | 唐文宗開成中 | | 通志 |
| 續貞元釋教錄 | 一 | 存 | | 釋恆安 | 南唐中主保大三年 | 九四六 | 大藏 |
| 蜀州刻藏經目錄 | | 佚 | | 張從信 | 宋太祖開寶四年至太平興國八年 | 九七一〜九八三 | 佛祖統紀 |
| 大中祥符法寶錄 | 二二 | 佚 | | 趙安仁・楊億 | 宋真宗大中祥符四年後 | 一〇一一? | 佛祖統紀・慶錄一覽 |
| 敕藏隨函目錄 | | 佚 | | 釋慈雲 | 宋仁宗天聖二年 | 一〇二四 | 同右 |
| 天聖釋教錄 | 二 | 佚 | | 釋惟淨 | 宋仁宗天聖五年 | 一〇二七 | 同右 |
| 景祐法寶錄 | | 佚 | | 宋綬・呂夷簡 | 宋仁宗景祐三年 | 一〇三六 | 佛祖統紀 |
| 契丹刻藏目錄 | | 佚 | | 釋覺苑 | 遼道宗清寧六年前 | 一〇六〇? | 同右 |
| 新編諸宗教藏總錄 | 三 | 存 | | 釋義天 | 高麗宣宗八年 | 一〇九一 | 昭和法寶・首楞續藏經卷 |
| 大藏經綱目指要錄 | 八 | 存 | | 釋惟白 | 宋徽宗崇寧四年 | 一一〇五 | 同右 |
| 大藏聖教法寶標目 | 八 | 存 | 古目 | 王古 | 宋徽宗時 | | 同右 |
| 弘法入藏錄 | | 佚 | | | 元世祖至元二二年 | 一二八五 | 慶錄 |

| 書名 | 存 | 撰者 | 年代 | 西元 | 佛紀 | 備考 |
|------|----|------|------|------|------|------|
| 至元法寶勘同總錄 | 〇一存 | 釋慶吉 | 元世祖至元二四年 | 一二八七 | 一八五六 | 昭和法寶 |
| 大明釋教彙門標目 | 四存 | 釋寂曉　明時 | | | | 閱藏知津 |
| 大明釋教彙目義門　一名法藏司南 | 一四存 | 同右 | 同右 | | | 同右 |
| 閱藏知津 | 八四存 | 釋智旭 | 清世祖順治十一年 | 一六五四 | | 原書 |
| 如來大藏經總目　一名番藏目錄 | 一存 | 智旭 | 清聖祖康熙二十二年 | 一六八三 | 一八九七 | 首楞藏經卷 |
| 滿洲刻藏目錄 | 一存 | | 清高宗乾隆五十七 | 一七九二 | 二二一〇 | 全右 |

此表所存，詳於遠而略於近。宋後刻藏書目出入卷數多寡時有異同，不復備列。蓋以其於目錄學無甚影響故耳。

**佛錄之始創者**　佛教目錄之興，蓋伴譯經以俱來。觀乎後竺法護、釋真諦之譯經有錄，則始創佛錄者，其安清、支謙之倫乎。安清相傳為安息王太子，「以漢桓帝之初始到中夏」，「至止未久，即通習華語，於是宣譯眾經，改胡為漢」，「其先後所出經凡四十五部。」見祐錄卷十三。其後支謙譯經於吳，「首尾三十餘載」出經三十六部，而據費錄「檢眾錄能述」所得，則謂清謙所出有一百七十六

部及一百二十九部之多信如其說則目錄之需要極矣即曰費錄可疑四十五與三十六之數亦非寡少其必有一紙帳單以備查之用實係事勢所趨不得不然者而此帳單縱極簡陋亦目錄之雛型也特以「僅列經名」錄羌無義例「歲久錄亡」祐錄故未爲諸錄盛稱耳。惟智昇開元釋教錄卷十八於龎化比丘經注云:「支謙錄內有此經名,恐偽竊真名,且兩存其目。」

三部僞錄 前於安淸支謙之佛錄有三,皆後世僞造或誤認近著爲古書其一曰古錄費錄云:「似是秦時釋利防等所齎來經目錄。」夫秦時佛法尙未流入中國僧徒姓釋始於苻秦之道安王子年拾遺記本非信史雖有室利防齎經入秦之說詎足信乎況費錄於嚴佛調古維摩詰經支謙八吉祥經、法護普曜經皆注云:「見古錄」是數人者皆生於漢末晉初然則烏得又認古錄爲秦書乎?法華傳記卷一支派別第四。亦云:「又有薩曇分陀利經一卷……古錄注『法護譯』」祐錄新集安公失譯經錄續撰失譯雜經錄皆有引古錄語費錄又於道襲悲華經注云:「見古錄似是先譯襲更删改。」祐錄則於悲華經下注云:「別錄或云『襲上出』」襲晉安帝時人因知撰古錄者最早不能出於法護以前最遲不能更在道安或道襲之後要之必爲晉人而非秦人其書非古更古者尙有朱士行、

二三八

竺法護、帛道眞之作徒以失其撰人故號爲古耳若遽依費錄認爲秦書則不僞而僞矣。

其二曰舊錄費錄云：「似前漢劉向搜集藏書所見經錄」宣錄云：「似是前漢劉向校書天閣，

往往多見佛經斯卽往古藏經謂孔壁所藏或秦政焚書人中所藏者」此其荒謬尤罕比倫夫列仙

傳決非劉向所撰且其記事全屬子虛據以爲說誰能置信故魏書釋老志云「漢採遺籍復若丘山

司馬遷區別異同有陰陽儒墨名法道德六家之義劉歆著七略班固志藝文釋氏之學所未曾紀」

夫漢時「天下遺文古事靡不畢集太史公」史記自序。向歆錄略雖房中術之穢亦所不遺豈有高明

如佛經而反屏去不道乎況舊錄之稱原出祐錄祐錄之新集經論錄依照年代先後著記自四十二

章經至譬喻經皆常引舊錄所稱之異名舊錄每較安錄爲長例如七法經舊錄云：「阿毘

曇七法行經」此因安錄「太簡注目經名撮題兩字」錄祐舊錄之不蹈襲安錄觀此可知跡其時代，

譬喻經係晉成帝時沙門康法邃所撰；而祐錄於簡文帝以後所出諸經不復引徵舊錄之說由此推

論則舊錄之成蓋在成帝至廢帝之間也。當西曆三四一至三七〇之間。與支敏度經論都錄約略同時或卽一書，

亦未可知費錄所引則又更後於晉孝武帝世竺曇無蘭釋慧簡譯經皆引舊錄最遲者竟及蕭齊釋

道備之九傷經。祐錄卷九菩薩善戒菩薩地持二經記，亦引舊錄，云「是宋文帝世三藏法師求那跋摩，於京師譯出。」此等疑其並爲後人續加，非出一手。凡古書皆有後人攢加之跡，如史記有諸少孫馮商增補之語是也。

則又似與祐錄並世而稍早也。無論如何其決非漢書則無可疑而宣錄乃沿費錄之誤而更甚其辭，有指祐錄而言者，非悉謂晉人之舊錄。

是亦迷古之弊耳。至於經錄、琮錄、泰錄、宣錄所引「舊錄」，

其三曰漢時佛經目錄費錄云「似是伽葉摩騰創譯四十二章經因即撰錄。」別本又云：「似摩騰譯經

是前漢劉向集書所見者。見大正新修本大藏經史傳部一二七頁。其書除費錄及全抄費錄之宣錄外未有稱述其隻字

者；其爲費錄妄言固無待言後說之謬前已略陳。至於前說亦非事實祐錄於四十二章經注云：「安

法師所撰錄闕此經」夫以「內外羣書略皆遍睹」之道安而不錄此最古且最要之經典則此傳校

知僅爲俗本非屬原經倘此經不僞則何以「章和以降」八十年間又「經出蓋闕」乎即曰確有

此經而區區一卷何須目錄之必僞且必無較之古舊二錄之不僞而僞者又非其比矣。

第一部總錄　古舊二錄旣爲晉人所撰安淸支謙又未有言其撰錄者則第一部總錄殆爲魏

說之僞，可參看飲冰室專集第十五冊漢明求經說辯僞。

僧朱士行之漢錄矣。（書名原必更詳。）士行「出家以後便以大法爲己任常謂入道資慧故專務經典」

祐錄卷十三。祐錄雖未引其漢錄而費錄備載之考其所錄則漢末支婁伽讖安世高（即安清。）竺佛朔支曜康

巨嚴佛調諸家譯經具在又載有伽葉摩騰之四十二章竺法蘭之十地斷結經真僞雜列顏乏識斷。

詳記譯人及其譯地譯年月日是其首創之例士行既以魏高貴鄉公甘露五年西行求經且所錄不

出漢代則其書必成於尙未西行而「專務經典」之時在一切佛錄中實爲最古者矣或亦疑其爲

後人僞造費錄於益意經既云晉「孝武帝世沙門康道和太元末譯」又云：「朱士行漢錄云二卷，

不顯譯人」似亦有可疑者然道和所譯係「第二出」「合三卷」費錄亦已言之顯非一本固無

庸疑也。

竺法護與聶道眞　繼朱士行而作者有竺法護。法護遊歷西域諸國遍學其語言文字，「遂大

齎胡本還歸中夏……終身譯寫勞不告倦宣隆佛化二十餘年晉懷帝永嘉初卒。（祐錄卷十三，參晉書卷三。）祐錄

於新集續撰失譯雜經錄二引「安法師所載竺法護經目」（此二書皆法護所出。）可知安猶及見法護所撰

泰經錄目。費錄宣錄遂並載之。「護於晉世出經最多」而慧皎高僧傳唯云：「護出一百六十五部」，

祐錄止錄一百五十四部，費錄則羅列至二百十部之多似僅錄其本人出經巳足成一目錄矣。故

宣錄云護「翻經極廣因出其錄」然諸錄援引既寡眞相難明倘未並錄他書，<sub>無盡意經，此經亦護所出，不足爲兼錄他書之證。</sub>則護錄實譯經專錄之最早出現者也。時有清信士聶承遠及其子道眞「執<sub>祐錄大集虛空藏無盡意三經記引一護公錄復出</sub>

筆助翻」「及護沒後眞遂自譯」「亦出一錄」<sub>錄費亦曰衆經錄</sub>其所錄者有漢末之支婁伽讖，

並世之竺叔蘭且盡列法護譯經較之護錄似有兼錄專錄之分此二者皆西晉僅有之作其體例略

同漢錄；而上文所謂古錄反在其稍後。

支敏度之經論都錄及別錄　費錄卷八有「經論都錄一卷」云晉「成帝世豫章山沙門支

敏度，總校羣經合古今目錄撰此都錄」卷十五又載「支敏度錄一卷又都錄一卷」宣錄則謂敏

度於「經論都錄一卷」之外，「又撰別錄一卷」祐錄則載有合維摩詰經合首楞嚴經二書云：

「晉惠帝時沙門支敏度所集」據此則敏度爲惠帝至成帝時人費錄常引支敏度錄，所載支婁伽

讖安世高法護支法度等譯經，及放光般若經皆出敏度以前惟卷九引支敏度都錄載有晉孝武帝

世聖堅所譯僅迦葉解難經似敏度享壽極高假定於惠帝末年合定二經時年二十迄孝武帝初亦

已九十歲矣雖非不可能然二十著書，九十撰錄終有可疑也。若認爲成帝以前之人，則此錄之成早

於安錄三十餘年實爲東晉第一部總錄。至其書既以經論標名復分部別二錄則或已分別經論爲

二類，於別錄中亦甚屬可能。且祐錄迭引「舊錄」「別錄」而未言敏度有錄；費錄所引度錄間有

同於祐錄所引之舊錄者豈後人續補度錄，直至宋、齊久而沒其姓名致簡稱舊錄別錄歟？（參看上文論舊錄，下文

論眾經邾錄。

## 二趙經錄

費錄有趙錄云：「似是趙時，未見經致疑姓氏。」宣錄亦有二趙經錄云：「似是二

石趙時諸錄遙注，未知姓氏。」考佛圖澄甚爲石勒石虎所尊信然未嘗譯經。費錄卷十載空淨三昧經

等四部謂「宋世不顯年，未詳何帝譯羣錄直注云：『沙門釋勇公出』見始興及趙錄。」卷十一於

燈三昧經注略同又卷九載晉孝武世聖堅譯經云：「一經見趙錄」「未知前後趙」又卷七載晉末釋

法勇出一經釋嵩公出三經亦云「見趙錄」考後趙亡於東晉穆帝永和七年下距宋初已七十餘

年。因知趙錄所載不但非趙人譯經且非趙人所作視爲僞書固無不可。若其非僞也尚有趙某撰錄，

而後世誤爲趙代所出歟？

## 奠定基礎之道安綜理衆經目錄

以上諸家眞相莫明，故祐錄謂：「自漢暨晉經來稍多。而傳經之人名字弗記；後人追尋莫測年代」其實諸錄對於譯人，悉人代者亦不少。宣錄謂「自前諸錄但列經品位大小區別人代，蓋無所記」時，譯地，亦已詳記。迨東晉中葉釋道安「乃總集名目表其時人銓品新舊定其制作」。錄撰爲綜理衆經目錄。至孝武帝寧康二年始寫定於襄陽。見祐錄新集安公注經錄。祐錄謂：「爰自安公始述名錄銓品譯才標列歲月妙典可徵實賴斯人」二卷 其書雖亦失傳大體尚保存於祐錄據以推測猶可髣髴。道安常山扶柳人少時師事佛圖澄於鄴避亂南下「齋講不倦多所博涉」靡不通究。後爲苻堅所得最被敬信勸堅遠召鳩摩羅什於龜茲間接助成譯經之大業制定僧尼軌範以釋爲氏垂爲永式散遣高徒佈教四方以建元二十一年卒於長安。見祐錄卷十五。其人在佛敎史自有其卓絕不朽之地位毋庸詳敍所宜論者爲其經錄。

安錄區區一卷其注意點惟在「銓品譯才，標列歲月」。祐錄卷二。例如祐錄卷三十載「又有阿闍世王寶積等十部經以歲久無錄安公校練古今精尋文體云：『似支讖所出凡此諸經皆得本旨了不加飾可謂善宣法要弘道之士也』」此卽所謂「銓品譯才」也。皎傳一卷載：「案釋道安經錄云：

『安世高以漢桓帝建和二年至靈帝建寧中二十餘年，譯出三十餘部經』』祐錄於五蓋疑結失

行經目下注云：「安公云『不似護公出記云：永寧二年四月十二日出』」此即所謂「標列歲月」

也其錄自「安高以下至法立以上凡十七家」並依年代先後逐家彙列以經名為目下注其異名

及譯出歲月。一家經目列畢則另寫一段於後略述譯人姓氏譯經始末譯筆優劣後來祐錄名之曰

本錄。「自道地要語迄四姓長者合九十有二經標為古異」。「或無別名題取經語以為目或撮略

四銓，摘一事而立卷」「編之於末」祐錄卷三。自修行本起訖於和達凡一百有三十四經莫詳其人

祐錄名之曰失譯經錄又有關中涼土「二錄並闕譯名」又「摘出偽經二十六部」別為一錄此

外更將自注衆經及雜志目錄亦「附之於末」祐錄卷五。全錄「注目經名撮題兩字且不列卷數行

間相接後人傳寫名部混糅且朱點為標朱滅則亂循空追求困於難了」後由僧祐一悉更刪整標

定卷部」祐錄卷三。乃成下列之形式：

經論錄。或稱本錄。第一

古異經錄第二原在後，祐始提前。

失譯經錄第三

涼土失譯經錄第四

關中失譯經錄第五

疑經錄第六

注經及雜志錄第七

「其體裁足稱者蓋數端：一曰純以年代爲次令讀者得知斯學發展之跡及諸家派別。二曰失譯者別自爲篇三曰摘譯者別自爲篇皆以書之性質爲分別使眉目整然。四曰嚴眞僞之辨精神最爲忠實五曰注解之書別自爲部不與本經混主從分明。凡此諸義皁牢後此經錄殆莫之能易」梁啓超佛家經錄在中國目錄學之位置。　除第一點爲佛錄慣例外餘皆安所發明也故道宣嘉之曰：「衆經有據自此而明；在後羣錄資而增廣」宣錄卷十。安誠無愧爲佛錄開山之祖矣。

僧叡之二秦衆經錄目　繼道安而作者有僧叡僧叡魏郡長樂人。皎傳卷六。道安弟子。宣錄卷十。與鳩摩羅什同在姚秦「什所翻經叡並參正」什歿嘉之。見皎傳卷六，參看卷二，及祐錄卷二，卷十四。弘始末年撰有二秦

衆經錄目一卷，見費錄卷八，宣錄卷十。蓋補道安之不及，專錄二秦譯經名目者也。費錄間引其文因知苻秦之竺佛念曇摩蜱僧伽提婆姚秦之鳩摩羅什弗若多羅卑摩羅義佛馱耶舍諸家譯經皆在錄中最晚者有弘始十五年當晉安帝義玄始七年當義熙十年四年。所譯且有姚秦亡後北涼僧曇摩讖之書故雖以二秦為名，而實兼及北涼凡道安未收秦涼新譯之經殆已盡收於此錄矣。費錄於支讖之徵帙持經亦引此錄，殆偶證異名，非關著錄。故謂為安錄之續編，亦無不可也。

## 南北朝佛錄概觀

及南北分立之世譯經日多藏經日富撰為目錄者接踵而出竺道祖首創斷代之例王儉首收佛書入總志無名氏之衆經別錄首為學理及體裁之分類釋僧祐之出三藏記集首作小傳及書序為目錄之附錄而集經結藏亦始於僧祐劉勰之於定林寺僧紹寶唱之於華林殿一再撰目遂成世業北朝則有李廓之魏錄法上之齊錄並號精當而專錄譯經者則有蕭齊之釋道慧陳之釋真諦元魏之菩提流支等其他不甚知名者尚有多種以數量論可稱最為發達以實質論則佛教目錄學至此時期始得成立其重要實不減於隋唐諸錄也。

### 道祖之衆經錄

晉太元初道安陷秦其弟子慧遠南入廬山創東林寺率衆講學。「初經流江

左，多有未備，遠乃命弟子法淨等，遠尋衆經，踰越沙雪，曠歲方還，皆獲胡本，得以傳譯。所以禪法經戒，皆出廬山，幾且百卷。慈外妙典，關中勝說，所以來集茲土者，皆遠之力也。」[祐錄卷十五。]費錄載有廬山錄一卷，殆即廬山譯經之目錄歟。而遠之弟子釋道流，創撰衆經錄四部，一曰魏世經錄目，二曰吳世經錄目，三曰晉世雜錄，四曰河西經錄目，未就而病卒。同學竺道祖因而成之，大行於世。[見費錄卷八及宣錄卷十。]觀費錄所引，則斷代各自爲書，道祖所作，實爲始祖。蓋士行漢錄、敏度都錄、道安綜錄，固已按代錄人，而區區一卷，自可不再分篇。法護錄、二秦錄之屬，祇錄一時所譯，決不可謂爲斷代之錄也。道祖之作，則非僅如宣錄所載，分爲四卷，各命一名而已；此外尚有所謂漢錄者，偶見於費錄[卷二引「竺道祖漢錄云：『興平元年康孟詳於洛陽譯四諦經一卷，與世高出者小異。』」]而世迄未之知。此五錄者，固各自單行，故費錄述引，各有稱號，並無總名。其所謂魏，乃並指曹魏及元魏，河西錄又名涼錄，晉世雜錄則並包二秦及劉宋譯經所收之書。有遲至劉宋孝武帝孝建二年始出者，故知道祖此錄之出，已爲劉宋末年矣。然祖實卒於晉恭帝元熙元年，[皎傳卷六。]則宋世諸經，乃後人續入之也。

**王儉之佛經錄**　道祖之後，有收佛經入總目錄中者，爲宋祕書丞王儉。儉依別錄之體，撰七志。

又條佛經為一錄，「雖繼七志之後而不在其數」見七錄序。七志之例雖「亦不述作者之意但於書名之下每立一傳而又作九篇條例編乎首卷之中」見隋志。則佛經錄所收各書亦必各有一傳卷之條例或有對於分類或分家之說明且七志多至四十卷。見南齊書本傳。若謂其佛經錄獨不分類提要，與其他七志有殊亦不近情惜乎書已不傳未可任意推測耳僅就其收佛經入總錄及每書立傳之兩例論之儉之創見已可嘉矣。

**蕭齊三錄**　費錄載有釋王宗之眾經目錄釋道慧之宋齊錄及釋弘充錄。皆出南齊時祐錄於佛從兜率降中陰經下注云：「齊武帝時比丘釋王宗所撰。」費錄於竺法護朱士行及晉孝武世之法堅宋武帝世之法勇宋文帝世之覺鎧所譯各經下並引王宗錄可見其書亦係通錄古今者費錄又謂宗「又撰大小乘目錄」二卷云「見三藏記」，祐錄今本未見此語。則佛錄之判別大乘小乘者殆以王宗為最先也。宋齊錄則專錄晉末及宋齊二代之譯經目錄與宗錄之性質迥異核其所收如晉安帝世之祇多蜜佛馱耶舍宋交帝世之釋智猛釋曇覺釋智嚴釋寶雲僧伽跋摩求那跋陀羅曇摩密多畺良耶舍宋明帝世之吉迦夜宋廢帝世之毗尼師佛陀什宋孝武帝世之沮渠京聲齊武帝世之僧伽跋陀羅

達摩摩提皆一時譯經之大師。雖已溢出宋齊之限，而晉安帝實為東晉最後一朝，踐祚僅年餘，其後之恭帝，緊接宋初，原非懸隔。道慧此錄殆繼「舊錄」而作，猶僧叡之續安錄，故專以近代譯經為著錄之對象也。

至於釋弘充錄則僅一見於費錄，未知其性質若何。據皎傳（卷八）所載：「釋弘充涼州人大明末過江初止多寶寺明帝踐祚起湘宮寺請充為綱領於是移居焉以齊永明中卒」其所撰目錄或係專記湘宮寺所藏亦未可知。

### 空前精善之衆經別錄

費錄載有衆經別錄，注云：「未詳作者似宋時述。」又詳記其類名部數及卷數如左：

大乘經錄第一　　　　　總三百七十部　　七百七十九卷

三乘通教錄第二　　　　五十一部　　　　九十七卷

三乘中大乘錄第三　　　一十七部　　　　三十八卷

小乘經錄第四　　　　　四百三十六部　　六百六十一卷

篇目闕本錄第五

大小乘不判錄第六　　　一百七十四部　　一百八十四卷

疑經錄第七　　　　　　一十七部　　　　二十卷

律錄第八　　　　　　　一十二部　　　　一百九十五卷

數錄第九　　　　　　　六部　　　　　　一百二十一卷

論錄第十　　　　　　　六部　　　　　　一百五十二卷

都兩卷十篇，一千八十九部二千五百九十六卷。」此書至唐初猶存，故祐錄、費錄、宣錄皆備引
其說。例如祐錄於佛真陀羅經下注云：「舊錄云『屯真陀羅王經』別錄所載安錄無今闕。」於光
明三昧經下注云：「出別錄安錄無。」費錄更多注「見別錄安錄無」者足見別錄並不以安錄爲
藍本且較安錄爲尤詳而此別錄蓋即衆經別錄也又費錄於彌勒菩薩本願待時成佛經下注云：
「已上三十二經並見別錄云什重譯」於聶道真所譯諸經後述云「此並見別錄所載」於法炬
所譯諸經後述云：「既見舊別諸錄依聚繼之」於宋文帝世求那跋陀羅譯經下注云：「已上不注

諸錄者並見別錄」可見別錄於同類之書亦彙聚一人所譯於一處綜其所收上自漢末安世高下

至蕭齊之釋道備歷代諸經，無不攝入。由此足知其爲通錄古今之書矣。由此又知非卽支敏度之衆經別錄，而或爲其擴錄。而費

錄卷五魏吳世錄序云：「且舊錄雖注蜀普曜首楞嚴等經，而復關於譯人年世設欲紀述悶知所依，

推入失翻，故無《別錄》」據此推論則舊錄與別錄同出一人費錄卷十五有衆經都錄八卷注云：「似

是總合諸家未詳作者」此錄據余考證似卽上文所謂舊錄較其時代略與別錄同時蓋費錄引舊

錄、別錄並止於蕭齊之釋道備其後各家不復引述而諸錄絕未有引衆經都錄一語者舊錄旣非

「似前漢劉向搜集藏書所見經錄」考。前文已祐錄又祇引舊錄而未言有衆經都錄則謂舊錄似卽

都錄實無不可良以此兩錄至隋初皆已失傳費錄未見原書僅能由他錄所載轉引故卷十五又

認以舊錄爲漢書而未知其卽衆經都錄耳揣其體例則一依時代爲次謂之都錄一依大小乘律論

等體裁而分則謂之別錄。其「失翻」者不復「紀述」「故無別錄」因知都錄當有「紀述」

當較別錄爲詳故費錄載都錄八卷別錄則祇二卷也兩錄於蕭齊衆經吾人僅知其有道備一家，

則其著作時代必在齊初與上述之《釋王宗同時雖不敢遽謂兩錄卽爲王宗所撰然從「又撰大小

乘目錄」一語及別錄宗錄之卷數並爲兩卷推之則其或然性乃甚強雖曰題名各別然提出此項

問題，亦不為無益耳。蓋王儉七志已亡，既未知其佛經錄已分類與否。王宗經錄之內容吾人更無所

知則。對於此創造最優良之分類法之眾經別錄作者，吾人竭精殫思以求得其姓名亦非過分其書

既從教義上分大乘、小乘、不判乘又從體質上分存、疑、闕；佛經之外又首創律、論、數三類。其分類法之

原則蓋有教義體質文裁三項俾經律數論，各有定居真偽完闕不從含混。而專習一乘者自可即類

求書；初學佛經者不為疑偽所誤。其類例之善實為空前所未有，非獨為道安僧祐所不及，即後來隋

唐諸錄亦無不仰為圭臬，亦步亦趨不敢稍失規矩也。

關於別錄及其有關之舊錄試作一關係系統圖如下：

現存最古之出三藏記集

（舊錄＝支敏度經論都錄）＋釋道慧宋齊錄＝無名氏眾經都錄

（別錄＝支敏度經論別錄）十？＝無名氏眾經別錄＝釋王宗眾經目錄

遙續安錄近接別錄囊括一切經錄而集其大成者，為釋僧祐之出

三藏記集。皎傳載祐建康人入定林寺「初受業於沙門法穎穎既一時名匠為律學所宗，祐乃竭思

鑽求，遂大精律部。齊竟陵文宣王每請講律聽眾常七八百人，永明中勅入吳試簡五眾並宣講十誦

更申受戒之法凡獲信施悉以治定林建初及修繕諸寺幷建無遮大集等及造立經藏搜校卷軸。使夫寺廟開廣法言無墜咸其力也。」梁初武帝「深相禮遇凡僧事碩疑皆勅就審決年衰脚疾，勅乘輿入內殿爲六宮受戒凡白黑門徒一萬一千餘人以天監十七年五月二十六日卒于建初寺春秋七十有四」「初祐集經藏既成使人抄撰要事爲三藏記法苑記世界記釋伽譜及弘明集等皆行於世」十一原文。並　　錄故傳卷。據此所述則僧祐在齊梁之間地位甚高門徒甚衆故能集合衆力，「造立經藏搜校卷軸」撰著諸書佛經之有藏實自祐始佛錄之得留傳至今亦以祐錄爲最古。

祐之撰經錄也實以「經出西域運流東方提挈萬里翻傳胡漢國音各殊故文有同異前後重來，故題有新舊而後之學者鮮克研覈逐乃書寫繼踵而不知經出之歲誦說比肩而莫測傳法之人授受之道，原作授之受道，今據宜錄校改。亦已闕矣夫一時聖集猶五事證經況千載交譯寧可昧其人世哉昔安法師以鴻才淵鑒爰撰經錄訂正聞見炳然區分自茲以來妙典間出皆是大乘寶海時競講習而年代人名莫有銓貫歲月逾邁本源將沒復生疑惑奚所取明祐……於是牽課羸志汎波討源綴其所聞，名曰出三藏記集」讀此自序則祐之所志在續安錄其餘諸子等於自郐無譏矣然祐又自言「祐

總集衆經遍閱羣錄」則其所見衆錄爲數甚多決不限於安錄及古舊諸錄也。

梁書卷五十載：「劉勰字彥和早孤篤志好學家貧不婚娶依沙門僧祐與之居處積十數年遂博通經論因區別部類錄而序之今定林寺經藏勰所定也天監初起家奉朝請」由此可知經藏早成於齊世編定其目錄者乃勰也又可知祐錄所根據者必定林寺經藏目錄則祐錄殆亦由劉勰執筆歟祐弟子慧皎作高僧傳載祐卒後「弟子正度立碑頌德東莞劉勰製文」費錄有「釋正度錄一卷」或爲拾補祐錄之遺。費錄於晉恭帝元熙元年竺法力宣錄於晉初竺法護，並引正度錄。調情致宛似文心雕龍。正度慧皎及寶唱之儔諒亦嘗助勰祐撰錄也至於祐錄成書之年費錄稱爲「齊建武年」此蓋草創之時耳祐所新撰賢愚經記有天監四年之事亦已收入祐錄因知其書必成於此年以後天監十四年以前或目錄部分於建武中先成記傳部分至天監中猶陸續加入如此鉅著必非短期所能竣事也。

祐錄內容共分四體自序云：「一撰錄記二銓名錄三總經序四述列錄記撰則原始之本克昭，名錄銓則年代之目不墜經序總則勝集之時足徵列傳述則伊人之風可見」此外尙有雜錄一

體，實亦書序之類，非有歧異。全書最主要之部分自爲目錄之「錄」錄凡十二其名次如下：

新集撰出經論錄第一

新集條解異出經錄第二　　　　　費錄轉載有誤。

新集表序四部律錄第三

新集安公古異經錄第四

新集安公失譯經錄第五　　　　　大藏本移在續撰失譯錄之前，以下次第並依費錄所載。

新集安公涼土異經錄第六

新集安公關中異經錄第七

新集續撰失譯雜經錄第八

新集抄經錄第九

新集安公疑經錄第十

新集疑經僞撰雜錄第十一　　　祐錄原脫僞撰雜三字。

新集安公注經及雜經志錄第十二 <small>此題依<br/>鈔錄。</small>

第一部分實攝入安錄原文「接爲新錄兼廣訪別目括正異同追討支舉以備錄體發源有漢，迄于大梁運歷六代歲漸五百歲梵文證經四百有十九部華戎傳譯八十有五人魚貫名第略爲備矣。」<small>即第二至於律藏初啓則詳書部分。</small>

或同是一經而先後異出新舊舛駁卷數參差皆別立章條使無疑亂本源。<small>爲新集律分五部記錄，新集律分爲十八部記錄。大藏本因「文煩不復備寫」。</small>

第二部分所謂「異出經者謂胡本同而漢文異也。……審覈人代列于上錄若經存譯亡則編於下卷」<small>即第八部分。</small>

八傍及衆典往往如茲」祐「並條目列人以表同異其異出雜經失譯名者皆附失源之部」祐「泥洹楞嚴重出至七般若之經別本乃古異經者蓋先出之遺文也。……雖經文散逸多有闕亡觀其存篇古

第四部分亦安錄原文。「古異經者蓋先出之遺文也。……雖經文散逸多有闕亡觀其存篇古

今可辯」故道安別爲一錄祐亦仍之。

「安錄失譯人者及關涼二錄」祐「總而次列入失源之部」安錄「太簡，」「且衆錄雜經苟集逸異名多復重失相散紊」祐「悉更刪整標定卷部，」即第五至第七部分是也。

第八部分小序云：「祐總集衆經遍閱羣錄新撰失譯猶多卷部聲實紛糅尤難銓品或一本數

名，或一名數本或妄加游字以辭繁致殊或撮半立題以文省成異至於書誤益惑亂甚棼絲故知必

也正名於斯爲急矣是以儷校歷年因而後定其二卷以上凡二十六部雖闕譯人悉是全典其一卷

以還五百餘部率抄衆經全典蓋寡觀其所抄多出四鎔六度道地大集出曜賢愚及譬喻生經並割

品截揭撮略取義強製名號仍成卷軸至有題目淺拙名與實乖雖欲啟學實無正典其爲惩良足

深誠今悉標出本經注之目下抄略既分全部自顯使沿波討源還得本譯矣⋯⋯」

第九部分專錄「撮舉義要」之書「其安公時抄悉附本錄」不入此篇第十部分全錄道安

原文。第十一部分則係「祐校閱羣經廣集同異約以經律頗見所疑」「注之於錄幷近世妄撰亦

標於末」第十二部分亦仍安原文續加近作數種。

綜右所述除特爲保安錄而設之六錄外實祇分（1）經論，（2）異出經（3）律，（4）失譯經，

（5）抄經（6）疑經六部。

祐錄之特色不在上述之「錄」而在「錄」前之「記」與「錄」後之「序」及「傳」前

有集三藏記，十誦律五百羅漢出三藏記菩薩處胎出入藏記皆敍佛經結藏之經過猶之劉歆輯

二五八

中國目錄學史

略之敍學術源流也次則爲胡漢譯經文字音義同異記，前後出經異記，並釋譯文異義。錄後一部分專抄出經著論之序及後記一部份則祐所特撰之高僧列傳也搃以劉向別錄之例則祐之經序列傳較向之解題小傳爲尤詳向錄融化篇目解題列傳於各錄中祐錄則析之爲三或列書目或存原序或撰詳傳未能併合耳。

僧祐之撰是錄也爲時甚久爲力甚勤，而爲功甚艱鉅其所根據之安錄旣甚疏略衆錄又紊亂不一，必須「悉更删整標定卷部使名實有分尋覽無惑」實非輕易讀前引各序已可知之其所收藏旣極豐富，見梁書劉勰傳又復「訪訊遐邇」僧祐賢愚經記「讎校歷年因而後定」其勤謹尤爲少見同時撰集經錄者非祇一家惟祐獨傳餘並遺佚此其必有爲衆錄所不及者然後可以傳千四百年而不失也。考其優點約有四端一曰葆有多方面之第一手史料如敍佛典來歷及繙譯方法記名僧事迹抄論序及出經後記皆顯示最初之蹤影極便後世學者之稱道與研究。二曰使用多樣之體裁如旣有目錄又用記序列傳以輔之俾能互相補充無「知其一不知其二」之患而目錄之功益顯矣三曰分析經書爲多數之部類旣剙出注經雜經疑經僞經抄經失譯經古異經異出經別成若干部以別

於正式之經論又析律爲另一部。除失譯古異抄疑注、雜各部仿自道安，餘例皆爲僧祐所自創，實開

後此諸家許多法門，促進佛教目錄學之進步爲功甚大。其四則於一切經論皆曾作一番考索甄別。

其同異眞僞鉤出其譯人時地總計錄書二千二百六十二部凡四千三百二十八卷前乎此者實未

有若是博大者也。隋釋法經衆經錄序謂：道安以後二百年間諸家經錄皆未精詳。「獨有揚州律

師僧祐撰三藏紀錄頗近可觀。然猶小大雷同三藏雜糅抄集參正傳記亂經考始括終莫能該備自

外諸錄胡可勝言」法經所論頗中其失。惟經律分錄實始於祐。大小分乘前人所忽未可以爲祐罪

耳。唐釋智昇開元釋教錄卷十則云：「祐錄所撰條例可觀若細尋求不無乖失只如第一卷前後出經

異記中」舊經怛薩阿竭阿羅訶三耶三佛新經多陀阿伽度阿羅訶三藐三佛陀舊經阿耨多羅三耶三菩

提新經阿耨多羅三藐三菩提」二義全殊不可交互又如曇摩羅刹與竺法護乃是一人曇摩云法，

羅刹云護分爲二人二誤異出經論錄中但名相似即云重譯而不細料簡大小混雜三誤僧伽羅

刹集序云「衆護撰」者僧伽云衆羅刹言護衆護乃是集經之人序是翻譯者作題云「衆護」四

誤。此諸衆作，乖謬全乖。此亦瑤璵之一玷也。」｜智昇｜所摘雖中其失然微細亦已甚矣。據余所見｜祐｜錄

之失，蓋另有在。一曰：過尊｜道安｜並存其例也。夫經論錄注經錄既包｜安錄｜於其中不另爲

一錄；則疑經、失譯，胡爲又別析爲四部乎？此合彼分必有一誤；既自相矛盾其何可辭安公時抄諸經既

已混入經論錄；而新集他人抄者則又新創抄經錄以容之且昌言攻其「既使聖言離本復令學者

逐末。」出爾反爾尤令人齒冷此皆過尊｜道安｜一念誤之耳。二曰：所創體例多而不密，新而不嚴也。以

｜傳序｜輔目錄斯固新奇之作雖乖體例之純益顯便利之大然既已分類列目矣胡爲將分律之說記爲三

錄所錄皆書序也胡爲乎不以入序也？錄爲全書之本體既已分標四體則何爲又雜以雜錄雜

錄胡爲將無關經論之小乘迷學記及喩疑二文亦佔居兩錄之位三曰考證工夫猶未見精到也集

三藏錄記及少數列傳述佛氏掌故牛涉荒唐本錄收書頗雜疑經乃至誤信漢明帝遣｜張騫｜使月支

寫經四十二章之說而謬謂「古經現在莫先於四十二章傳譯所始靡踰｜張騫｜之使。」此亦由推尊

｜僧祐｜太過務欲使其近古乃更爲神靈耳雖然若｜僧祐｜者不可謂非南北朝諸家之最傑出者也。

**僧紹與寶唱**　　與｜僧祐｜同時同地依其圭臬而撰爲宮殿藏經目錄者有｜僧紹｜與｜寶唱｜二家。｜唱｜固

祐之高徒也。是時梁武帝「大崇佛法於華林園中，總集釋氏經典。」見隋志，但卷數末確。「天監十四年，勒安樂寺沙門釋僧紹撰」「華林佛殿衆經目錄」「紹略取祐三藏記目錄，分爲四色，餘增減之。」見費錄卷十一。「雖復勒成，未愜帝旨」見道宣續高僧傳卷一，下文簡稱「宣傳」，宣傳卷一。「至十七年」據費錄，但宣錄作十五年。又勒新安寺沙門釋寶唱宣傳，參費錄卷十一。「重撰乃因紹前錄注迻合離」宣傳卷「顯有無證眞僞經凡十七科，實分二十誤，頗爲觀縷」費錄卷十一。「一峽四卷雅愜時望遂勒掌華林園寶雲經藏搜求遺逸皆令具足備造三本以用供上」一。宣傳卷據費錄，卷十五。寶唱所撰者名梁世衆經目錄，原名必爲大梁，而非梁世。其分類之系統最爲詳細，而略嫌瑣碎。

卷一──大乘

- 有譯人多卷經
- 無譯人多卷經
- 有譯人一卷經
- 無譯人一卷經
- 有譯人多卷
- 無譯人多卷
- 無譯人多卷

卷二——小乘 〔有譯人一卷
　　　　　　無譯人一卷

〔先異譯經
　禪經
　戒律

卷三〔疑經
　　　注經
　　　數論
　　　義記

卷四〔隨事別名
　　　隨事共名
　　　譬喻
　　　佛名
　　　神咒

「都二十件凡一千四百三十三部，三千一百四十一卷。」禪經及最後六科皆前人所未立書

成之時，卽僧祐示寂之歲。唱旣祐徒，則過從諸稟，必有所受。猶之祐撰前錄，亦必參納寶唱、正度、劉總之意見；此四人者，固一家之學〔僧紹亦可列入爲附庸。〕未可以其分類不同晦明不一，而區爲異宗也。惟總紹唱所錄惟限藏經佚書闕目在所不列。此則有異於通記古今存佚之祐錄耳。

**阮孝緒之佛法錄**　同時稍後阮孝緒撰七錄謂「釋氏之教實被中土，講說諷味，方軌孔籍。王氏雖載於篇，而不在志限；卽理求是，未是所安。故序佛法錄爲外篇第一」「王則先道而後佛，今則先佛而後道。蓋所宗有不同，亦由其教有淺深也」，〔實則因宋帝崇道梁帝佞佛。〕佛法錄凡三卷，分戒律、禪定、智慧、疑似、論記五部。列書「二千四百一十種，二千五百九十六帙，五千四百卷」書成於梁武帝普通四年之後，較上述諸錄爲晚出。故諸錄所有，必已攝入。而孝緒惟據諸家名簿，並非盡有其書。故其所收卷帙雖鉅未必可靠。不然，則華林所藏卽寶唱所錄祇有三千七百四十一卷僅及阮錄十分之七；縱使「官目多所遺漏」以僧祐寶唱之勤搜力聚亦不致遺漏一千六百五十九卷之多。如曰存亡並收則亦無以逾祐錄四千三百二十八卷之數。由此論之，則阮錄之濫收多誤信矣。

**分類蕞精之李廓與法上**　佛教之在南朝以梁初爲最盛，故佛錄亦以梁初爲最多且最精。至

於北朝則元魏高齊，先後佞佛李廓法上兩度結藏，其所撰錄亦頗可觀。魏宣武帝永平年，勅舍人洛陽李廓。費錄卷九。「撰眾經錄。廓學通玄素，條貫經論，雅有標擬。」宣錄卷或載其書成於永熙年。費錄卷十五。

然其錄嘗述天平年事則書成之時已爲東魏孝靜帝天平年矣。其分類法與梁代諸錄又復不同，亦有獨得之處。一爲大乘經目錄，二爲大乘論目錄，三爲大乘經子注目錄，四爲大乘未譯經論目錄，五爲小乘經律目錄，六爲小乘論目錄，七爲有目未得經目錄，八爲非眞經目錄，九爲非眞論目錄，十爲全非經愚人妄稱目錄。「都十件經律論眞僞四百二十七部二千五十三卷」錄。費較之梁錄僅有其半。而未得經者祇一十六部可見其錄乃藏經之目非復通載古今者也。法上所錄齊世眾經即承東魏藏者而稍增益之故有七百八十七部二千三百三十四卷。然其分類法則特異於廓錄。有「雜藏錄修多羅錄毘尼錄阿毘曇錄別錄衆經抄錄集錄人作錄都八件」後來隋初法經所撰即依其意而略改類名可見其爲世所重矣宣傳載：「釋法上朝歌人魏齊二代歷爲統師。昭玄一曹純掌僧錄令史員置五十許人所部僧尼二百餘萬而上綱將四十年四方諸寺咸稟成風崇護之基，罕有繼采」八卷其所撰錄成於高齊後主「武平年。」費錄卷十五。綜觀廓上兩錄分類之精遠勝南朝諸

錄，且為｜隋代諸錄之藍本不意末世而有此作也｜。

## 南北朝之譯經目錄及梵經目錄

上述諸錄，或專記一時所出，或通考古今所出。至於專錄一時譯經者，除釋正度錄外尚有道希及真諦二家宣傳載：「菩提流支魏言道希北天竺人也。以魏永平之初來遊東夏宣武皇帝處之永寧大寺以為譯經之元匠。」又引李廓錄云：「流支自洛及鄴爰至天平二十餘年凡所出經三十九部一百二十七卷。」廓又云：「譯衆經論目錄一卷。」推其名義似專錄自譯經論然於魏文成帝世釋曇曜所譯付法藏傳下注云：「見菩提流支錄」則支錄所收又未必限於本人所出，而並取近世譯經矣。至於真諦則原名波羅末陀「親注疏解」「至陳宣即位凡二太清二年始屆京邑」「欲傳翻經教而國難未靜隨方翻譯，」「餘有未譯梵本書並多羅樹葉凡有二百四十三載所出經論記傳六十四部合二百七十八卷」其已「譯訖止是數甲之文並在廣州制旨王園兩十甲。若依陳紙翻之則列二萬餘卷」　費錄甲作縛或夾。　費錄卷九，　費錄宣傳並未言其撰有經錄惟法經衆經目錄於大乘起信論及遺教甲所翻新文筆受葉本滿一間屋。」費錄卷十。則謂流支撰有「譯衆經論一卷」　費錄卷五。寺。　據宣傳卷一。　費錄卷十一，兩載其事。

論目下並注云：「人云眞諦譯，勘眞諦錄，無此論，故入疑。」因知眞諦譯經自有目錄矣。

道希、眞諦並攜來多數梵經。又宣傳載：「那連提黎耶舍〔隋言尊稱〕北天竺烏場國人，天保七年屆於京鄴文宣皇帝安置天平寺中。三藏殿內，梵本千有餘夾勅送於寺」「請爲翻經」此項梵經，或爲道希攜來者夾數旣多必有梵文或梵漢對照之目錄惜乎無人記述之耳。

南北朝不著名之佛錄〔費錄卷十。五。〕

列舉未嘗見本之經錄凡二十四家。上文已考出十餘家矣。所餘者除靈裕錄出於隋時外皆南北朝人作品也。有可考者有不可考者如釋道憑錄雖無佚文可輯然宣傳八載：憑平恩人，善講涅槃華嚴四分「以齊天保十年卒於鄴城西南寶山寺」憑旣未譯經則其所錄殆爲寶山寺經藏歟又如始興錄〔梵僧之自南洋來者必經始興，即停留始興歲許。〕始興即今廣東韶州故費錄卷九云：「始興錄即南錄」其書所載却不限於南人譯經古自漢末建安二年之曇果遠至河南國〔今甘肅。〕之聖堅河西國之僧伽陀近則劉宋之法海道嚴蕭齊之法度曇景皆所收列。故知其爲藏經錄或古今通錄也。至如岑號錄，則費錄惟於漢末嚴佛調迦葉詰阿難經引列。並見費錄轉引。王車騎錄則絕無稱道之者性質皆屬不明除此二十四家之外余於費錄又考得三錄一曰述一次。

南來新錄見晉末祇多密譯經目注。二曰東錄，見宋文帝世釋智嚴譯經目注。三曰一乘寺藏衆經目錄，見周武帝世頌善提譯經目注。而昇錄述「周錄之中引眞寂寺錄義善寺錄玄法寺錄福林寺錄，但引其名不言卷數又有陳朝大乘寺藏錄四卷並不知何人製作。似是當寺藏經，略記由委旣扃寺名爲錄，未可通行，故紩錄次闕而不載」 見昇錄卷十。

隋代之佞佛與撰錄　隋代二主佞佛尤虔。「開皇元年高祖普詔天下聽令出家。仍令計口出錢營造經像。而京師及幷州、相州、洛州等諸大都邑之處並官寫一切經置於寺內而又別寫藏於祕閣。」 志隋記其「在位寫佛經四十六藏凡十三萬卷修治故經四百部。」 見隋志。除陳錄確屬南朝外其餘四錄，朝代不明。

競相景慕民間佛經多於六經數十百倍」 釋氏稽古略卷三。「二年仲春訪人譯經」 費錄卷十二。季夏詔起寺曰大

興善五年召揵陀羅國沙門闍那崛多爲譯經元匠。「於大興善寺更召婆羅門僧達摩岌多幷勑居

士高天奴高仁和兄弟等同傳梵語又置十大德沙門僧琳法粲法經慧藏洪遵慧遠法纂僧暉明穆

曇遷等監掌翻事銓定宗旨沙門明穆彥琮重對梵本再審覆勘整理文義」 及「煬帝定鼎東都，乃

下勑於洛水南濱上林園內置翻經館」 宣傳卷二。又「修治故經六百十二藏計九十萬三千五百八

十二年。」稽古略卷三。

兩代道俗二十餘人所出經論法傳等合九十二部五百一十五卷。」宣錄卷五。 奉勅撰

經錄者先後有法經、費長房、彥琮、智果四家而彥琮更有崑崙經錄。

開皇十四年「五月十日太常卿牛弘奉勅須撰衆經目錄。」經錄上表。

## 法經之大隋衆經錄目

即命大興善寺翻經衆沙門法經等二十大德撰修「揚化寺沙門明穆區域條分指縱紘絡日嚴寺沙門彥琮覼縷緝維考校同異。」費錄卷十二及法苑珠林。 總計衆經合有二千二百五十七部五千三百一十卷。

凡爲七卷別錄六卷總錄一卷於七月十四日進呈。法經等以「道安法師創條諸經目錄銓品譯材的明時代求遺索缺備成錄體自爾達今二百年間製經錄者十有數家或以數求或用名取或憑時代或寄譯人各紀一隅務存所見。……僧衆自稱。法經等既未獲盡見三國高齊及陳周。經本校驗異同今唯且據諸家目錄删簡可否總標綱紀位爲九錄區別品類有四十二分九初六錄三十六分略示經律三藏大小之殊粗顯傳譯是非眞僞之別後之三錄集傳記注前三分者並是西域聖賢所撰以非三藏正經故爲別錄後之三分並是此方名德所修雖不類西域所製莫非毘贊正經發明宗教光輝前緒開進後學故兼載焉」經錄上表。 列其系統則如下表：

大乘

小乘

修多羅藏＝眾經

毘多藏＝眾律

阿毘曇藏＝眾論

一譯分
異譯分
失譯分
別生分
疑惑分
偽妄分

佛滅度後

抄錄集

傳記集

著述集

西域聖賢分

此方諸德分

此種分類法實繼承法上齊錄而略整齊補充之。先分教義為大乘、小乘，再各分文裁為經、律、論之雜書則先分文裁為抄錄、傳記、著述再各分地域為西域、此方即中國。故合計共有九大類四十二小類。所用分類原則有教義文裁地域體質四項較南北朝諸錄為複雜而又不失其整潔體質六分法之意義尤為明瞭。

一譯二「原本一譯。其間非不分摘卷品別譯獨行，而大本無虧故宜定錄。」

異譯二「重譯或全本別翻，或割品殊譯然而世變風移質文迭舉既無梵文校讎自宜俱入定錄。」

別生二「後人隨自意好於大本內抄出別行，或持偈句便為卷部緣此趨末葳廣妖濫日繁。今宜攝入以敦根本」

失譯二「雖復遺落譯人時事，而古錄備有且義理無違亦為定錄。」

疑惑二「多以題注參差致惑文理複雜真偽未分事須更詳且附疑錄。」

偽妄＝「乖真或首掠金言而未申謠讖，或初論世術，而後託法詞，或引陰陽吉凶，或明神鬼禍

福，諸如此比偽妄灼然，今宜寢祕以救世患。」

經錄之善可以「整潔」二字襃之，若謂創造則殊不配。失譯疑偽，創自道安。異譯別生，早見祐

錄。大小分乘，王宗已然，經律論鼎足而立，則法上已定其規例矣。數其關失反有多端，智昇嘗論之曰：

「余檢尋此錄，非無差錯，即如曇摩羅刹晉言法護，總是一人錄中分二云各出須真天子經二卷，編

爲重譯不識梵晉之言，一誤也。如律二十二明了論，總是一經錄中分爲二部，律二十二卷編在律中，

明了論一卷在於論錄，一經之題分二上錄二誤也。其律二十二乃是明了論半題，今云二十二卷誤

之甚也。真諦攝論十二卷與十五卷者二本不殊，存其二部而言重譯三誤也。以仁王經起信論等編

在疑錄四誤也。不能備陳略述如此。」（見昇錄卷十）所攻雖細，要中其失。余更就其體例論之，則不合理者

尚有四焉。僅著譯人時代，而未詳記年月日，一也。僅據諸錄抄目，卻又沒其出處，二也。未見原書不分

存佚三也。同類排列，不依時代先後，不彙一人所出於一處，卻又別無排列秩序之定理，四也。法經等

徒知識以前諸錄「不至詳審」，卻亦「不能盡獲三國經本及遺文逸法」，而致「造次修撰，多有

罔昧，」並經錄語。惜哉！

## 費長房之歷代三寶紀

「時有翻經學士成都費長房本預（細當爲緝之誤。）衣周朝從廢因俗博通，妙精玄理開皇之譯卽預搜揚勅召入京從例修緝以列代經錄散落難收佛法肇與年載蕪沒乃撰三寶錄一十五卷始於周莊之初上編甲子下舒年號並諸代所翻經部卷目軸別」（宣傳卷二。）長房自序謂「古舊二錄條目殘亡，士行道安創維其缺爾來間存祖述不同，各紀一方互存所見三隅致隔，故多失疑。又齊周陳並皆翻譯弗刊錄目靡所遵承兼值毀焚絕無依據」。隋一天下，「異出遺文莫不皆萃」。故於譯經之餘，「十餘年來詢訪舊老搜討方獲雖粗緝綴猶慮未周廣博尋求敬俟來俊。……今之所撰集略准三書以爲指南顯茲三寶。……摘彼翠零成斯紀翻……昔結集之始並指在某國城今宣譯之功理須各宗時代故此錄體率舉號稱爲漢魏吳及大隋錄也失譯疑僞依舊注之人以年爲先經隨世而次有重列者猶約世分總其華戎黑白道俗合有一百九十七八都所出經律戒論、傳二千一百四十六部六千二百三十五卷位而分之爲十五軸一卷總目二卷入藏三卷帝年九卷代錄代錄編鑒經翻譯之少多帝年張知佛在世之迍邅入藏別識教小大之淺深」（費錄卷十五。）其書

「外題稱曰開皇三寶錄其卷內甄爲歷代」三寶紀。入藏錄祇收經律論三藏不收雜著而此三者，又各分大乘小乘再分有譯失譯自定其例云「今此藏目惟取有譯失譯單名自餘重翻同本別出，舉一多卷編以爲頭其外二三具注於下情樂誦讀任從所抄簡擇集疑悉除僞妄」故其特色在兼有考年分代入藏三體既能包羅古今存佚纖悉無遺對於翻譯時代尤爲詳盡又能簡擇重要經論抄集入藏僧祐而後始見此人故「錄成陳奏下勅行之所在流傳」宣傳卷二。唐初道宣「所集錄」亦「據而本之」。宣錄卷五。 然其過謬亦如道宣所言「瓦玉雜糅眞僞難分」傳宣「得在繁富失在蕪通。」却又「非無憑准」故又「未可偏削。」宣錄智昇更攻其「入藏錄中事實雜謬其闕本疑僞皆編入藏」又多誤以一經二名爲二部。見昇錄卷十。 皆切中其失無庸諱言惟費錄之長固不在入藏錄耳。其書成於開皇十七年十二月二十三日；見總目序。然有後人續補及加注之痕跡:如卷三帝年列有開皇十八年以後事直至唐武德元年卷十大空論目下注有「唐內典錄云十八空」字樣此則任何書所不能免者耳。

### 彥琮之隋仁壽年內典錄

大藏經內有眾經目錄五卷舊題「隋翻經沙門及學士等撰」不

著人名宣錄十卷有「隋仁壽年內典錄五卷，注亦不著撰人姓名。而卷五錄彥琮著述亦未言其有此錄。卷七則有玄琬「衆經目錄五卷」。故不知者或以仁壽錄爲玄琬所撰。日人中野達慧覺謬謂爲「釋仁壽撰」見《績藏經》卷首。然考宣傳卷二彥琮傳則又明述「仁壽二年下勅更令撰衆經目錄，乃分爲五例，謂單譯重翻別生疑僞，隨卷有位帝世盛行」泰錄亦云：「仁壽二年翻經大德彥琮法師等奉勅新定一切經目五部各自別行」因知此錄必爲彥琮等撰，而非玄琬也。讀其自序謂「佛法東行年代已遠。梵經西至流布漸多舊來正典並由翻出近遭亂世頗失原起。前寫後譯實文不同。一經數本增減亦異致使凡人得容妄造或私探要事更立別名或輒搆餘辭仍取眞號或論作經稱疏爲論目大小交雜是非共混流濫不歸因循未定將恐陵遲聖說動壞信心義闕紹隆理乖付囑皇帝……降勅所司請興善寺大德與翻經沙門及學士等披檢法藏詳定經錄隨類區辯總爲五分畺本第一重翻第二別生第三賢聖集傳第四疑僞第五別生疑僞不須抄寫已外三分入藏見錄至如法寶集之流，第二別生第三賢聖集傳第四疑僞第五別生疑僞不須抄寫已外三分入藏見錄至如法寶集之流，淨住子之類還同略抄例入別生自餘高僧傳等詞參文史體非淳正事雖可尋義無在錄又勘古日猶有闕本昔海內未平諸處遺落今天下旣壹請省訪取」披覽其錄於前三例之中亦分大小乘經

論律。然取則過嚴立類太少至如傳記抄集有獨立成類者有附於別生者有棄而不收者爲例不純，

一致於此從分類法論之較之法經前錄疏舛多矣故宣錄云：「即今京輦通寫盛行直列經名仍銓

傳譯所略過半未足尋之。」昇錄更摘其前後差舛者六處以明其誤信非誣也。

### 彥琮之崑崙經錄

雖然彥琮固當時譯經最精之元匠也宣傳載「琮趙郡柏人人」歷齊周

二代，及隋開皇元年，「作辯教論明道教妖妄其年西域經至即勅翻譯」旋奉教住并州大興寺。

「至十二年勅召入京復掌翻譯住大興善」仁壽二年旣撰經錄又奉勅撰西域傳煬帝「大業二

年，勅於洛陽上林園立翻經館以處之新平林邑所獲佛經合五百六十四夾一千三百五十餘部並

昆崙書多梨樹葉有勅送館付琮披覽并使編敍目錄以次漸翻乃撰爲五卷分爲七例所謂經律讚、

論、方字雜書七也必用隋言以譯之則成二千二百餘卷……琮前後譯經合二十三部一百許卷」

「大業六年七月二十四日」「卒于館」著有「辯正論以垂翻譯之式」在隋代翻經館中彥琮

實爲最能精通梵漢文字者上述之崑崙文佛經目錄尤爲空前絕後之作惜已遺佚耳。

### 釋靈裕之譯經錄

隋代譯經不少却無專目費錄卷十五載有靈裕法師譯經錄一卷但卷

十二却又不言其有錄宣錄卷五謂「裕卽道憑之第子」亦不言其有錄宣傳卷九則述裕檀名鄴下，歷

齊及周卒於大業元年，但亦不言其有譯經事，徧考諸錄小注惟宣錄卷二於曹魏世安法賢譯羅摩伽

經目注引靈裕錄一次。據此孤證，似其書非錄其所自譯，乃通錄所藏或古今所譯耳，此則前人所優

爲，固無取乎架屋疊牀也。

## 智果之衆經目錄

「大業時，又令沙門智果，於東都內道場撰諸經目，分別條貫，以佛所說經

爲三部，一曰大乘，二曰小乘，三曰雜經。其餘似後人假托爲之者，別爲一部，謂之疑經，又有菩薩及諸

深解異義贊明佛理者，名之爲論，及戒律並有大小及中三部之別。又所學者錄其當時行事，名之爲

記，凡十一種。」隋書經籍志略載其大數，凡一千九百五十部六千一百九十八卷。並據隋。宣傳卷三述

智果初不肯爲晉王寫書，被囚於江都守寶臺經藏，及晉王爲太子東巡，果上頌遂被釋召入慧日，終

於東都，今按隋志所載其錄，亦無以大異於法經彥琮所錄耳。

## 唐代之集大成

唐初本兼崇道佛，後以玄奘義淨之西遊求法盛譯佛經，道宣智昇又精撰佛

錄，諸宗並立，大藏雲興，與佛教之隆轉超道教一等。論宗教目錄學之盛衰此時亦已登峯造極無可比

倫矣。

玄琬之眾經目錄 宣錄卷七 有眾經目錄五卷云「唐貞觀初，普光寺玄琬撰。」但卷十又昇錄則不著錄。

云「唐舊錄未見其本似取隋五卷眾經錄編新經入餘者大同」宣傳卷二十記「釋玄琬弘農華

州人也。於仁壽二年造經四藏備盡莊嚴諸有繕寫皆資本據貞觀初年有令造普光寺召而居之」

「五年勅於苑內德業寺為皇后寫佛藏經又於延興寺更造藏經並委琬監護」略卷三。琬以二宮

所寄惟各其誠祇奉不難義須弘選。自周季滅法隋朝再興傳度法本但存卷帙。至於尋檢文理取會

多乘乃結義學沙門，讎勘正則。其有詞旨不通者並諮而取決。故得法寶無濫於疑偽，迷悟有分於本

末。綱領貞明，自琬始也」宣考玄琬卒於貞觀十年臘月七日，亦據宣傳，但稽古略則作九年十月。則其撰定目錄必在貞

觀五年至十年之間，太宗一代佛錄之可考者惟有此耳。惟泰錄一卷則云：「貞觀九年四月奉勅苑內

寫一切經大總持寺僧智通共使人祕書郎褚遂良等附新譯經校定申奏奉勅施行」又云：「貞觀

十一年四月，皇太子於延興寺造「一切經」亦由智通主持此其所述與玄琬為事髣髴，而年月略有

參商殆玄琬未了之業，由智通完成之歟書已失傳，無從斷定。

## 道宣之大唐內典錄

佛錄編撰之業，梁魏齊隋已築其基起其宇裝潢光大為功甚易又值玄奘譯經之盛大德如林寶藏如海道宣崛起遂集佛錄之大成其大唐內典錄體例之完善內容之精詳殆稱空前絕後稍稍繁詞述之亦非過分：

（1）道宣小傳　「釋道宣，丹徒人也。十五厭俗誦習諸經依智顗律師受業。泊十六落髮，便隸日嚴道場。隋大業年中從智首律師受具武德中依首習律」宣傳卷十四。「追訪賢友無憚苦辛」宣錄卷五。「初晦迹於終南白泉寺隋末徙崇義精舍載豐德寺三藏奘師至止詔與翻譯」寧傳「貞觀末年方事修輯」錄宣「撰法門文記廣弘明集、續高僧傳、三寶錄等二百二十餘卷。」傳及顯慶三年，寧傳見玄奘行狀「西明寺初就詔宣充上座」傳義「乾封二年十月三日」卒，年「七十二」寧傳。

・（2）撰錄經過　宣既「少沐法流五十餘載宗匠成教執範賢明每值經語德能無不目閱親謁。至於經部大錄欣悟良多無論眞僞思聞其異」宣錄卷十。以佛經譯本「大約五千餘卷遷貿更襲澆薄互陳卷部單重疑僞凡聖致使集錄奔競三十餘家舉統各有憲章徵叕不無繁雜」宣錄卷一。「而綴撰筆削不至詳密者非爲才不足而智不周也直以宅身所遇天下分崩壇場關艱莫閱經部。

雖聞彼有終身不關今則九圍靜謐八表通同尚絕追求諸何纂歷上集羣目取訊僧傳等文勘閱詳定更參祐房等錄。」宣錄卷十。

撰大唐內典錄十卷。「龍朔四年即麟德元年。春正月於西明寺出之」宣錄卷十

（3）分類法　宣錄「總會羣作以類區分合成一部開為十例依條顯列無相奪倫文雖重張，義絕煩亂。」一卷

歷代衆經傳譯所從錄第一──「謂代別出經及人述作無非通法並入經收故隨經出。」此錄全仿祐錄及費錄之代錄按代記人彙其所譯撰依次順列最為詳盡。

歷代翻本單重人代存亡錄第二──「謂前後異出人代不同又遭離亂道俗波迸今總計會，故有重單緜敍莫知致傳失譯」此錄概「依本經單複次列提頓綱維品目斯備仍述譯人存亡時代。」並分別大小乘經律論及西梵賢聖集傳。

歷代衆經總撮入藏錄第三──「謂經部繁多綱要備列從帙入藏以類相從故分大小二乘顯單重兩譯」皆現存之書凡八百部三千三百六十一卷。

歷代衆經舉要轉讀錄第四──「謂轉讀尋翫務在要博繁文重義非曰彼時故隨部撮舉簡

取通道自餘重本存而未暇。」此錄舉大部而攝小經，撮本根而捨枝葉文雖約而義廣，卷雖少而意

多。能使轉讀之士覽其軸日見其功行福清信開藏歲增其業。」蓋佛經之要目也。

歷代衆經有目闕本錄第五──「謂統檢羣錄校本則無隨方別出未能通遍故別顯目訪之。」

此錄因「其類繁多，已備在前篇故略而不敍。

歷代道俗述作注解錄第六──「謂注述聖言用通未晤前已雜顯未足申明今別題雜使尋

覽易曉。」

歷代諸經支流陳化錄第七──「謂別生諸經，曲順時俗未通廣本但接初心，一四句頌不可

輕削故也。」此錄亦不備列因「兩錄列名定非別生之位自餘不顯便是支分之經」故耳。

歷代所出疑僞經論錄第八──「謂正法深遠，凡愚未達隨俗下化有悖眞宗若不標顯玉石

斯濫。」故特立一錄以別之。

歷代衆經應感興敬錄第九──「謂經錄代出須識其源。」

歷代衆經應感興敬錄第十──「謂經翻東夏應感徵祥而有蒙祐增信故使傳持遠惟。」此

錄全屬記事絕非目錄狗尾續貂，乖異甚矣。

（4）宣錄之優點　梁啟超稱宣錄之優點可指者略如下：「一、自卷一至卷五之傳譯所從錄，將長房錄全部攝入但彼則務炫博而眞僞雜收此則務求眞而考證綦審又一經而有數譯本者皆注『初出』『第二出』『第三出』……字樣令讀者一望而知傳譯次第。此例雖創自長房錄然彼或注或不注此則略無遺漏又某經初見於某錄一一注明，既以見著述淵源亦使舊錄雖佚而後世猶得循此以求其面目。「二其『單重傳譯有無』『分乘入藏』『支派陳化』『疑僞經論』四錄將法經全部攝入然法經於每類之下皆分一譯異譯、失譯別生、疑惑僞妄六門其後三門既擯不著錄而仍與前三門廁於一卷中未免亂讀者耳目道宣各自爲篇不相雜廁在組織上最爲合理。又別生一項法經絕對排斥道宣相對保存疑惑僞妄法經分而爲二道宣合而爲一皆宣優於經之點」。「三、法經於闕本悉置不記；道宣立『有目闕本』一錄且明言爲將來探訪之資抱殘守缺確是目錄學家應有之態度。」「四、道宣錄中最有價值之創作尤在『衆經舉要轉讀錄』一篇。蓋佛典浩如煙海讀者本已窮年莫殫；加以同本異譯摘品別行疊屋支牀益苦繁重宣公本篇於異

譯別行諸經各擇其最善一本以爲代表例如華嚴經，則舉佛陀跋陀羅譯之六十卷本而異譯異名之

十部
度世漸備信力十住與顯羅
伽住法本業兜沙佛藏。
皆該攝省焉涅槃經則舉曇無讖譯之四十卷本摩訶般若經則舉羅什

譯之三十卷本大集經則舉曇無讖譯前三十卷本及耶舍譯後三十卷本……諸如此類其稗益於

讀者實不少著書足以備學者顧問實目錄學家最重之職務也」見飲冰室專集第十五册。

（5）宣錄之誤點　智昇論：「宣公所撰類例明審實有可觀作者之風見於茲矣然少有差雜，

未能盡善述作之事誠謂難哉今略敍數科以詳厥誤非欲指陳臧否實惟甄異是非只如人代存亡

錄中，新小品等六經並云大品之同本者不然義理雖通據會全異而言同本一誤菩薩淨行經與實

醫菩薩經俱云竺法護譯此是一經兩名，存其二本二誤弘道廣顯三昧經與阿耨達龍王經亦是一

經兩名二本俱存三誤須彌藏經二卷此是高齊耶舍所翻前後重上四誤攝大乘論真諦譯者有十

二卷本有十五者二本俱存五誤般若鈔經大乘錄中及集傳內二處俱載六誤又如分乘入藏錄中，

深密解脫經前後重上前與菩薩處胎經同帙後與解深密經同帙七誤以舊十輪經爲單本，新十輪

經爲重譯八誤以起世經爲單本，樓炭經爲重譯九誤此類非一不能備舉如舉要轉讀錄中，信力入

印法門經雖是華嚴支類大部中無同於度世漸備等經，攝歸大部，不爲轉讀之數，亦不然也諸部般

若唯舉大品一經,放光等九部云『重沓罕尋舉前以統,大義斯盡,玉華後譯大般若者明|佛一化,

十有六會得存供養難用常行』今謂不然豈可以凡愚淺智而堙截法海乎人性不同所樂各異豈

以自情好略令他同己見耶般若大經轉讀極衆|佛記弘闡在東北方而言『難用常行』竊爲未可。

又小品大品據本全殊。一廢一與二不然也如須彌藏經等雖是大集別分大部中無攝而不行理爲

未當又須彌藏經前則攝歸大集後即別舉流行,前後差殊三不然也。如樓炭經等攝入長含起世一

經別令轉讀起世之與樓炭梵本何殊？一廢一與四不然也。如安般守意與大安般無殊,此乃何緣二

俱轉讀五不然也。如十八部論與部異執|梵本不殊此復何緣俱令轉讀六不然也又云『錄外有外

道金七十論破外道涅槃論破外道四宗論未暇故闕』者如金七十論外道所撰非是|佛法除之可。

然涅槃四宗同被刪削將爲未可此是內論破於外宗一例刪除七不然也又如人代存亡錄及舉要

轉讀錄大乘錄中三藏備具;入藏錄中,大乘無律豈可前後俱有中間獨無自爲矛盾八不然也如上

所列,非無乖舛而云『革弊』或所未然,差錯極多卒難陳。」平心論之：智昇所陳固中其失雖可原

諒，亦無庸為之諱耳。

《靜泰之大敬愛寺一切經論目》 「龍朔三年正月二十二日勅令於敬愛道場寫一切經典。」

「麟德元年正月二十六日勅取履味沙門十八人、惠概、明玉、神察、英曇遂等並選翹楚尤閑文義參覆量校首末三年又置官寮。」 「勅使韓康、李亮、盧行訥、鄭祖均等精加檢覆寫舊經論七百四十一部二千七百三十一卷又寫《大唐三藏法師新譯經論七十五部一千三百三十五卷入藏其有古來有目而無本者合三百八十二部七百二十五卷隨訪隨寫」 序。見原。其分類編次全依琮錄絕無變易；

惟加入玄奘譯經部數卷數增多耳。

《靖邁之古今譯經圖紀》 是時又於大慈恩寺翻經院壁「圖畫古今傳譯緇素首自迦葉摩騰終於大唐三藏」 紀。見壇翻經沙門釋靖邁因撰古今譯經圖紀題之於壁其所紀載節略費錄之代錄，

「翻經者紀之餘撰集者不錄。」 「逮至唐初總成四卷費錄所錯此亦同然」 卷見十。昇錄其以譯人為主題，先敘譯經本事，彙列其經目於次則與祐錄費錄之先列經目而後敘本事者略殊其用意惟在說明圖畫既非盡錄藏經亦非盡錄譯經故所錄不能完備在佛教目錄學中別樹一格雖疏略無·

補，要亦新奇可喜贊寧宋高僧傳「下文簡稱寧傳」。

玄明瀋辯機道宣同執筆綴文。後著譯經圖紀四卷，銓序古今經目譯人名位單譯重翻疑偽等科，一皆條理見編於藏。」今大藏經收有其書，並未分別「單譯、重翻、疑偽等科」贊寧所言殆不足據。

「自茲厥後傳譯相仍；諸有藻繪無斯紀述」「至開元庚午歲西崇福寺沙門智昇續紀一卷」從

玄奘後至輸波迦羅皆唐中葉譯經者。事亦見寧傳，書在大藏。

## 明佺之大周刊定衆經目錄　　周則天帝天册萬歲元年，勅東都佛授記寺沙門明佺等撰定大

周刊定衆經目錄　卷十。見昇錄「佺等以祐唱經費宣等錄「已編入正目大小乘經律論并賢聖集傳合二

千一百四十六部六千二百三十五卷其後唐朝至聖朝新譯經論，及有雖是前代舊翻而未經入目，

并雖已入目而錯注疑偽審共定校事須改正者前後三件大小乘經律論合一千四百七十部二千

四百六卷悉依明旨咸編正目今新入正目及舊入正目大小乘經律論并賢聖集傳都合三千六百

一十六部八千六百四十一卷其間有名闕本有本失譯見行入藏及翻譯單重三藏不同兩乘各異

並備出條件撰爲目錄合一十四卷」又以「僞經既不是經僞目豈同於正目？」故「別爲一軸傳

寫焉。」（見佺錄自序。）其書實分（1）大乘單譯經，（2）大乘重譯經，（3）大乘律，（4）大乘論，（5）小乘譯經，（6）小乘重譯經，（7）小乘律（8）小乘論（9）賢聖集傳（10）大小乘失譯經（11）大小乘闕本經（12）見定入藏流行凡十二類。而偽經目爲一卷卷末列有撰諸僧銜名多至七十八，而明佺與道宣並爲「都檢校刊定目錄及經眞偽」名義後來智昇論之曰：「當刊定此錄時法匠如林，德重名高，未能親覽但指撝末學會緝撰成之中間乖失幾於太半此乃委不得人過在於能使也。且如第十二卷闕本經數總四百七十八部，六百七十七卷前十一卷中以含有訖今通計此數總成三千六百二十六部八千六百四十一卷者此不然也妄增部卷推實卽無諸處交雜難可備記」見昇錄卷十。又云「雖云刊定繁穢尤多雖見流行實難憑准」見昇錄。「蓋此錄支經別名雜沓不倫致爲昇公之所黜矣。」見寧傳卷二。

## 至高無上之智昇開元釋教錄

及唐玄宗開元十八年，據昇錄及佛祖統紀，祖歷代通載作十年，誤。但佛西京崇福寺沙門釋智昇論目錄學之意義曰：「夫目錄之與也蓋所以別眞偽，明是非記人代之古今標卷部之多

少，撮拾遺漏刪夷騈贅欲使正教綸理金言有緒提綱舉要歷然可觀也」昇錄卷一。當時佛錄，「存者

殆六七家，昇錄載有祐錄、經錄、賣錄、琮錄、宣錄、邁紀、佺錄七家。琮然猶未極根源尚多疎闕」昇既「久事搜尋」因「參練異

同指陳臧否」撰爲開元釋教錄二十卷。

其書「開爲總別」總錄「總括羣經」「從漢至唐，所有翻述其帝王年代并譯人本事所出

教等以人代先後爲倫不依三藏之次兼敍目錄新舊同異」別錄「別分乘藏」「曲分爲七：一有

譯有本二有譯無本三支派別行四刪略繁重五拾遺補闕；六疑惑再詳；七僞邪亂本就七門中二乘

區別三藏殊科具悉委由兼明部屬」昇錄卷一。最後復有入藏錄。

總錄全仿祐錄費錄及宣錄之歷代衆經傳譯所從錄其卷十則仿費錄之卷十五及宣錄之歷

代衆經錄目終始錄一切依舊並無創例。

別錄則分目最精創例頗多實爲昇錄之精華所在第一爲有譯有本錄條析類目最爲精詳列

其系統可如下表：

宗教目錄篇

有譯有本錄

菩薩三藏錄——大乘

菩薩契經藏——經

菩薩調伏藏——律

菩薩對法藏——論

聲聞契經藏——經

大乘經單譯

大乘經單重合譯

大乘釋經論

大乘集義論

小乘經單重合譯

小乘經單譯

般若經新舊譯

寶積經新舊譯

大集經新舊譯

華嚴經新舊譯

涅槃經新舊譯

五大部外諸重譯經

根本四阿含經

長阿含中別譯經

中阿含中別譯經

增壹阿含中別譯經

雜阿含中別譯經

二八九

聲聞三藏錄 —— 小乘 —— 聲聞調伏藏 —— 律 —— 正調伏／調伏藏眷屬

聲聞對法藏 —— 有部根本身足論／有部及餘支派論

聖賢傳記錄 —— 讚揚佛德／明法眞理 —— 梵本翻譯集傳／北方撰述集傳／述僧行軌／摧邪護法／外宗異執

（四阿含外諸重譯經

此錄有異於諸錄者四端：（1）「尋諸舊錄，皆以單譯居先今此錄中以重譯者居首所以然者，重譯諸經文義備足名相楷定所以標初也。」（2）「舊錄中直名重譯今改名重單合譯者以大般若經九會單本七會重譯大寶積經二十會單本二十九會重譯，直云重譯撮義不周，餘經例然故名重單合譯也。」（3）「舊經之中編比無次今此錄中大小乘經皆以部類編爲次第小乘諸律據

本末而爲倫次。大乘諸論以釋經者爲先集解義者列之於後。小乘諸論有部次第發智爲初六足居

次，毘婆沙等支派編末聖賢集傳內外兩分|大夏|神州東西有異欲使科條各別覽者易知」（4）

「自古羣錄皆將摩得勒伽善見論等編爲下毘奈耶藏今者尋思恐將非當此等並是分部已後諸

聖等依宗贊述，非佛金口所宣又非千聖結集今之撰集分爲二例：初明五部正調伏藏次明諸論奈

耶眷屬庶根條不雜本末區分」原注。 並昇錄

第二爲有譯無本錄。「有譯無本者，謂三藏教文及聖賢集傳名存本闕之類也。」「今者討求

諸錄，備載遺亡」其小類系統略如前錄：

大乘經重譯闕本
- 般若部中闕本
- 寶積部中闕本
- 大集部中闕本
- 華嚴部中闕本
- 涅槃部中闕本
- 諸重譯經

二九一

第三為支派別行錄。「支派經者謂大部之中抄出別後，大般若第二會之類是也。今統集多端，會歸當部仍刪夷舊錄增減有無具載名題備詳差互庶使將來學者覽派知源」此錄彙（1）大乘別生經（2）般若部中別生（3）寶積部中別生（4）大集部中別生（5）華嚴部中別生（6）諸大乘經別生，（7）大乘律別生（8）大乘論別生（9）小乘別生經（10）長阿含部分別生（11）中阿含部分別生，（12）增一阿含部分別生（13）雜阿含部分別生（14）諸小乘經別生（15）小乘律別生（16）賢聖集傳別生。

第四為刪略繁重錄。「刪繁錄者謂同本異名，或廣中略出以為繁騰，今並刪除但以年歲久淹，共傳訛替徒盈卷帙有費功勞今者詳梭異同甄明得失具為條目」此錄列（1）新括出別生經——刪繁與別生不同，別生為從大部中抽出一部單行並不刪節刪繁則將大部書刪繁摘要另為一書也以前諸錄均未為辨別，昇始析之。（2）新括出名異文同經（3）新括出重上錄經（4）新括出合入大部經——

第五為補闕拾遺錄。「補拾錄者謂舊錄闕題新翻未載之類今並詳而具之也」此錄又分四

類：（1）舊譯大乘經律論，小乘經律及賢聖集傳「並是舊譯今見有本，大周入藏中無今拾遺編

入。」（2）新譯大小乘經律論，小乘經律及賢聖集傳並是大周刊定錄後新譯所以前錄未載今補

闕編入。」（3）小乘律戒羯磨「並撰述有據時代盛行補闕編入。」（4）此方所撰集傳「皆禪助

正教故並補闕編入見錄」舊錄七種及昇錄三種亦在末類。

第六爲疑再詳錄「疑惑錄者自梵經東闡年將七百教有興廢時復遷移，先後翻傳卷將萬

計部帙既廣尋閱難周定錄之人隨閱便上而不細尋宗旨理或疑焉今恐真僞交參是非相涉故爲

別錄以示將來庶明達高人重爲詳定」

第七爲僞妄亂真錄。「僞經者邪見所造以亂真經者也。今恐真僞相參是非一概，今爲件別，真

僞可分庶涇渭殊流無貽後患」錄中分列（1）開元釋教錄新編僞經（2）苻秦釋道安錄中僞經，

（3）梁釋僧祐錄中僞經（4）蕭齊釋道備僞撰經，（5）蕭齊僧法尼誦出經（6）元魏孫敬德夢授

經（7）梁沙門妙光僞造經（8）隋開皇眾經錄中僞經（9）隋仁壽眾經錄中僞經（10）大唐內典

錄中僞經，（11）大周刊定錄中僞經，（12）隋沙門信行三階集錄（13）諸雜抄經增減聖說最後一類，

「並名濫真經文句增減；或雜揉異議，別立名題。若從正收，玉石斯濫若一例為偽，而推本有憑進退二途實難詮定且依舊錄編之偽末」最前一類「承前諸錄皆未曾載」乃智昇搜集考定者如鏡照形無偽不彰錄其要行捨身經辨偽語以概其他原文云:「右一經不知何人所造邪黨盛行經初題云『三藏法師玄奘譯』按法師所譯無有此經偽謬之情昭然可見且述四件用曉愚心:一偽經初云『王舍城靈鷲山』者靈鷲山名古譯經有奘法師譯皆曰『鷲峯』今言『靈鷲』一偽也

一偽經初又云『靈鷲山屍陀林側』者按諸傳記其鷲峯山在摩伽陀國山城之內宮城東北十四五里豈有都城之內而安棄屍之處事既不然二偽彰也一偽經中又云『佛說過去燃燈佛時初願捨身』者燃燈如來是釋迦牟尼佛第二無數劫授記之師豈有得記當成方能死捨身事與理乖三偽彰也一偽經中又云『若有人殺害有情遍索訶界四重五逆謗方等經及盜常住現前僧物如是等罪合墮地獄若能捨身罪必消滅』者謗經造逆合墮阿鼻死捨得除便無重報。如外道妄計殘伽河浴罪垢消除輕命自沈生天受福也言死捨除罪與彼妄計何殊。愚夫造惡用此除愆智者審思勿被欺誑永淪惡趣無解脫期事與理乖四偽彰也。殊訛極多，不能備記。」

昇錄卷十九爲大乘入藏錄，卷二十爲小乘入藏錄，末附賢聖集皆「直述經名及標紙數餘如廣錄。」「見入藏者總一千七十六部合五千四十八卷。」今存大藏本卷末有「興元年八月一日於正覺寺新寫入藏」經法七十六部一百四卷」之目錄則後五十四年所附加者非智昇原文也。

後世藏經悉準此入藏錄之成法凡分類次序及用千字文標號無不垂爲永式其魄力可謂大矣。

入藏錄 ┬ 大乘入藏錄 ┬ 大乘經
　　　　│　　　　　　├ 大乘律
　　　　│　　　　　　└ 大乘論
　　　　├ 小乘入藏錄 ┬ 小乘經
　　　　│　　　　　　├ 小乘律
　　　　│　　　　　　└ 小乘論
　　　　└ 賢聖集

贊寧稱之曰：「釋智昇義理懸通二乘俱學，然於毘尼尤善其宗，此外文性愈高博達今古撰開元釋教錄二十卷最爲精要何耶諸師於同本異出舊目新名多惑其文眞僞相亂或一經爲兩本或

支品作別翻。一一裁量少無過者如其舊錄江泌女子誦出經黜而不留，可謂藻鑑杜塞妖偽之源經法之譜無出昇之右矣。」〈寧傳卷五。〉

**智昇別錄三種** 大藏又收有智昇開元釋教錄略出四卷，係本錄卷十一至十三有譯有本錄之簡明目錄書名卷數譯撰人名及帙數紙數皆一一依舊具列。惟刪去考證之語，用千字文編次字號。入藏錄則較詳卷末轉載本錄卷二十不入藏經目百十八部。後世刻藏者悉依此為準則罕有悖者。

大藏又收有續大唐內典錄一卷序下注云：「麟德元年於西明寺起首移總持寺釋氏撰」元明兩本並云：「大唐西明寺沙門釋道宣撰」按其文字前半序目全抄宣錄卷一後半略異且沒其譯人仔細比較知此本決非續錄，或為道宣初稿之殘本大藏存之殊無謂也。而昇錄卷十載有續大唐內典錄一卷自注「開元庚午藏西崇福寺沙門智昇撰」并云卽「歷代眾經傳譯所從錄」又注云：「從麟德元年甲子至開元十八年庚午前錄未載今故續之」〈寧傳亦謂昇有此續錄據此實錄，則此書為智昇所撰並非道宣而現存之本亦非昇之舊也。

昇又撰有續古今譯經圖紀一卷。體例全仿邁紀,然頗不自愜,故云:「前紀所載,依舊錄編中間

乖殊未曾刪補若欲題壁請依開元釋教錄除此方撰集外餘為實錄矣」圓照續開元釋教錄有般

若三藏續古今翻譯經圖紀二卷,未知是智昇之書否。

有提要或小序之屬,與其古今書錄同一體裁若留傳及今所裨益於佛錄學者當屬不淺。

昇錄為藍本然合道釋書獨為一書者毋煚錄之外固未再見且從「序述指歸」一語推之,則其書亦

五百餘部九千五百餘卷見新唐書藝文志。「亦具翻譯名氏序述指歸」見舊唐書經籍志引毋煚自序。其釋書部份殆全依

毋煚之開元內外經錄 智昇同時稍後有毋煚等奉敕撰開元內外經錄十卷,收道書二千

圓照二錄 及德宗貞元十一年西明寺沙門釋圓照以智昇修釋教錄後「又經六十五年中

間三藏翻經藏內并無收管恐年代浸遠人疑偽經」故「錄成三卷」上卷翻經中卷疏記集下卷

入藏錄」名曰大唐貞元續開元釋教錄於十二月二十五日上之及貞元十五年十月二十三日圓

照又奉勅改開元釋教錄為貞元新定釋教目錄。至次年四月十五日畢進上分類全依昇錄惟增特

旨承恩錄於總集羣經錄之前,別析賢聖集傳錄於乘藏差殊錄之後大體保存智昇原文惟加入開

元十八年以後六十五年新譯入藏諸經，且析二十卷爲三十卷耳在佛錄中最爲繁贍然贊寧既許

昇錄「最爲精要」又謂「後之圓照貞元錄也文體意宗相距不知幾百數里哉」則照錄之不爲

後人所尊略可知矣圓照傳見寧傳卷十五。

**唐宋之譯經錄**　唐代諸僧譯經既多當各有目錄例如龍朔三年，玄奘臨卒，「命僧讀所翻經

論名目已總有七十三部一千三百三十卷」見宣傳卷四。　釋義淨「自天后久視迄睿宗景雲都翻出五

十六部二百三十卷」見宣傳卷一。　「釋不空翻經起于天寶迄大曆元年凡一百二十餘卷七十七部幷

目錄」亦見宣傳此皆卓卓者其錄雖不傳而譯書並入藏未佚至南唐保大四年十一月右街報恩禪

院取德禪大德恆安進呈大唐保大乙巳歲續新譯貞元釋教錄一卷所載譯經一百四十部計四百

一十三卷。宋後譯經甚少故譯經目錄僅有三種：「自唐貞元已巳至宋太宗太平興國七年壬午凡

一百九十三年中間並無譯人其年始起譯場至眞宗太平祥符四年辛亥凡二十九年中間傳譯三

藏六人所出三藏教文二百單一部三百八十四卷」見慶錄卷一。　趙安仁楊億輯其目爲祥符法寶錄此

其一也。「宋眞宗祥符四年辛亥至仁宗景祐四年丁丑凡二十七年所出三藏教文一十九部一百

四十八卷」見慶錄卷一，但佛祖統紀卷四十三作「呂夷簡宋綬輯其目為景祐法寶錄。此其二也。「自宋至景祐三年，編成一百六十一卷。」

仁宗景祐四年丁丑至至元二十二年乙酉凡二百五十四年中間傳譯三藏四八，所出三藏教文二十部一百一十五卷其餘前錄未編入者經律論等五十五部一百四十一卷」。慶錄卷 慶吉祥等輯

其目為弘法入藏錄及拾遺編此其三也

**大藏刊版所知表**　佛錄之完備，至唐代已造峯極宋元以後，大藏刊版，多依昇錄為部次部卷

縱有出入無關大體略舉所知不復求備。

| 大藏通稱 | 刊版人名 | 刊版地址 | 刊版時代 | 西曆 | 部數 | 卷數 |
|---|---|---|---|---|---|---|
| 開寶藏 | 張從信 | 益州 | 宋太祖開寶四年至太宗太平興國八年 | 九七一—八三 | 一〇七六? | 五〇四八? |
| 崇寧萬壽藏 | 釋沖眞普明咸暉等 | 閩州東禪寺 | 宋神宗元豐三年至徽宗政和二年 | 一〇八〇—一一二 | 一四二 | 六四三四 |
| 契丹藏 | 釋覺苑 | 南京（北平） | 約遼興宗迄道宗時 | 一〇三一—六四 | | 六〇〇〇? |
| 毗盧藏 | 釋本明等 | 閩州開元禪寺 | 宋徽宗政和二年至宋孝宗乾道八年 | 一一一二—七二 | | 六一一七 |
| 思溪圓覺寺藏 | 王永從等 | 湖州圓覺禪院 | 宋高宗紹興二年 | 一一三二 | 一四二一 | 五四八〇 |
| 趙城藏 | 釋祖圓等 | 解州天甯寺 | 約金皇統八年至太定三年 | 一一四八—七三 | | 六九〇〇? |

三〇〇

| 藏名 | 勘同（修）者 | 地點 | 年代 | 西曆 | | |
|---|---|---|---|---|---|---|
| 思溪資福寺藏 | | 湖州資福禪寺 | 宋孝宗淳熙二年 | 一一七五 | | 五七四〇 |
| 磧砂藏 | 釋法忠 | 平江路陳湖磧砂 | 宋理宗紹定四年至元治二年 | 一二三一—一三二二 | 五三二 | 六三六二 |
| 普甯寺藏 | 釋如瑩 | 杭州路餘杭縣 | 元世祖至元六年至二十 | 一二六九—三八六 | 四二二 | 六〇一〇 |
| 弘法寺藏 | 修 元世祖勅 | 大都? | 至元十四年至三十一年 | 一二七七—九四 | 六一八二 | |
| 大明南藏 | 修 太祖勅 | 南京 | 明太祖洪武五年以後（一作永樂十八年） | 一三七二 | 六一〇 | 六三三一 |
| 大明北藏 | 修 明成祖勅 | 北京 | 明成祖永樂十八年迄正統五年 | 一四二〇—四一 | 六一五 | 六三六一 |
| 武林藏 | 昭慶寺? | 杭州 | 約明世宗嘉靖時 | | | |
| 徑山藏 | 密藏等 | 五臺及徑山 | 明神宗萬曆十七年經清康熙十六年 | 一五八九—一六七七 | 一六五四 | 六九五六 |
| 龍藏 | 修 清世宗勅 | 北京 | 清世宗雍正十三年至高宗乾隆三年 | 一七三五—八 | 一六六二 | 七一六八 |
| 頻伽藏 | 羅伽陵 | 上海 | 中華民國二年 | 一九一三 | | |

## 慶吉祥之至元法寶勘同總錄

右列各藏各有目錄，然既無以異於昇錄，何庸贅陳其中惟元

世祖「念藏典流通之久，蕃漢傳譯之殊，特降綸言溥令對辯，諭釋教總統合台薩里召西番板底答，

帝師拔合思八高弟葉璉國師湛陽宜思、西天扮底答尾麻囉室利漢士義學九理二講主慶吉祥，及

畏兀兒齊牙答思翰林院承旨旦壓孫安藏等集於大都。自至元二十二年乙酉春至二十四年丁亥

夏大興教寺各秉方言精加辯質自至元頂蹕三齡銓讎乃畢經之在是錄者凡一千四百四十部五

千五百八十六卷。」復「命三藏義學沙門慶吉祥以蕃漢本參對楷定大藏聖教華梵對辨名題各

標。陳諸代譯經之先後分大小乘教之品名之曰至元法寶勘同總錄」其書「大分爲四初總標

年代括人法之宏綱二別約藏時分記錄之殊異三略明乘藏顯古錄之梯航四廣列名題彰今日之

倫序。」一慶錄卷 「於中先出梵語經題次出此間經題後出譯人及品數」 見閱藏知津。

藏文蒙文滿文之大藏 及元武宗時嘗刊西藏文大藏同時又譯漢藏爲蒙古文，亦付剞劂清

康熙二十二年重刊西藏文大藏於甘肅之河州，其版至近年始燬乾隆五十五年復譯漢藏爲滿洲

文刊版行世凡此三藏各有目錄以非漢文余未及見。

解題最詳之大藏經綱目指要錄 漢唐之間作佛錄者數十家，皆僅明名數未誌內容猶之佛

學，僅汲汲於翻譯未暇於研究耳王阮毋奬似已序述指歸而原書已失莫知其情及譯事既畢研究

方與目錄之功亦由外而深入內部。北宋太祖建隆五年勅沙門文勝撰大藏經隨函索隱多至六百

六十卷揣其名義似為解題之書。而仁宗天聖二年，「釋慈雲」撰「教藏隨函目錄」述諸部著作「大義」。見佛祖統紀卷四十五。則確為提要之籍，惜均不傳及徽宗時，乃有東京法雲禪寺住持傳法佛國禪師惟白撰「大藏經綱目指要錄」，「大弘解題釋要之業」。惟白以「崇寧二年癸未春三日游天台」中秋後至婺州金華山智者禪寺閱大藏，仲冬一日丁丑援筆撮其要義。次年甲申仲春三日丁未畢之，計二十餘萬字」。白錄自述：「佛錄本浩博淵奧，加以譯文隱晦，尋繹維艱。例如大般若經多至六百卷苟無提要自難識其指歸。惟白先明此經之綱領云：「總部四處十六會所說傳此方入藏者七百一十卷，前六百卷。唐三藏玄奘法師在玉華宮重譯，西明寺僧玄則述十六序冠十六會明其旨也。太宗皇帝御製聖教序，高宗皇帝作聖記然此經諸佛之知母菩薩之慧父斷煩惱之寶刀度愛河之舟楫利生之極致。成道之正因表其會故標眾經之首也。」次逐卷撮述內容，使讀者先得梗概。末段總結云：「右四處十六會所說般若六百卷今逐會標辨品目逐函分列卷次逐卷略錄義例。然卷帙雖多研其義例始十六科耳。所錄者固不能全其義意使開一卷看一例照于前後卷帙，貫通八十科之起復則八部般若照然可見矣。若或累朝法匠譯梵為華繼有傳授，不無其人唯唐三藏

玄奘法師自竺國而還詔居玉華宮或創出梵文或重譯舊本四更星序八部方周般若智日圓明至

理義天普覆爰是或講或誦或注或持代勝一代日盛一日殊應有徵利益無量也今撮略綱目欲廣

見聞以龍樹尊者所造大智度論摘其義意注于科例俾看般若者披閱其大旨即成智智也」所錄

之書多至一千零四十九種,大藏所收大半石是皆能挈要提綱明法會旨在佛錄中允推為至高無

上之解題傑作且此種解題工作功效甚鉅據惟白自述「其利有五:一宗師提倡者得隨宜開覺故。

何謂也?向上玄樞應乎大器俯狗情性在乎順機故弘宗闡教以方就圓須假博聞待乎來問故集斯

錄益眞接化貴言有稽古道取信於人也。二法師講演者資闡明訓徒故何謂也傳教者宜談妙義聽

智者專諮實理一部微言,必有所證或引經律論文或考疏鈔傳記略無所據義理難信故集斯錄緩

急證其駕說使有端緒也。三、樂於注撰者助檢閱引文故何謂也作歌頌者讚揚妙道述疏鈔者發揮

聖言臨文引據一事一緣貴出典章製不妄啓故集斯錄以待伸紙操毫而無疑思也。四、有緣看藏者,

易曉品義故何謂也出家佛子若曾聽經諭或參問知識則一覽聖教其義了然旣未然者,不了法味,

則空益疲勞故集斯錄俾見大旨然後披文乃深入法藏也。五、無因披教者知藏乘要義故何謂也在

家菩薩居仕宦者，致君澤名職務駢冗，處黎庶者家業縈繁，公私逼迫，以故無因披閱藏教，設若有暇，

何處取經，故集斯錄，使人入知其法義，家家有大藏因緣，資乎種智而脫死生也」白錄卷末。惟白本禪

宗大師，熟於佛門掌故，嘗於建中靖國元年秋撰續燈錄指要錄，末附述禪教五派宗源，亦能得其脈

絡，以如是通才，述大藏要領，其能不迷指歸也，固宜同時雖有居士王古仿其意而有作，固不能與之

並駕齊驅耳。

## 王古之大藏聖教法寶標目

清源居士王古直齋書錄解題作王右。徽宗時官至尚書，嘗撰大藏聖教法寶

標目，元成宗大德丙午釋克己序其書，稱古「讀經該貫，演義深玄，舉教綱而目張，覽智鏡而神智故

茲集要略盡教條，溥爲來機，豁開寶藏，流傳既久，貝笈未收，眼目所存，誠爲缺事，即有前松江府僧錄

廣福大師管主八續集祕密經文刊圓藏典，謂此標目該括詳明，謹錄藏中隨銜披閱，俾已通教理者

視智燈而合照，心之解未閱聖言者，掬法流而惑業之垢，一覽之餘，全藏義海暸然於心目之間矣」

觀古此目較惟白所錄，遠爲疏略，每書簡或僅著一言，詳亦不過數語，多及千字者間亦有之，惟限大

部。譬於四庫，白錄有如總目提要，古目有如簡明目錄，雖精粗有別，繁簡縣殊，而相得益彰，委係佛錄

之要籍。凡初涉佛籍者固不能舍是二者而他求也。

## 智旭之閱藏知津

上述惟白王古二家，於分類倫次概不違於昇錄。直至明末北天目沙門釋智旭始師二家之意而大易昇錄之次，在解題書中可稱鼎足而立，在分類法中則實空前創作。智旭以「歷朝所刻藏乘，或隨年次編入，或約重單分類，大小混雜，先後失準，致使欲展閱者茫然不知綖急可否。故諸刹所供大藏，不過緘置高閣而已。縱有閱者，亦罕能達其旨歸，辨其權實，佛祖慧命不啻九鼎一絲之懼。而諸方師匠方且或競人我，如兄弟之鬩牆；或趨名利，如蒼蠅之逐臭，或妄爭是非，如癡犬之吠井；或恣享福供，如燕雀之處堂。將何以報佛恩哉？唯宋有王古居士，創作法寶標目；明有蘊空沙門嗣作彙目義門，並可稱良工苦心。然標目僅順宋藏次第，略指端倪，固未盡美；義門創依五時教味，臚陳梗槩，亦未盡善。旭以年三十時發心閱藏，次年晬如鎬兄於博山，諄諄以義類詮次為囑。於是每展藏時，隨閱隨錄。凡歷龍居、九華、霞漳、溫陵、幽棲、石城、長水、靈峯八地，歷年二十襍，始獲成稿。終不敢剖破虛空，但籍此稍辨方位，俾未閱者知先後所宜，已閱者達權實所攝，義持者可即約以識廣，文持者可會廣以歸約。若權若實，不出一心；若廣若約，咸通一相。故名之為「閱藏知津」云」其

書作於甲午重陽後一日，蓋清世祖順治八年也。翌年正月二十一日，智旭即卒年五十七其凡例於

分類法頗有精微之論綜其所見有善於以前諸錄者五端：（1）別立雜藏使雜著得有所歸此例

雖倣自法上錄然中間各錄皆所未有。（2）變更部次以華嚴為首。（3）分出密部，使顯密不致

混淆。（4）合單本重本於一處使一經不分散數處。（5）以符號判別書之優劣緩急使讀者得

依照選讀。

列其分類之系統則可如下表：

經藏　　大乘經　　華嚴部
　　　　　　　　方等部　　顯咒──經
　　　　　　　　　　　　密咒──經
　　　　　　　　　　　　　　　儀軌
　　　　　　　　般若部
　　　　　　　　法華部
　　　　　　　　涅槃部
　　　　小乘經
律藏　　大乘律
　　　　小乘律

宗教目錄篇

此方撰述
纂集
傳記
護教
音義
目錄

序讚詩歌應收入藏此土撰述
釋經
密宗
淨土
台宗
禪宗
慈恩宗
纂集
傳記
護教
目錄

## 日本佛藏目錄

佛教東傳，遠自晉世。始流高麗，終入日本。西來求法諸僧先後載歸經藏，輒有

目錄，不必詳記惟日本延喜二年（西九〇〇）有天台沙門安然據八家祕錄撰諸阿闍梨眞定密教部類

總錄分爲二十部類：（1）三灌頂部，（2）胎藏界部，（3）金剛界部，（4）蘇悉地部，（5）諸如來部，

（6）諸佛頂部，（7）諸佛母部，（8）諸經法部，（9）諸觀音部，（10）諸菩薩部，（11）諸經剛部，（12）諸

忿怒部，（13）諸世天部，（14）諸天供部，（15）諸護摩部，（16）諸禮懺部，（17）諸讚歎部，（18）諸悉曇部，

（19）諸碑傳部（20）諸圖像部實爲密宗分類最詳之錄刻藏之業二邦屢見史册其目錄多准唐宋諸

錄無可特敍及明治十三年始創四藏對校之事於弘教書院迄十八年七月而全藏刻成及大正十

二年高楠順次郎渡邊海旭等又輯印大正新修大藏經至昭和五年五月始成收書多至一萬二千

八百六十四卷後又續刊三千九百九十二卷皆用諸本對校最爲精詳所分部類亦大異於我國諸

錄。經分（1）阿含（2）本緣（3）般若（4）法華（5）華嚴（6）寶積（7）涅槃（8）大集（9）經集，

（10）密教等部律分九類論分譯經毘曇中觀瑜珈論集五部支那撰述分經疏律疏論疏諸宗四部。

日本撰述再分章疏典二部外篇分爲史傳辭彙目錄疑似外教雜六部每部皆再各分小類若干，

包擧甚廣時又刊昭和法寶總目錄三卷彙集大藏未收之各種佛經目錄頗便於學者之研究而大

正元年，中野達慧等又輯續藏經，採集明清日韓九百五十餘八千七百五十餘部，七千一百四十餘

卷別爲十門六十三類近世僧俗譯作未入大藏者網羅幾盡其分類綱領亦與古錄迥異此等雖入

闕外國而其書多漢籍凡治佛教目錄學者所宜參考者也。

## 道教與道經

道教與道經　事有無甚可記而又不得不記者爲道教及其目錄學之有教因佛而與道之

有經因佛而成我國戰國時代本有老莊「清靜無爲」之說司馬談謂之道德家漢初雖爲文帝及

淮南王所尊信而未成宗教迄後漢之末佛經譯行信者漸衆乃有張陵受其暗示而創爲五斗米道，

兩晉之間得博洽之葛洪爲之充實學理上之基礎逎立及元魏太武帝寵任道士寇謙之毀滅佛教，

而道教大盛南朝則有陸修靜廣集道經見信於劉宋明帝李唐援李聃爲其始祖愛屋及烏高宗玄

宗武宗先後盛崇道教趙宋徽宗尤爲迷信風聲所及其教益振後雖經元世祖之禁斷亦

無甚損傷近世稍衰而信徒之衆猶亞於佛教。參看史記自序，漢書藝文志，文帝紀，淮南王傳，後漢劉道經爲傳，晉書葛洪傳，魏書釋老志，宋會要稿，元典章。元至元十二年石刻道經尊經

之造成幾完全脫胎於佛經而道士諱所自出故弄玄虛謬爲教自義農經出天宮之說。歷代綱目，前半完

歷代綱目，前半完全荒謬不可信。苟非昏蒙其誰信之？佛徒所攻殆近眞實唐僧釋法琳云：「道家玄籍唯老子二篇李

聘躬闕自餘經教製雜凡情何者？前漢時，王褒造洞玄經；後漢時張陵造靈寶經及章醮等道書二十

四卷；吳時葛孝先造上清經；晉時道士王浮造明威化胡經；後改爲三清經；齊時道

士陳顯明造六十四卷眞步虛經；梁時陶弘景造大淸經及章醮儀十卷。後周武帝滅二教時有華州

前道士張賓詔授本州刺史長安前道士焦子順一名道抗選得開府扶風令前道士馬翼雍州別駕

李運等四人以天和五年於華州故城内守眞寺挑覽佛經造道家僞經一千餘卷。又甄鸞笑道論云：

傍佛經改頭換尾或道名山自出時唱仙洞飛來」見法琳別傳。「以此詳檢」則其爲詭妄不容辯矣。

『道家妄注諸子書三百五十卷爲道經』又檢玄都目錄妄取藝文志書名矯注八百八十四卷爲

道經據此而言足明虛謬故知代代穿鑒狂簡實繁八人妄造斐然盈貫」「增加卷軸添足篇章依

### 道經目錄及分類之創始

道經既晚出故其目錄亦遲至南北朝始完成而葛洪之遐覽篇則

其大輅之椎輪也。「洪字稚川，句容人究覽典籍，尤好神仙導養之法從祖玄以其煉丹祕術授弟子

鄭隱洪就隱學悉得其法博聞深洽江左絕倫精辯玄賾析理入微。」東晉咸和初官至司徒諮議參

軍。見晉書卷四十二。著述甚多其抱朴子卷十九爲遐覽篇自述其義曰：「遐覽者欲令好道者知異書之名目

也。」首述鄭隱得見異書之經過，次則列舉異書之名目及其卷數雖未明白分類及未盡標著者

姓名；而隱約可辨其類別：一曰經列舉三皇內文天文元文混成經等經數十種、二曰圖列舉形圖、

坐亡圖等圖十餘種三曰記列舉蹈形記隱守記等記十餘種四曰錄列舉玄錄集書錄黃仙錄等錄

數種五曰法列舉採神藥治作祕法登名山渡江海勑地神法等法十餘種此外尚有名律名集者其

書較少或未可自成一類以上各類合爲道經即所謂「佳書」也。「其次有諸符」則列舉自來符

金光符太玄符等符數十種「此皆大符也其餘小小不可具記」據此推詳則當時道教諸書可分

爲經圖法符記錄六類或更加律集而爲八類矣。洪又歷述鄭隱言：「道書之重者莫

類名省名達所起，原文亦未分類。

過於三皇文、五嶽眞形圖也」「其變化之術大者唯有墨子五行記」「其次有玉女隱微亦大術

也」「又有白虎七變法與墨子及玉女隱微略同，過此不足論也」

見抱朴子四部叢刊本。

要目亦無不可。抱朴子自敍：「至建武中乃定」退覽篇則稱「鄭君以泰安元年東投霍山莫知所

在」則是篇之作必在惠帝泰安以後元帝建武以前。道書目錄及分類之早宜莫過

當西曆三○二至三一七年間。

於是矣。

## 陸修靜首創靈寶經目

相傳「後漢明帝永平十四年道士褚善信等六百九十八,閱佛法入洛,請求挑試,總將道家經書合三十七部,七百四十四卷,就中五百九卷是道經,餘二百三十五卷是諸子書」（亦見法琳別傳。）別傳。佛道挑試之說本無其事（參看漢明求法說辯偽。）。彼時道教未與亦未必有經目神仙傳號稱葛洪所作乃云:「老教所有度世消災之法凡九百三十卷符書等七十卷總一千卷」其卷數之多超出退覽篇所述者數倍當不可靠故洪以前道經尚無總目。

遲至劉宋中葉始有道士陸修靜撰靈寶經目（見雲笈七籤卷四靈寶經目序。）實為道經第一部總目錄其書成於宋文帝元嘉十四年。至明帝太始七年修靜答明帝云「道家經書并藥方咒符圖等總二千二百二十八卷一千九百十卷已行於世一百三十八卷猶隱在天宮」（見法琳別傳。）年月明確最近真實惟後來道士虛增卷數反而引起佛徒之攻擊耳。

法琳別傳云:「案今玄都觀一切經目錄,云依修靜所上目,乃一萬八千一百卷,云二千四十卷見有其本,四千三百二十三卷並未見本。」至元石刻道藏尊經歷代綱目更張其數云:「一萬八千一百卷,宋太始七年考功郎中校勘,僅存六千七百三十餘卷。」徒知誇耀,不顧事實。故法琳攻之曰:「既其先後不同,足知虛妄明矣。」又云:「修靜為目,已是大偽。」文見法琳別傳及辯正論。

雲笈七籤卷四載修靜自序首段敍道經之由來多虛誕不可信後段略云:「但經始與未盡顯行十部舊目出者三分……頃者以來經文紛互似非相亂或是舊目所載或

自篇章所見新舊五十五卷學士宗竟鮮有甄別。余先未悉亦是求者一人，旣加尋覽，甫悟參差，或刪破上清，或採摭餘經，或造立序說，或迴換篇目裨益句章，作其符圖，或以充舊典，或別置盟戒文字僻左音韻不屬辭趣煩猥義味淺鄙顚倒夗錯事無次序考其精僞當由狷狂之徒質非挺玄本無尋眞之志，而因修窺閱假服道名貪冒受取不顧殃考興造多端招人宗致以魚目廁於隋侯之肆輒將散礫託於和氏之門銜誑愚蒙誣調太玄旣晚學推信弗加澄研遂令精蠹糅雜眞僞混行視聽者疑惑修味者悶煩上則損辱於靈囿下則恥累於學者進退如此無一可宜徒傾產疲力將以何施夫輕慢之咎旣深謗之罪靡赦余少耽玄味志愛經書積累鑽銖冀其萬一若信有可崇何苟明言坐取風刀乎慮有未悉今條舊目已出并仙公所授事注解意以為疑僞者略云爾」據其所述則道經之疑僞雜出舊目混沌不明已可概見修靜之作乃所以去所認為疑僞者區分類別以成條目也觀乎後來玄都觀一切經目錄之混亂不治則知修靜此目殊不愧為道錄之開山矣。

　修靜之外同時稍後尚有所謂上清原統經目雲笈七籤卷四載其註序據云有道士許豫之於元嘉十二年臨終時封藏「上清寶經三洞妙文」宋明帝泰豫元年逼取至京元徽元年復歸剡縣馬

氏。此撰注者「因神王所撰寶經卷三十一首篇章目第並指事爲名然天眞之言理與難尋，或名同而事異或理合而字乖靈祕妙隱不與世合幸而見之卒難詳辨」乃「鑽研彌齡，始覺髣髴謹以鄙思，尋校衆經爲上清目義」推其語意亦道經目錄之儔也。

**王儉與阮孝緒**　以儒者撰錄而收及道經，始於劉宋王儉。王儉與陸修靜同時於元徽元年，特關道經錄附見於其七志合佛經錄爲九條雖「亦不述作者之意但於書名之下每立一傳而又作九篇條例編乎首卷之中」志隋則始述道書分類條例備列道書目錄入總目錄中者以此志爲最先惜已失傳僅可由七錄想像之。阮孝緒七錄序云：「劉氏神仙陳於方技之末；王氏道經書於七志之外今合序仙道錄爲外篇第二王則先道而後佛，今則先佛而後道蓋所宗有不同，亦由其教有淺深也。」仙道錄分爲經戒服餌房中符圖四部收書四百二十五種一千一百三十八卷道書之有顯明部類實始見於此。　修靜錄之部類，現已不明。七錄成於梁普通四年以後上距修靜成書之日僅八十七年其書半依七志半採諸錄雖非盡目睹而詳盡無遺其所記卷數較佛法錄僅及五分之一足見彼時道書無多，較上述修靜錄亦少七百七十二卷足證修靜錄之虛僞其後唐人撰五代史經籍志，即隋志。略記道

書目錄大綱，亦分經戒餌服房中符籙四部，總數則為一千二百一十六卷，與七錄大同小異較下述

之玄都錄祇及半數是則唐初修史志者亦已不信玄都觀道士之說矣。

七錄之後惟「後周法師王延珠囊經目藏經八千三十卷」見至文石刻。如此鉅帙竟倍佛經其為

浮報，不覈可知但目既不傳亦無庸詳究耳。

**玄都觀一切經目錄**　隋煬帝嘗命道士撰道經目錄志其事不顯唐初宏獎道教特起玄都觀

以居道士道乃大造經目以示誇耀貞觀初釋法琳撰辯正論以攻之曰：「按玄都觀道士等所上

一切經目云取宋人陸修靜所撰之者依而寫送檢修靜舊目注：『上清經有一百八十六卷其一百

十七卷已行於世從世清以下有四十部合六十九卷未行於世』檢今經目並云見在」修靜經目又

云：『洞玄經三十六卷其二十一卷已行於世其大小刧已有十一部合十五卷猶隱天宮未出』檢

今經目，並注見在」「檢修靜目中見有經書藥方符圖等合一千二百二十八卷本無雜書諸子之

名。而道士今乃有二千四十卷其中多取漢書藝文志目妄注八百八十四卷為道經論據如此狀，

理有可怪何者至如韓子孟子淮南之徒並言道事又後八老黃白之方陶朱變化之術翻天倒地之

符，辟兵殺鬼之法及藥方咒厭，並得爲道書者其連山歸藏周林太玄黃帝金匱太公陰符，陰陽書五、

姓宅圖七十二葬書等亦得爲道書乎案修靜爲目

已是大僞今玄都錄復是僞中之僞。」法琳所論雖屬一面之辭，然執有眞憑實據固非信口雌黃故

此錄之毫無價值可言實已一言而定無復疑議也。法琳又請唐太宗，「令大德名僧儒生道士對宰

輔朝俊詳檢內外經史刊定是非立石爲記以息邪僞。」其理由則爲「古及今佛家立一切經目具

辯翻譯帝代並注疑僞別部恐惑亂黎民故也今道家先無翻譯仍立記目或依傍佛經或別頭假造，

而不記年月不詳世代裝潢帶軸與眞經一體詐言空中自出或道谷裏飛來咸行於世疑誤下愚」

並見辯正論。 此事若行則道書可十去其九惜乎唐太宗不從其言耳。

**唐代諸道錄** 李唐大弘道教應有詳錄然舊唐志竟未載一錄，新唐志僅有冊艱開元內外經

錄十卷。兩志並棄收佛論入道家老莊艱錄之傷，其荒謬抑甚可笑。

元釋教錄佛書凡七千〇四十六卷除去此數則艱錄所收道書有二千五百卷之譜視七錄已加一

倍矣。而通志藝文略則載有開元道經目一卷唐朝道藏音義目錄一百十三卷前者或係開元時代

之簡目但非瓊綱目後者則恐本非圖書目錄，而鄭樵誤人之耳。元至元石刻則稱「唐尹文操玉緯

經目藏經七千三百卷唐明皇御製瓊綱目藏經五千七百卷唐文宗太和二年太清宮使秦陳止見

五千三百定數黃巢之亂靈文祕軸焚蕩之餘散無統紀幸有神隱子收合餘燼拾遺補闕復爲三洞

經再經五季亂離篇章雜揉」所稱卷數並近誇多三種經目亦無傳本。

## 宋刻道藏之目錄　及宋眞宗「盡以祕閣道書太清寶蘊出降於餘杭郡俾知郡戚綸漕運使

陳堯佐選道士朱益謙馮德之等專其修較然其綱條脫漫部分參差與瓊綱玉緯之目舛謬不同歲

月坐遷科條未究」其後綸等及司徒王欽若請以張君房專任其事久之乃除君房著作佐郎君房

「盡得所降到道書幷續取到蘇州舊道藏經本越州台州舊道藏經本亦各千餘卷及朝廷續

降到福建等州道書明使摩尼經等與諸道士依三洞綱條四部錄略品詳科格商較異同以銓次之

僅能成藏都盧四千五百六十五卷起千字文天字爲函目終於宮字號得四百六十六字且題曰大

宋天宮寶藏天禧三年春寫錄成七藏以進之。」雲笈七籤序。「卷目之首冠寶文統錄之名。」至元石此刻。

藏爲現存道藏之祖其目錄及分類亦爲後來所沿用君房載其分類之理由於雲笈七籤之道門大

論中，據以推究，則知道藏之分類依據道教之系統，而道教之系統則定自不知何世何人所撰之正

一經。道教本有所謂三洞之說。玉經隱注云：「三洞經符道之綱紀」。而「三洞者洞言通也。通玄達

妙，其統有三。故云三洞。第一洞真，第二洞玄，第三洞神」。「修學之人，始入仙階，登無累境，故初教名

洞神。神寶其次。智漸精勝，既進中境，故中教名洞玄。靈寶既登上境，智用無滯，故上教名洞真。天寶

也」。又有所謂四輔者：正一經云：「太清經輔洞神部，金丹以下仙業。太平經輔洞玄部，甲、乙十部以

下真業。太玄經輔洞真部，五千文以下聖業。正一法文宗道德、崇三洞、遍陳三乘」。故道教可分七部。正

一經定其次序曰：「一者洞神部，二者洞玄部，三者洞真部，四者太清部，五者太平部，六者太玄部，七

者正一部」。而後四部不能獨立併入三洞，謂之三乘。正一經云：「三乘所修各十二部。」道門大論

云：「夫十二部道義通於三乘。今就中乘爲釋餘例可知。十二者第一本文、第二神符、第三玉訣、第四

靈圖、第五譜錄、第六戒律、第七威儀、第八方法、第九衆術、第十記傳、第十一讚頌、第十二表奏。[1]言

本文者，卽三元八會之書，長行元起之說其例是也。紫微夫人云：『三元八會之書，太極高真所有，本

者始也根也，是經教之始，文字之根，又爲得理之元，萬法之本，文者分也，理也，既能分辨二儀，又能分

三二〇

別法相，既能理於萬事又能表銓至理，如木有文亦名爲理也，不名眞文者，十二義通三乘眞文教主

中洞非通義也。（2）神符者，卽龍章鳳篆之文，靈跡符書之字是也，神則不測爲義，符以符契爲名謂

此靈跡神用無方，利益衆生信若符契。（3）玉訣者，如河上釋柱下之文，玉訣解金書之例是也，玉名

無染訣語不疑謂決定了知更無疑染。（4）靈圖者，如合景五帝之像圖局三一之形其例是也，靈妙

也，圖度也謂度寫妙形傳流下世。（5）譜錄者，如生神所述三君立本所陳五帝其例是也，譜緖也錄、

記也，緖記聖人以爲教法亦是緖其元起，使物錄持也。（6）戒律者，如六情十惡之例是也，戒者解也，

界也止也能解衆惡之縛能分善惡之界防止諸惡也律者率也率計罪懲直而不枉使懼

慄也。（7）威儀者，如齋法典戒請經軌儀之例是也威是儼然可畏儀是宜亦是曲從物宜爲

威法也。（8）方法者，如存三守一制魄拘魂之例是也，方者法也節度修行治身有方所節度也

（9）衆術者，如變丹鍊石化形隱景之例是也，衆多也；術道也，爲趣至極之初道也。（10）記傳者，如道

君本業皇人往行之例是也記誌也；傳傳也謂記至本業傳示學人。（11）讚頌者，如五眞新頌九天舊

章之例是也讚以表事頌以歌德故詩云：「頌者美盛德之形容」亦曰偈偈憩也以四字五字爲憩

息也。（12）表奏者如六齋啓願，三合謁請之例是也。表明也；奏，湊也，謂表心事上共湊大道通言部者

以部類爲義亦以部別爲名，謂別其義類以相從也」又釋其十二部先後次序之義曰：『本文是生

法之本數自居前既生之後即須扶養故次辯神符八會雲篆三元玉字若不諳鍊豈能致益故須玉

訣釋其理事也。衆生暗鈍直聞聲教不能悟解故立圖像，助以表明聖功既顯若不祖宗物情容言假

僞，故須其譜錄也。此之五條生物義定將欲輔成必須鑒戒法文弊宣前防止故有戒律既捨俗入

道出家箋於師寶須善容儀故次明威儀也又前乃防惡宿罪未除故須修齋軌儀已生惡也儀容

既善宿根已淨須進學方術理期登眞要假道術之妙顯乎記傳論聖習學以次相從也亦是學功既

著名傳竹帛故次記傳始自生物終乎行成皆可嘉稱故次有讚頌又前言諸教多是長行散說今論

讚頌即是句偈結辭既切功滿德成故須表申靈府如齋訖言功之例，故終乎表奏也又前十一部明

出世之行後之表奏祛世間之災如三元塗炭子午請命之流皆關表也」『三乘之中乘各有十二

部故合成三十六部」，以上並據雲笈七籤，道藏本卷六。

綜上所述，則道教可分洞神洞玄洞眞三洞，及太清太平太玄正一四輔四輔附屬於三洞。三洞

各分本文神符玉訣靈圖譜錄戒律威儀方法衆術記傳讚頌表奏十二部道藏綱領，具在於斯。唐代

所寫瓊綱玉緯或已依此分部；宋刻道藏尤當所遵承，然皆漫無痕跡，未識眞相觀後來明刻道藏之

部類悉與道門大論所說相同則唐宋元各本當亦不能超出例外也。

而通志略載有宋明道宮道藏目錄六卷洞玄部道經目錄一卷太眞部部道經目錄二卷洞神

部道經目錄一卷王欽若等三洞四輔經目錄七卷道藏經目錄七卷鄭樵既未見其書自不能明其同

異析名複出徒見其煩約略推求實卽張君房等所修道藏之目錄由王欽若領銜奏進耳。道教目錄學單純之極實無異支別派可爲陳述也。

惟欽若上書，據宋史卷八，在大中祥符九年。而張君房寫錄成七藏，在天禧三年。當係先上正本，復寫副本耳。

雲笈七籤　惟張君房「因茲探討逐就編聯掇雲笈七部之英略蘊諸子之奧總爲百二十卷」名曰雲笈七籤蓋道藏之輯要亦卽道教之類書也其卷八卷九三洞經教部經釋之屬概係道經解題實前此所未見頗能挈道經之要領。如釋七經云：『道學七經經者徑也由也常也成也徑直易行，由之得進常通不塞正以治邪轉敗爲成經緯相會也。玄素黃帝容成彭鏗巫咸陳敕習學七經，演述陰陽生生爲先先仁之志非但七八七人迹多亦號七經。天門玉子皆傳斯道外儒失道不知道

為儒本儒為道末本末不知，致無長壽之人，遂為淫亂之俗也。至於外儒，五經備有，詩首關雎禮貴婚

嫁，傳嗣之重歷代所同，無後之罪三千莫大。而知男女氣數陰陽與衰聞之疑怪蟲鄙成災，良可痛念。

智者悟之能歸內道救理外儒。詩禮傳易至于尚書禮樂孝經，斂未崇本本孝合乎道習樂同乎德道

德弘深，仁義備舉禮智恆用。信不整歟，綠末入本引外還內上學之功，於此乎在七經者：一曰仁經男、

女婚嫁恩愛交接生子種人，永世無絕二曰禮經。禮既生當長壯不可恣夫清婦貞內外分別尊卑相敬、

和而有節。三曰信經，既知禮節親疎相間朝野忠直無相違負四曰義經，既知忠直有與有取罰惡賞

善，更相成濟五曰智經。既知賞罰防有枉濫抑揚通流除邪入正六曰德經。治邪保正五德均平無偏

無苦常樂長存七曰道經。常樂常存騰泰無上上德不德教化立功功成身退權變無窮凡人學道共

修七經經有所明各有有多少仁經恩多餘事皆少少不受稱多故立名名為仁經亦有禮義信智德道。

六同若斯唯道獨多少行均平故號大道一切所宗也」雲笈七籤既為選集前人之作則此項道經

解題亦未必為張君房所為其殆唐人手筆歟？

## 元明以後之道錄

宋藏刻成道教大與徽宗政和三年，詔求道教仙經於天下又置道官立道

學，置博士撰道史，聲勢之隆空前絕後。參宋史卷八。南宋初年，鄭樵撰通志其藝文略錄道家書分爲老子、莊子諸子陰符經黃庭參同契目錄傳記論書經科儀符籙吐納胎息內視道引辟穀內丹外丹金石藥服餌房中修養凡二十五種一千三百二十三部三千七百六卷其分類法與上述宋道藏目錄迴異。「迨後丙申屬難經藏俱廢」元與「有披雲子宋真人收索到藏經七千八百餘帙鋟梓於平陽府永樂鎮東祖庭藏之。見至元石刻。旋遭至元十八年之焚禁一時又盡。見元典章。至明英宗正統十年重輯道藏以千字文編次自天字至英字神宗萬曆三十五年又輯續道藏自杜字至纓字三洞四輔十二類都五百二十函五千四百八十五冊經廠刊版。至清德宗光緒二十六年拳匪之亂乃燬於大光明殿。民國十二年商務印書館取北京白雲觀藏明本影印。見重印緣起。明藏部類悉依宋藏無所發明。惟其中有道藏闕經目錄。題下注云：「於舊目錄內抄出」而其卷上載有上清源統經目注敍眾經目錄、三洞要錄洞玄靈寶三洞經籙品格訓目錄洞神三皇五嶽目錄卷下載有宋萬壽道藏三十六部經品目宋萬壽道藏經目十卷，金萬壽道藏三十六部經品目，金萬壽道藏經目十卷，此則道錄闕本之可知者。觀其多分三十六部，則亦無以異於宋藏耳。

總之元明以後道錄殆無可稱所宜述者惟明天啓丙寅白雲觀道士白雲霽撰有道藏目錄詳

注然亦非逐書皆作提要名雖爲「詳注」實則僅擇少數要書略加數語說明耳此在荒蕪之道教

目錄學中已屬絕無僅有之創作矣。

# 專科目錄篇

## 專科目錄之作用及其源流

藏書目錄隨藏家之嗜好而發展，亦隨藏家之興衰而生滅。雖漢唐盛世之七略與羣書四部錄亦不能留傳後世，學者恨焉。乃借重於史志，而不幸史志亦不能包舉一代而無遺蘊。學者欲通曉古今洞識所學乃不得不各自就其本科目錄作徹底之研究。此專科目錄所以發達於現代一也。藏家無論公私多假以自炫，初無專精一科之志。故煌煌鉅冊非不豐美；而平均分配各科皆備；及專家用之輒感其不精不足；勢須獨具雙眼，另行搜求。此專科目錄所以早已脫離藏書目錄而獨立二也。百科競出羣籍充棟，初學者望洋興嘆茫然不知從何下手洞明其學者，各就其所賞識選拔要籍以作讀本實爲學術進步之第一階段此專科目錄所以先乎藏書目錄而產生迄乎現代而尤盛三也溯自漢初韓信、張良即已次序兵法刪一百八十二家爲三十五家專科目錄莫之或先。七略不收散文漢、魏漸有文集故晉初荀勗摯虞皆撰集文章篇目以補其闕佛法傳來經無所附其徒乃自撰經錄以綱紀之書畫漸與宋齊遂有書畫之錄他如史目起於李唐金石原

專科目錄篇

三二七

於趙宋時代愈晚而專科目錄愈多其始多就現存之書專門深入；明清以來則上窮往古遍考存佚；

及乎現代更橫越東西分支百學數量之富實質之精迥非一般藏書目錄所能望其項背矣

**經解目錄**　自七略首紀六藝晉中經簿改稱甲部七志正名經典隋志定為經部經書入錄由

來遠矣然自始卽兼容史傳、小學七志且分半席與史記雜傳七錄始排除紀傳而成專科由

有甲乙新錄陳承香殿有五經史記目錄唐人李肇有經史釋題四部平分皆非完璧宋志載歐陽伸

一作坤。　經書目錄十一卷實為經書專錄之始又載楊九齡經史書目七卷通志載佚名經史目錄三卷。

其時代並不明殆皆宋人也一般所謂經籍通指一切書籍故如千頃堂書目所載王佐經籍目略佚

名國朝經籍考皆未必專記經書惟「古解經書目一卷」方得確認為經解目錄崇文總目有授經

圖一卷敍五經三傳之學其書不傳未詳體制宋章俊卿山堂考索嘗溯經學之宗派各為之圖未能

精備明嘉靖中朱睦㮮乃因章氏舊圖而增訂之首敍授經世系次記諸儒列傳次錄諸儒著述及歷

代經解名目卷數。清初黃虞稷龔翔麟為之補校而刻之。睦㮮原錄經解一千七百九十八部，虞稷等

新增七百四十一部。睦㮮又撰經序錄，取諸家說經之書各采篇首一序，編為一集。二書雖非純粹目

錄體裁，而實開通考古今經書移錄原序之創例。清初朱彝尊遂倣其遺意，為目錄學闢一新大陸焉。

彝尊以康熙三十年「據陳廷敬所撰墓誌銘推」歸隱「小長蘆」以近日譚經者局守一家之言致先儒遺編失傳者什九，

因倣馬端臨經籍考之例而推廣之，著經義存亡考三百卷首錄御注勑撰之書以下分易書詩周禮、

儀禮禮記通禮樂春秋論語孝經孟子爾雅羣經四書逸經蕝緯擬經承師宣講立學刊石書壁鏤板、

著錄通說凡二十六類末附家學自序二篇又欲為補遺二卷。草稿甫定即以次付梓其宣講立學家

學自序四篇以及補遺屬草未具不幸遘疾校刻逮半鴻業未終越數十年乾隆甲戌乙亥間盧見曾

馬曰琯始捐貲刻版改名經義考是書以書名為綱先註歷代目錄所著卷數著者或著作論及或述

旋即以一行分別注明『存』『佚』『闕』或『未見』以後鈔錄原書序跋考古今著作者之姓名。

及該書之語依時代為次使讀者一讀而盡知古來各家對該書之意見則該書之內容與價值自然

明瞭朱氏純用客觀態度照錄原文不易一字亦不參加己見。雖已闕佚過半之書猶必為之稽其爵

里條其同異毛奇齡謂『非博極羣書不能有此』陳廷敬『以為經先生之考定者存者固森然其

畢具而佚者亦絕其穿鑿附會之端則經義之存又莫有盛於此時者微竹垞博學深思其孰克為

之？」朱、陳之論確非虛譽原書本無自錄，至民國二十二年，羅振玉始補寫之附校記一卷又其囊括

千古，不能毫無遺漏故乾隆中，沈廷芳已有續經義考詩文集。乾隆末年翁方綱又撰經義考補正十

二卷凡一千零八十八條。助其事者為丁杰、王聘珍等。先是清初納蘭成德刊唐、宋、元、明人說經之書

一百三十八種有目錄。沈豫為之撰提要。光緒間，王先謙輯刊續編二百九種近人有合撰正續二編之

目錄為一書者清儒經說大半在是矣其專錄一經之書者雍乾間有全祖望之讀易別錄現代有吾

友蔣復瑰君之易經集目四書集目論語集目孟子集目孝經集目金受申之清代經學家治詩書目，

張壽林之清代詩經著述考略吾友陸侃如君有詩經參考書提要。

譯書目錄 　自清末曾國藩創辦製造局以譯西書為第一義數年之間成者百種而京師同文

館及西士之設教於中國者後先譯錄迄光緒二十二年可讀之書約三百種先師梁任公先生謂：

「國家欲自強以多譯西書為本學者欲自立以多讀西書為功此三百種者擇其精要而讀之於世

界藩變之迹國土遷異之原可以粗有所聞矣」故為西書作提要缺醫學兵政二門未成而門人間

應讀之西書及其讀法先後之序乃作西學書目表四卷，札記一卷，示之其體例如下：

（1）譯出各書爲三類：一曰學，二曰政，三曰教。指宗除未錄教類之書外，自餘諸書分爲三卷。上卷爲西學諸書其目曰（1）算學（2）重學（3）電學（4）化學（5）聲學（6）光學（7）汽學（8）天學（9）地學（10）全體學（11）動植物學（12）醫學（13）圖學中卷爲西政諸書其目曰（1）史志，（2）官志，（3）學制，（4）法律，（5）農政（6）礦政（7）工政（8）商政（9）兵政（10）船政。下卷爲雜類之書其目曰（1）遊記（2）報章（3）格致總（4）西人議論之書（5）無可歸類之書。

（2）「明季國初利艾南湯諸君以明曆見擢用其所著書見於天學彙函新法算書者百數十種。又製造局益智書會等處譯印未成之書百餘種通商以來中國人著書言外事其切實可讀者亦略有數十種掇拾薈萃名爲附卷」

（3）「西學各書分類最難凡一切政皆出於學則政與學不能分非通羣書不能成一學非合庶政不能舉一政則某學某政之各門不能分今取便學者強爲區別其有一書可歸兩類者則因其所重如行軍測繪不入兵政而入圖學御風要術不入天學而入船政化學衞生論不入化學而入醫

學是也。又如電氣鍍金、電氣鍍鎳等書,原可以入電學;脫影奇觀色相留真照像略法等書,原可以入

光學汽機發軔汽機必以汽機新制等書,原可以入汽學今皆以入工藝之書因工藝之書無不推本於

格致不能盡取而各還其類也又如金石識別似宜歸礦學類又似宜歸地學類而皆有不安故歸之

化學海道圖說似宜歸地學類又似宜歸海軍類而皆有不安故歸之船政此等門目亦頗費參量然

究不能免牽強之誚……」

（4）「門類之先後西學之屬,先虛而後實,蓋有形有質之學皆從無形無質而生也。故算學重

學為首電化聲光汽等次之天地人[謂全體物、物學。謂動植學。]等次之;醫學圖學全屬人事故居末焉。西政之

屬以通知四國為第一義,故史志居首官制學校政所自出,故次之法律所以治天下,故次之能富而

後能強故農、礦、工、商次之,而兵居末焉。農者地面之產,礦者地中之產工以作之作此二者也。商以行

之行此三者也。此四端之先後也。船政與海軍相關故附其後。」

（5）「已譯諸書中國官局所譯者兵政類為最多。蓋昔人之論以為中國一切皆勝西人所不

如者兵而已。西人教會所譯者醫學類為最多由教士多業醫者也。製造局首重工藝而工藝必本格

致故格致諸書，雖非大備，而崖略可見。惟西政各籍，譯者寥寥，官制學制農政諸門竟無完帙。今猶列為一門者，以本原所在不可不購。懸其目以俟他日之增益云爾。

（6）此表分為數格。分列書名撰譯年號圈識撰譯人刻印處，本數價值識語。其例言云：「書目例標撰人姓氏。今標譯人不標撰人者，所重在譯也。譯書率皆一人口授，一人筆述。今諸書多有止標一人。原本不兩標。故仍用之名從主人也。」

（7）「收藏家最講善本。故各家書目於某朝某地刻本，至為斷斷。今所列皆新書。極少別本；仍詳列之者，不過取便購讀。與昔人用意微殊。其云在某某書中者。無單行本也。其云格致彙編本，萬國公報本。其下不注本書價值者。亦無單行本也。」

（8）「古書用卷子本。故標卷數。後世裝潢既異，而猶襲其名甚無謂也。故今既標本數不標卷數。」

（9）「目錄家皆不著價值。蓋所重在收藏，無須乎此。今取便購讀。故從各省官書局之例，詳列價值。其標若干兩若干錢者銀價也。其標若干千若干百者制錢價也。其標若干元若干角者洋銀價

也。

製造局同文館天津學堂之書，概據原單。其家刻本，乃西士自印本，據格致書室單。

(10)「表下加識語表上加圈識皆爲學者購讀而設，體例不能雅馴，所不計也。」

(11)「附卷所載通商以前之西書多言天算言教兩門今除言教之書不著錄外自餘諸書不能以類別故以著書人爲別。」

(12)「附卷所載中國人言西學之書搜羅殊隘其海內通人或有書成而未刻成而鄙人未及見者當復不少管窺蠡測知其孤陋若夫坊間通行之本有裨販前人割裂原籍以成書者乃市儈射利之所爲方聞之士所不屑道概不著錄以示謹嚴非罣漏也。」

(13)「中國人言西學之書以遊記爲最多其餘各種亦不能以類別今用內典言「人、非人」化學家言「金、非金」之例區爲遊記類非遊記二門」

(14)「近人頗有以譯本之書而歸入自著書之中不標譯字者概爲疏通證明仍入諸譯書表中，不援名從主人之例」

(15)「表後附札記數十則，乃昔時答門人之語，略言各書之長短，及某書宜先讀某書宜緩讀。

雖非詳盡初學觀之，亦可以略識門徑。故竊取「過而存之」之義，附見末簡，名曰讀書法……」

西學書目表於光緒二十二年九月登載於時務報後又單行。見愼始基齋對時人曾發生極大之
影響受其啓發而研究西學者遂接踵而起目錄學家亦受其衝動有改革分類法者有專錄譯書者。
沈桐生撰東西學書錄提要總敍徐維則撰東西學書錄，顧燮光補之近年猶刊其舊著譯書經眼錄
焉專錄一國文字之譯籍者則有魏以新之中譯德文書籍目錄專錄一圖收藏之譯籍者則有金天
游之浙江圖漢譯西文書目索引。

**哲理目錄** 哲學方面之目錄，自古著錄寡聞勉強湊合，惟宋高似孫之子略或足當之其體例
與史略同近代則淸黃以周有子敍王仁俊有周秦諸子敍錄現代胡韞玉有周秦諸子書目而王重
民之老子考則專考一書之版本對於西洋哲學則查士元有世界哲學名著提要介紹穆勒（J. S.
Mill）等十一人之書十一部心理方面則有張耀翔之心理學論文索引張德培之心理學論文索引
得二書互相銜接止於二十三年六月其分類採用美國 Psychological Index 之例分普通心理、

神經系、感覺與知覺、情感與情緒、動作注意記憶與思想、個體社會功能特殊心理狀態、人類心理發展教育心理動物與植物行爲十一類各類皆有小目其內容後者較前者增加論文發表年月及雜誌出版處尤爲完善。

**宗教目錄** 宗教目錄以佛教目錄特別發達之故，已獨立成篇現代研究此學者，則有李翊灼之佛學詁書辨略，劉天行之佛學入門書舉要陳鴻飛之佛教典籍分類之研究，南亭之華嚴宗著述彙目劉國鈞之三國兩晉佛典錄馮承鈞之大藏經錄存佚考皆非藏目惟翊灼嘗撰燉煌經卷爲未入藏經卷目編製書目引得者則有燕京大學引得編纂處將大藏、續藏及道藏之子目依中國庋擷法分別成書。

**文字目錄** 文字之學古名小學歷代目錄，槪附經部而爲一類。然爾雅說文之屬皆釋文字之義，未嘗解經強廁經部權作附庸專門目錄，向未之聞朱彝尊經義考亦止詳於爾雅而未及說文以下翁方綱欲廣此門，亦未及實行乾隆六十年，謝啓崑始釆杭州文瀾閣之書爲小學考以補朱氏之闕嘉慶三年，再官浙江更理前業延陳鱣胡虔等任其事越五年刊成五十卷卷首專錄本朝奉敕撰

著之書此外分為四類，（1）訓詁續經文考爾雅類而推廣於方言通俗文之屬。（2）文字錄史篇說文之屬（3）聲韻錄聲類韻集之屬。（4）音義錄訓讀經史百氏之書謝氏以為「訓詁文字聲韻者，體也音義者用也體用具而後小學全焉」原無總目近始有羅福頤補之百餘年來文字學日益發達記其目錄者亦漸專門清末已有尹彭壽撰國朝治說文家書目葉銘撰說文書目近年有王時潤撰郵學考目及研究說文書目馬敍倫撰清人所著說文之部書目初編丁福保撰說文目錄黎經誥撰許學考李克弘撰說文書目輯略吾友劉盼遂君撰古小學書輯佚表陳光堯撰關係簡字書舉要。吾友夏廷棫君與陳鈍撰舊籍中關於方言之著作明朝之關於漢字漢音之日籍目錄，而業師胡樸安先生撰有文字學書目則未刊。

**教育目錄**　古無教育書目有之乃近十餘年之事。其介紹要籍者首為鄭宗海之英美教育書報指南雖雜有購書閱書之法實目錄之別體也。次則有查士元之世界教育名著提要莊澤宣之一倜教育的書目莊著亦有解題分教育概論教育心理發育心理學科心理教學法學習指導課程測驗統計教育史教育哲學教育行政學校行政及管理各級教育職業教育及指導體育與衛生其他

等十七類甚便初學此外則有專錄教育論文索引者以清華學校教育學社亦受莊澤宣指導。為最早續編數

次各文皆有簡略說明，而未為完備。後來中山大學教育研究所受部爽秋擴大編製得八千餘篇分教

育通論普通教育行政學校行政各種教育問題教學法比較教育教育報告七集彭仁山增訂之删

去解題而保存簡目其材料止於十八年底自十九年後有中華教育界按期發表各雜誌教育論文

索引迄無專編惟劉澡撰民眾學校論文索引則偏重一部份者也其專錄書目者則有呂紹虞之中

國教育書目彙編前半為分類目錄詳析為四十類後半為書名及著譯者混合索引頗便檢尋而教

育部社會教育司之民國十六年來之民眾教育刊物「表」則書報兼收舒新城之中國教育指南

則圖書提要與論文索引並重。

## 社會科學目錄

自先師梁任公先生撰西學書目表及西書提要後繼起效法者數家其專錄

社會科學書目者有沈兆褘之新學書目提要其法制類單行本所收多當時新出譯本雖冠以國人

著作二三種不過裝點門面而已。名雖為法制實則舉凡政治社會法律經濟財政外交教育家政世

界各國史及現況之譯著無不包括在內。「其於羣籍之中旨趣離合紀載詳略既存甄表之微間有

異同之議。」「多引原文以資衆覽」「又或因其篇章以推之事實。」其人亦維新之士識見甚高

評衡得失甚中肯綮所收之書雖僅九十五種在當日固一指南之作也尚有歷史、輿地文學、西學西

藝、雜錄、小說等七類余未見其傳本故不復別論其書出版於光緒二十九年越二十餘年而有查士

元、士驤之世界社會經濟名著提要、徐嗣同之社會科學名著題解、蕭瑜之社會學書類編皆對於西

洋名著詳為解題查著較略徐著偏重學術之思想蕭著偏重書目之說明皆入門之書也其專錄某

種問題之目錄者有食貨半月刊之中國經濟社會史重要論文分類索引許士廉牛熊鄂之關於中

國人口蕃殖種族諸問題中英書目內政部圖之內政問題論文索引，分民政、警政、土地、水利、統計、禮俗六項。言榮彰

之社會調查及社會統計書目其專考古今法律書目者有孫祖基之中國歷代法家著述考謝冠生

之歷代刑法書存亡考，見東方雜誌二十三卷三號。孫著最博分法理立法治獄檢驗實務五類大抵根據歷代史志

補志及各家書志而加以考證批評知之較切者則稍詳述其內容惟不注版本蓋亦仿經義考而不

悟其失耳鳥山圖有十年來國內出版法學書目震旦大學亦有法學書目則僅據現藏未為完備。

**自然科學目錄**　　科學之在古代惟天文歷算比較有人研究至於聲光化電則未之聞自西學

輸來，亦首由歷算之學入手，清康熙，中梅文鼎嘗列其所著歷學書六十二種，算學書二十六種，各撰

提要名曰勿菴歷算書目，近代則有劉鐸撰古今算學書錄，丁福保撰算學書目提要，並兼收中西焉。

近年治算學書目者有裴冲曼錢寶琮李儼劉朝陽等數家。裴有中國算學書目彙編，李有李儼所藏

中國算學書目錄及續編明代算學書志二十年來中算史論文目錄近代中算著述記，錢有若水齋

古今算學書錄，劉有中山大學添購舊本算學書目補裴編中國算學書目。至於一般自然科學目錄，

刊行者尚不多，惟清末王景沂有科學書目提要初編，近年交通大學有三十五年來中國科學書

目初編，震旦大學圖有科學書目。

**應用技術書目** 中國古代對於歷算皆視為應用技術，此外則惟注重醫藥農業及軍事，故此

三種之書籍特多兵法在二千一百三十八年前已有目錄詳溯源篇在歷代公私總目中兵書皆能

佔一類位置惟自荀勗併諸子兵書為一部以實技合於虛理殊為不倫，而後錄莫能糾正兵書亦多

淪亡近年始有陸達節自史志古錄摘錄有關用兵之書目並錄存佚不分類別但以時代為次斷自

清季共得一千三百零四部其現存者僅二百八十八部名其書曰歷代兵書目錄又續撰兵書考想

亦已成在此學中允推獨步。至收藏現代中外軍書最多者則爲中央陸軍軍官學校圖有軍事學圖

書目錄。分中文日文西文三部每部皆分十三類，（1）總類、（2）軍制、（3）軍事教育、（4）作戰，（5）

兵器、（6）交通、（7）步兵、（8）騎兵、（9）礮兵、（10）工兵、（11）空軍、（12）海軍、（13）雜類此外各圖皆

遂不如焉農業之書則古錄皆歸入主張重農之農家一類後錄亦有改入譜錄類者其不得當一也。

有說明。其遍考古人書目者則有毛雝之中國農書目錄彙編從七十三種舊錄中摘出有關舊式農

業之書名或篇名卷數或册數著作人注明出處分類二十八（1）總記（2）時令（3）占候（4）農

近代始有介紹西書之專錄，起於清末王樹蘭與英人傅蘭雅合譯之農務要書簡明目錄於各書皆

具、（5）水利、（6）災荒、（7）名物詮釋、（8）博物類，再分四（9）物產、（10）作物、（11）茶、（12）園藝，再分五

（13）森林、（14）畜牧、（15）蠶桑、（16）水產、（17）農產製造（18）農業經濟、（19）家庭經濟、（20）雜論

（21）雜類每類皆依書名之筆數爲次如辭典式惟不收近人譯本及談新法之書得書凡三千餘種、

而方志尚不列焉可謂富矣毛雝之作實在金陵大學該大學同時又令陳祖燦等撰農業論文索引

羅致中文雜誌三百十二種叢刊八種在我國出版之西文雜誌及叢刊三十六種得有關農業之論

文，中文三萬餘條，西文六千餘條，用勃朗（Brown）式之主題法編爲索引。一文而涉及數題者則互見之，一題而與他題有關者則互注之。其書多至九百面，在現代各項論文索引中實爲最詳細者。且不數年又有朱耀炳等之續編，又得中文一萬三千八百餘條，西文一千六十餘條，金陵大學對於我國農業研究向來有良好之成績，此種目錄及索引亦與有功焉。此外中國農村經濟研究會，有中國農村經濟參考資料索引。

中國水利舊籍書目茅乃文有中國河渠水利工程書目，萬國鼎有中國鹽業書籍考，見農林新報九期。馮擇有中國昆蟲學文獻索引，收一千七十七篇。水利處有水利論文索引沙玉清

其有世界棉作名著彙錄，中華棉產改進會月刊。駱啓榮有二十年來中文雜誌中生物學記錄索引彭曾沂有中

國古鹽書目拾零，新蘇農季刊。其他爲著者所不及知者當更不少，由書目之繁多則知國人之研究農學

亦非不力矣。至於醫書則七略早已見收且分爲四種後世各錄，或併爲二或合爲一或附於藝術類。

如明宋太宗嘗大徵醫書命賈黃中等編爲神醫普救方一千卷，見資治通鑑長編卷二十二及二十八。引書多至數百部必志。

有引書目錄，惜其不傳其專作醫書目錄者，始於明代殷仲春之醫藏目錄鈔本。北平圖有然日人多紀元堅

讚其「妄仿緇流名義先悖況品題失當虧漏亦多織以小品何以充學者之視聽乎」見醫籍千頃考。考。

堂書目又載有李嵩渚醫書目四卷注云李濂撰濂爲正德嘉靖間人熟於掌故又撰有醫史序似其書

目必有可觀惜亦未見清末則有丁福保撰歷代醫學書目存佚並收有書千六百餘種未能畢備故

自稱「淺陋無精義或目未之睹者則不與焉」別其門類爲二十有二間注著者不詳版本大輅始

於椎輪亦可謂難得矣最近又有沈仲圭撰國醫學界參考書目曹炳章撰歷代醫學書目考又撰中

國醫學大成總目提要後者雖爲營業之作而收書三百六十五種分類十三以時代爲次各書皆有

提要其在國內非但爲分量最多之醫學叢書抑且爲罕睹之醫書解題彌足重焉。至於通考古今存

佚之錄則日人已先我爲之。多紀元胤撰醫籍考八十卷體例一倣經義考，而於見存者則必辨其雅

俗鑒其眞僞有書目三千數百種，分爲醫經本草食治藏象診治明堂經脈方論史傳運氣專門等九

類書成已久近始印行而另有二日人黑田源次岡西爲人憑藉滿洲醫科大學中國醫學研究室之

藏書撰有中國醫學書目一鉅册分類二十四體例除同於一般目錄者外特注重版本此二書者所

錄皆我國醫籍且爲我國目錄所不及詳故附著焉。

**藝術目錄**　我國藝術最尚書畫故書畫目錄發生甚早論其先後僅次於文章志及佛經錄。劉

宋時，廣蘇首撰二王義之獻，鎮書定目各六卷羊欣書目一卷鍾張書目一卷見虞龢論其後梁傳昭有書表。

法書目錄見寶息逃書賦注。殷鈞「又受詔料檢西省法書古迹別爲品目」見梁書卷二十七。隋姚最有法書錄，見逃書賦注。

而隋煬帝「聚魏已來古蹟名畫於『觀文』殿後起二臺東曰妙楷臺藏古蹟西曰寶臺藏古畫」見隋志。有法書目錄六卷，不著撰人，但隋志作虞龢撰。唐朱景玄有書品目錄，見百川書志。褚遂

良有右軍書目惟後者尚存記王羲之正書四十帖行書三百六十帖然猶有目無錄也迄宋宣和二

年內臣奉敕撰宣和書譜始分列篆隸正行草分六體於作品之前詳載作者小傳兼論書法優劣特

點夾敘夾議最爲翔實同時米芾撰書史見百川學海，說郛，書學彙編等叢書。記其目睹法書詳錄藏家紙本印章跋尾，

兼及故事軼聞或加評論語語精到後世宗之明人張丑撰南陽法書表，據知不足齋逃古叢鈔，翠琅玕館各本。但卞永譽，式古堂書畫

彙考則作韓朝延。則創分五格列時代正書行押草聖石刻各記其跋者姓名及收藏印記其體例迥異他書此

外歷代專錄所見所藏之法書者尚復不少無庸詳及圖書之目則始於南齊齊高帝嘗命侍臣科選

古畫之尤精者不以遠近爲次但以優劣爲等第自陸探微至范惟賢四十二人爲四十二等共得二

十七帙三百四十八卷。見何法盛中興書輯本。郭若虛圖畫見聞志謂南齊高帝撰有名畫集殆即此書。唐人裴孝

源貞觀公私畫史列舉古畫名目俱以「太清目所有」「太清目所無」分注。因知梁武帝太清初

年撰有圖畫目錄隋志有名手畫錄一卷未知撰人唐人寶蒙有齊梁畫目錄亦不傳傳者以貞觀公

私畫史爲最古。錄一作史。其書前列畫名後列作者簡略已極宋人米芾撰畫史始評論優劣記述裱褙，

兼紋賞鑒收藏之雜事徽宗敕撰之宣和畫譜每人一傳尤爲詳明畫分十門（1）道釋、（2）人物、

（3）宮室（4）蕃族（5）龍魚（6）山水（7）鳥獸（8）花木（9）墨竹（10）蔬果類名前此所

無惜不互見故分配不能無誤明張丑之南陽名畫表則併爲時代道釋人物山水界畫花果鳥獸蟲

魚墨戲其體例亦與其法書表同張泰階之寶繪錄則以卷冊與掛幅分類近代龐元濟之虛齋名畫

錄則以卷子立軸冊頁分類秦晉之曝畫紀餘則以卷冊直幅橫幅扇面雜件分類此皆庋藏之法未

可與論分類原理也歷代藏家標目品題之作不可勝紀僅標圖目者如清南薰殿尊藏圖象目茶庫

貯藏圖象目考證圖象者如清胡敬南薰殿圖象考阮元石渠隨筆備錄題跋者如近人吳芝瑛小萬

柳堂王惲畫目詳述畫意者如清張庚圖畫精意識以其非關目錄學本身不復盡載之矣又向來收

藏多書畫並收故其目錄每不分列其收藏最富品題最精著錄最詳者當推清乾隆九年敕撰之祕

殿珠林二十四卷石渠寶笈四十四卷，惟後者以貯藏地址爲別，殊不足法推溯此種書畫並錄之體

例當創始於陳祕閣圖書法書目錄。見隋志。宋遺民周密撰雲煙過眼錄兼收古器與書畫至張丑之清

河書畫表又專錄書畫其備錄原文及款識題跋者，則始於明朱存理之珊瑚木難及項藥師之歷代

名家書畫題跋。其雜記書畫見聞者，則始於明都穆之寓意編及張丑之法書名畫見聞表。分時代，目

會計，四格。其搜集藏家目錄者，則始於明汪砢玉之珊瑚網。其記述內容而加以論辨者則始於明遺民

顧復之平生壯觀。而清初高士奇之江村消夏錄，就其所見書畫考訂源流詳記絹素題跋圖記附加

己見其體裁較密遂爲上述之祕殿珠林、石渠寶笈所宗，成爲清代流行之風氣康熙間卞永譽撰式

古堂書畫彙考通考古今分門別類綱舉目張眉注圈識正文外錄體例之精明收羅之廣博遂集書

畫之大成焉然以上所述皆係法書（美麗之字）之目錄與圖畫之目錄其內容爲單獨之法書與

圖畫而非記載書畫之目錄猶之文章志乃篇目而非書目也洎乎近年始有余紹宋創撰書畫書錄

解題分書畫之書爲十類：

史傳
- 歷代史（記載歷代書畫家者。）
- 專史（專記一類或一地或一品之書畫家者。）
- 小傳（雖非史傳體裁製而附有略傳者。）
- 通史（現代通敘書畫流派之作。）

作法
- 體製（書之篆隸真草以及別體，畫之院體，界畫，沒骨，雙鈎以及指頭。）
- 圖譜（執筆結構樣式之圖範）（不錄應試書及無說明，無關畫理者。）
- 歌訣（口授作法之歌訣。）
- 法則（不屬前三目而言法則者。）

論述
- 概論（統論大體者。）
- 通論（通於大體，分列節目，較有系統之作。）
- 專論（專就源流派別或作家鑑賞家之得失立論者。）
- 雜論（隨筆剳記之文。）
- 詩篇（論書畫之詩。）（餽贈之作不列此目。）

品藻
- 品第（分列四目九等，考定其高下者。）
- 評騭（評議得失，仍列品目者。）
- 比況（品評之詞，涉於比儗形容而不列等第者。）

書畫書錄解題

- 題贊
  - 雜評（其他。）
  - 贊頌（書部居多。）
  - 題詠（全屬畫部。）
  - 題跋
    - 名蹟跋（關於賞鑑及考證者。）
    - 題自作（多發揮妙義，抒寫懷抱者。）
    - 雜題（合前二目之作。）
- 著錄
  - 記事（用記事之文，記書畫之內容。）
  - 前代內府所藏（著錄藏品之內容。）
  - 一家所藏（同前。）
  - 鑒賞（目睹鑑定後，著錄其內容。）
  - 集錄（得自傳聞，或輯自他書，及搜集一人所作者。）
- 雜識
  - 純言書畫者。
  - 不純言書畫者（言書畫多於他事者。）
- 叢輯
  - 叢書
    - 叢書
    - 類書
  - 叢纂（采輯成書，或加以詮解刪訂，似叢書而非叢書。）

類纂（自定體例而輯成文，加以改編，似類書而非類書。）

摘鈔（最無聊而又不能棄者。）

偽託
　書畫部
　畫部
　書部

散佚
　書畫部
　書部
　畫部

對於未見之書則別輯一篇列於十類之後首作總目敍略說其歸類之由並於總目各書下

略注撰人及書之內容各類皆先列書部後列畫部並各依時代爲次但屬一事之書仍列一處一書

而跨二類以上者用互見之例入其重者之類其他類中則於後低一格書之分類一以書之本質爲

斷不問書名爲何文體爲何凡同名之書加某氏於後出者之上以別之又有一眞一僞者加別本於

僞本之上以別之。一書而大同小異別有異名者用附目之例注於總目敍略原目之下單篇論文之

在唐以前者悉錄唐以後則錄其篇葉較多者現代雜誌文字則不錄各書俱有解題於說明內容之

外輒加評論並節錄最有關係之序、跋散佚及未見者，仍作解題，注明見於何處，或何處徵引，或未見

全文並考證其疑義徵引其佚文版本則非其所注意僅約略注出不求完備附有著書時代一覽表。

分著者年略書名成書年分類別五格最後復有著者索引其體例甚精考證甚備固不僅爲空前之

作也。余氏之外有吳辟疆盡購畫學之圖書二百三十餘種余書之分類撰有美術堂畫學書目自

謂「妄欲集其大成」而其實不能毫無遺漏書畫之外周慶雲搜藏琴學之書得三百數十種撰有

琴書存目六卷琴書別錄二卷吾友袁同禮君有中國音樂書舉要杜竟有知見音樂書目周連寬

有中國美術書舉要。

**文學創作目錄**　文學創作之有專門目錄，自曹植始開其端。<small>參看個人著作目錄之章。</small>前此之七略雖有詩

賦略，而不載散文後此之晉中經簿其丁部雖「有詩賦圖讚汲家書」而未知已收散文否蓋兩漢

文學側重詩賦個人創作侘少結集至曹植始結集錄目也。晉初始有祕書監摯虞撰文章志四卷集

合諸家詩賦文章之篇目爲一志三國志注引其佚文：「劉季緒名修，著詩賦頌六篇」<small>陳思王世說傳。</small>

注引其佚文：「崔烈靈帝時官至司徒太尉。」<small>文學篇。</small>後漢書注引其佚文：「楊麟文見在者十八篇，有碑

九首，誄七首，說一首，沛相郭君書一首。」桓彬傳。」據此推測，其體例實與別錄、七略相似，確為目錄無疑。虞嘗集諸家詩文為文章流別集六十卷，見隋志集部總集篇中原注又有「志二卷，論二卷」似四卷之文章志，或即併志論而單行，殆為流別集之目錄也。較虞稍早者，有荀勗，亦嘗為祕書監，隋志載其「雜撰文章家集敘十卷」，新唐志作「新撰文章家集敘五卷」，雖無佚文可考，然敘錄二字古義相通，說注引邱淵之文章錄，時又作新集敘，其體例亦與文章志相同。故三國志王粲傳注引作「文章敘錄」，新撰云者，前此諸家文章多單篇散行，今始撰為一集也，新集敘云者，新集之敘錄也。故推原文學創作總目錄之淵源，應以荀勗為濫觴焉。勗、虞之後，一度無聞，晉末始有顧愷之撰晉文學紀，邱淵之有晉義熙家並作，傳亮有續文章志二卷，宋明帝在藩時有晉江左文章志三卷，丘靈鞠為序。二志並見隋志。劉宋則熙以來新集目錄三卷。世說注作文章錄，文章敘，新集敘，藝文類聚作文章敘錄。玉海作別集錄。見世說文學篇注。十卷。撝拾遺文傳記，作者批評，著錄一時稱盛，王儉、阮孝緒先後承其積業，遂關文翰志、文集錄於見隋志梁書本傳。其七志、七錄。文集錄分為楚辭、別集、總集、雜文四部，收書至一千四百二十種，在七錄內篇中高據首席。則作三十卷。卷數則稍次於紀傳錄，若合外篇比較，則種數亦次於佛法錄，而卷數卻又四倍之。隋志以下，遂以集部為四部之一小類，亦多仍七錄之舊，惟或易

雜文爲詞曲，或增加詩文評耳。（參看分類。）專錄一切文學創作目錄者，遂不復多見，獨宋志載有沈建樂府詩目錄一卷實爲專錄一種創作之始。千頃堂書目載有國朝名家文集目一册，或爲專錄一代文集書目之始。上述之文章志爲專錄文集篇目之作。而選集名文以作讀本者，則自摯虞以後迄今不少衰焉。此雖非關藏書目錄然其分類之法亦可爲目錄學家之參考，故稍述之。（文章流別集「自詩賦下各爲條貫合而編之」。見隋志。確有類別，而莫之知之。）今存選本以梁昭明太子文選爲最古。（古文苑係僞書，韓元吉南澗間甲乙稿卷十五有古文苑記，已致其疑。）賦以對象詩以對象體裁各析爲十數小類，餘體則有騷、七詔册令、教文表、上書啓、彈事、牋奏記、書檄、對問、設論、辭序、頌贊、符命、史論、史述贊、論連珠、箴銘、誄、哀碑文、墓誌、行狀、弔文、祭文凡三十七類支離複沓多不合理。然千四百年來選文章者，編文集目錄者，皆多奉爲圭臬。首賦次詩，幾爲定例。改革之論反難通行。蓋其選文甚精，家誦戶曉，故蔚爲權威耳。宋人姚鉉之唐文粹、呂祖謙之宋文鑑皆不能大作更張。眞德秀始綜合爲辭命、議論、敍事、詩歌四類，（見文章正宗。）簡括得體而略嫌廣泛。清初儲欣又分爲奏疏、論著、書狀、序記、傳誌、辭章六門，（見唐宋八大家類選。）乾隆中姚鼐又分爲論辨、序跋、奏議、書說、贈序、詔令、傳狀、碑誌、雜記、箴銘、贊頌、辭賦、哀祭十三類。（見古文辭類纂。）清末曾國藩則改書說爲書牘、論辨爲論著，加銓

記、典、志而刪贈序、箋銘、贊頌、併傳狀碑誌爲傳誌，故有十一類。見經史雜鈔。綜而論之，莫不重體裁而輕作用，

從未有以作用之性質爲類別其唯一之特色爲寫實主義凡非實寫之小說故事舊目錄學家皆歸

之子部小說家鬼神傳記則有歸之史部傳記類者戲曲則史志完全不收要之皆不承認爲文學，故

未嘗厠入集部焉。此種觀念直至近年始克改變錄文學創作之目者已闖出文集之藩籬而招致虛

無之小說詞曲爲一家矣。統觀現代諸家有選錄要籍者如吾友儲皖峯君所輯之吳虞中國文學選

讀書目王浣溪之中國文學精要書目吳宓之西洋文學精要書目西洋文學入門必讀書目章炳麟

之中學國文書目皆是也有撰別集解題者如錢基博之清代別集解題孫雄之同光兩朝別集提要

是也有專錄別集書目者如浙江圖之別集索引南京國學圖之集部總目是也有編製別集或雜誌

之篇目引得者如北平圖王重民等之清代文集篇目分類索引張陳卿之文學論文索引是也有專

錄詞書目錄者如唐圭璋之全宋詞初編目錄陳慕德之叢書中關於詞學書目趙尊嶽之詞籍考詞

籍提要惜陰堂彙刻明詞提要是也有專錄戲曲者如先師王靜安先生之曲錄黃文暘之重訂曲海

總目支豐宜之曲目表賓芬之元曲敘錄杜穎陶之玉霜簃藏曲提要曲海總目提要及坊本傳奇彙

考之子目綜合索引吾友盧前君之散曲書目傅惜華之綴玉軒藏曲志黎錦熙之元雜劇總集總目表應飛倫之中文戲劇書目宋春舫之褐木廬藏劇目姚逸之之湖南唱本提要以及國劇學會圖之書目皆是也有專錄小說目錄者如孫楷第之中國通俗小說書目提要日本東京大連圖所見中國小說書目提要蒲梢之中譯蘇俄小說編目皆是也有專錄新譯書目者如曾虛白與蒲梢之漢譯東西洋文學作品編目是也有專錄文學史譯著索引是也有專錄民眾文藝者如陳光堯之中國古今民眾文藝書目提要是也有專考辭賦者如朱保雄之漢志辭賦存目考是也其他尚多，來中等學校國文選本書本者如黎錦熙之三十年未暇畢述。

　　地理目錄　地理書之有目錄當始於南齊。隋志稱「齊時陸澄聚一百六十家之說依其前後遠近編而爲部謂之地理書。」一百四十九卷。梁任昉又增陸澄之書八十四家謂之地記。二百五十此二書者搜羅宋齊以前之地理書旣達二百四十四家之多其引書目錄殆可視爲古代地理書籍之專科目錄。阮孝緒七錄所以特立地理部卽得助於陸任二家之書。隋志又承其業故其地理類錄書至

一百三十九部，而在陸任二家所記之內，別無單行者，尚不與焉。唐志稍少，祇有九十三部。新唐志增

多五十六部。原文統計〔數字有誤〕宋志突躍至四百七部五千一百九十卷。明代則文淵閣書目、內閣書目及清初

黃虞稷之千頃堂書目所收地理書皆極多。《四庫提要》則分地理類為宮殿疏、總志、都會郡縣、河防、邊

防、山川、古蹟、雜記、遊記、外記、子目凡十。其所著錄及存目之書共五百八十一部，且各有提要，於學者

莫便焉。然以上所述皆總目錄中之一部份，非專錄地理書目者，專錄之作起於近代。最早者當推清

初顧祖禹之古今方輿書目。〔見方志月刊七卷〕三四十年來各地圖書館，內如北京學部圖——後併入北平圖

故宮博物院、燕京大學、清華大學、南京國學圖、金陵大學、上海涵芬樓——即東方圖、徐家匯天主堂、

科學研究所、東亞同文書院，外如日本之內閣文庫、靜嘉堂文庫、美國之國會圖所藏之地方志皆

九峯舊廬、南洋中學、天津天春園、南潯嘉業堂及日本設立於北平之東方文化委員會，上海之自然

在一千種以上，十九皆有專門目錄。最多者當推北平圖民國二十二年五月以前已有五千二百餘

種，除去重複，亦有三千八百餘種。而近年所增尚不與焉，可謂富矣。該圖方志目錄依今制省境分類，

同省則依清制府州廳縣之次序排列。一地而有數志者，再依時代之先後為序。每志皆注明書名、卷

數、撰人、刊年、册數存缺數並標出其有金石目錄二編者。所惜未將叢書中之方志編入，否則當更便於研究也。藏志目錄之外通考古今方志者，自清中葉章學誠之史籍考已有方志一門，清末余茮臯之史籍綱領且特別注重方志，不但錄其序目且更述其義例，惜此二書皆無傳本目錄章。詳下歷史道經義考廣業撰兩浙地志錄今存近年則有瞿宣穎撰方志考稿取材於任鳳苞天春園藏志大抵仿孫義考之例每書必嚴定其名稱詳述其撰年撰人舊志沿革類目體例最後評論其體例之得失尤注意於其所含之特殊史料自謂「僅爲隨筆記箋之體」不敢比於四庫提要之謹嚴全書未成先刊江蘇河南以北八省署曰甲集一以現存之志爲斷不能遍考佚志實際乃藏書提要而非存亡並考也以全國古今方志爲對象存亡並考者有朱士嘉，既撰中國地方志統計表見史學年報第四期。中國地方志綜目復以五年之力探訪國內外藏書家五十處檢查叢書四十九部羅集方志名目五千八百三十二種以表格體詳列其書名卷數撰人撰年版本藏者名曰中國地方志綜錄附有統計表十七種統計圖十五種其師顧頡剛譽其書「直接爲目錄學家創一新例間接爲史地學者開一大道」對於研究方志源流者修志者研究史學者採購方志者皆有利便雖其內容過廣未能完備正確，晶崇岐薛

澄清，見大公報史地周刊五三期。薩士武見福建方志考略。俱能指正其謬然從大體而論為功亦已溥矣其以一省方志為對

象存亡並考者除薛澄清之閩南方志經眼錄為目睹外薩士武有福建方志考略張維有隴右方志

錄廣西統計局有廣西省志書概況尤以張氏為最有精識其書包括今制甘肅寧夏清海三省得書

二百五十有六部分省志、郡縣志、縣志、雜古今錄曰類以時代為次詳考其撰人年代卷目存佚並為

其內容綱領其案語多確論可供方志學者之參考即如分別主修者與秉筆者欲使寒士著述不為

達官貴人所揜取一字之間亦復不苟其謹嚴可知矣至於廣義之地理書目則以金陵大學圖地理

書目為最早其專錄研究一地之書目者如黑白學會有研究中國東北參考書目胡懷琛有關於上

海的書目提要吳玉年有西藏圖籍錄姜仲明有康藏問題論文索引金雲銘有福建文化研究書目

丁驌有西文雲南論文書目選錄專考古代圖籍者則吾友王庸君有明代北方邊防圖籍考汪支有

先秦兩漢地理圖籍考略專收藏一方面圖籍者則有朱啓鈐之存素堂入藏圖書河渠之部目錄通

錄地理論文者於古代之書則有王重民之清代學者地理論文目錄及關於禹貢之論文目錄於現

代之期刊則有吾友王庸及茅乃文之地學論文索引及續編而後者尤便於稽尋分為（1）地誌及

遊記、（2）地文、（3）民族、（4）政治、（5）交通、（6）經濟、（7）歷史、（8）地理圖書凡八類每類各有子目至於輿圖之目錄向爲各圖所輕視編錄最早者當爲民國七年之京師圖然未刊行刊行最早者當爲地質調查所之地圖目錄甲編近年北平圖且特設輿圖部吾友王庸君嘗主其事撰有中文輿圖目錄及二編特藏清內閣大庫輿圖目錄故宮博物院亦有清內府造辦處輿圖房圖目初編。

金石目錄　古物多種概以金石記其目錄體制有四器物之名稱一也拓印之文字二也研究之題跋三也集考著錄前三者之書目爲一目錄四也隋志收漢魏石經拓文於小學類至直齋書錄解題始收金石書入書目類彙集金石題跋爲一書創於北宋歐陽修之集古錄跋尾其子棐又撮錄其略爲集古錄目正名爲金石錄者則兩宋間趙明誠李清照夫婦也趙李之錄凡三十卷前十卷以時代爲次錄古物二千之目後二十卷有跋尾五百二篇皆辨正之文自此以後金石之學大盛鄭樵特撰金石略於通志中斷代記目陳思撰寶刻叢編王象之撰輿地碑記目則依郡縣區分全書。蓋依明誠諸道石刻目錄之例也。見宋志。其專記一地者則始於田槩之京兆金石錄，見直齋書以人名爲綱，錄解題。並見四庫且分人名爲八類者則始於宋末佚名之寶刻類編庫四金元浸衰明清轉盛盛撰金石之目錄者百數十

家或記一地之發現，或錄一家之收藏，或述此學之史傳或考一物之底蘊，或斷代為考究，或保存其圖文，乃至錄存碑目表列器名無不各以古物為對象極一時之盛焉。顧此種金石文字或器物之著錄及研究，在學術界限上久已對目錄學宣告獨立以其研究之對象為金石之器物或文字，目的在求得其所代表之歷史事象，而於分類編目之道非所特重用意或與目錄學家有殊。故《四庫全書總目提要》瓜分金石之書為三分「以集錄古刻，條列名目者從宋志入目錄；其博古圖之類，因器具而及款識者別入譜錄金石鼓文音釋之類從隋志別入小學」且分目錄類為經籍，金石兩屬，儼然分庭抗禮不復依傍門戶焉，目錄學之對象為書籍之分類與編目，自不宜與金石學爭奪地盤。顧對於金石文字之目錄迄今猶有總集所知分編引得之必要。蓋欲使學者參考之資料從書本上之文字擴大及於器物上之文字非有目錄學家為之效勞不可。故目錄學之不能放棄金石文字正與不能無視書籍內容相同。然此一方面之進展尚有待於今後之努力昔人所已開闢之蹊徑惟在金石書籍之目錄方面而已，清道光二年李遇孫撰《金石學錄》錄古今金石學家四百餘人各記其有關金石之事蹟及金石著作。其後陸心源先後續補之書雖以傳人為主而人各

專科目錄篇

刊本。
有古學彙
有滂園叢書本。
褚德彝有排印本。

有書猶同書錄，遍考古今金石書目者，始於清乾嘉間章學誠撰史籍考，於目錄部設金石一類。道光間，許瀚亦撰史籍考，亦關金石為一門。傳本雖皆未之見，而攀古小廬文集載瀚序目，知其類名為金石門，分(1)目錄(2)圖象(3)文字(4)義例四類，而鐘鼎彝器款識法帖之屬仍入小學門，未為的當。張之洞書目答問亦於史部立金石一類，分(1)金(2)石(3)金石總(4)錢幣(5)璽印(6)甎瓦(7)文字。專著一書廣羅金石書目，似以沈濤之金石著錄為最早，於同治中。然無傳本。迄宣統二年始有葉銘撰金石書目。自此以來魏稼孫、凌霞、田士懿、黃立猷、林鈞、容媛六家迭起。魏目傳自凌塵遺，所錄僅二百種，最為簡陋。凌目雖增至四百種，而漫無部屬。黃目亦不著時代，所收雖有四百九十二種，而有誤收重出者，且並未盡見原書，故注文尤多舛謬。田目名金石書名著彙目，收六百六十二種，以時代為次，間注版本，頗多遺漏。黃目亦名金石書目，分(1)金文、(2)石文、(3)匋文、(4)骨文、(5)地方、(6)法書、(7)義例、(8)題跋、(9)彙考、(10)目錄十類。或以物之性質，或以書之體例，頗嫌不一，未收印譜說文，而附錄美術雜誌，收書八百七十八種，自謂以所藏所見者為限，祇知其名目者不錄，然實際上則舛誤亦所不免。容目出版最後而分類最精，以器物為綱，體例為目，系

專科目錄篇

總類
　目錄之屬
　圖象之屬
　文字之屬
　通考之屬
　題跋之屬
　字書之屬
　雜著之屬
　傳記之屬

金類
　目錄之屬
　圖象之屬
　文字之屬
　通考之屬
　題跋之屬
　字書之屬
　雜著之屬

金石書錄

錢幣類
- 圖象之屬
- 文字之屬
- 題跋之屬
- 雜著之屬

璽印類
- 圖象之屬
- 文字之屬
- 通考之屬
- 字書之屬
- 附封泥

石類
- 目錄之屬
- 圖象之屬
- 文字之屬
- 通考之屬
- 題跋之屬
- 義例之屬
- 字書之屬

此目收書八百二十三種，並擇錄雜誌論文，附錄方志中之金石志。又有人名書名通檢，實爲最

精詳之作。容氏又有金石書錄，尚未刊行，故先刊其目。如是以上諸家皆無解題。所藏所志之金石書凡

石廬金石書志一種，仿藏書志之例，略述各書大旨，權其同異，錄其題跋印記。有解題者惟林鈞之

九百六十九種，而金石拓本二萬餘通尚不與焉。分類大綱有十二：（1）分地、（2）斷代、（3）錄文、

（4）存目、（5）圖譜、（6）石經、（7）記載、（8）考證、（9）釋例、（10）字書、（11）法帖、（12）雜著，

自葉昌熾之語目以書之體例爲準，初不問古物之爲何種。然石經法帖又在例外，且同類之中以時

代爲次，又不復依古物之性質分子目，書之體例可分隸數類者亦不互見，故分類頗有失宜者。其優

點在解題，以其書盡手藏，故能撮述梗概，甚少訛誤。對於版本尤爲注意。欲治金石之學者固不能少

此嚮導也。至於專錄一種古物文字之書目者，於甲骨文則有陳振東之殷契書錄、李星可之甲骨學

目錄、陳準之殷契書目錄、邵子風之甲骨書錄解題及甲骨論文解題。於印譜則有葉銘之葉氏印譜

存目、羅福頤之印譜考、李文裿之冷雲盦知見印譜錄目。於佚名之雪雲莊知古銅印譜目錄，於錢幣

則有宗惟恭之癖泉書室所藏泉幣書目。宗氏又欲撰歷代泉幣著述考，故先布其目。爲此學者漸有

愈趨愈專之勢焉。

## 歷史目錄

有篇目、書目、解題三種。最早撰歷史篇目者，當爲劉宋之裴松之史記五帝本紀正義引松之史目云：「天子稱本紀諸侯曰世家本者繫其本系故曰本紀者理也統理象事繫之年月，名之曰紀第次之目一者舉數之由故曰五帝本紀第一」據此推測則其體制隱約可知蓋所以比較歷史篇目研究其意義以便撰史者之參考也。舊唐志有楊松珍史目三卷隋志不載通志認爲唐人宋志則有楊松珍歷代史目十五卷，殆已經宋人補充故增至五倍也。宋志有商仲茂十三代史目一卷，郡齋讀書志作三卷云「唐殷仲茂撰輯史記兩漢三國晉宋齊梁陳後魏北齊周隋史籍篇次名氏國朝杜鎬以唐、五代書目續之。」則三卷本乃合併杜鎬補續之本故宋志又有杜鎬十九代史目二卷惟崇文總目及通志又有宋朝舒雅等撰十九代史目二卷蓋係官修之書具名各異其實即杜鎬之本也。新唐志有宗諫注十三代史目十卷，書名與殷仲茂之書相同殆無二致。〔章學誠謂「宗諫略止三卷殷仲茂詳至十卷」意是而數誤。〕新唐志尚有孫玉汝唐列聖實錄目二十五卷〔據百衲本及宋志。開明版及通志均誤實爲賢。〕佚名河南東齋史目三卷後者當與楊殷之作同一體制實錄之目則推玉汝爲首創且其通錄列代較通志所載太祖

三六五

實錄目二卷、太宗實錄目二卷之為一書之目不同，其實一書之目便應附書而行，不得別稱為一書，故新唐志之唐書敘例目錄一卷，通志之太宗新修五代史目三卷、高氏小史目一卷、漢書敘例目一卷，宋敏求唐餘錄目一卷，皆不得與於史目之列焉。惟宋志之曾氏史鑑三卷，通志作史鑑目三卷，當為兼錄正史通鑑之書。此種撰述史目之作，直至近代猶有人續之。嘉慶間有洪飴孫撰史目表，光緒間有江標、王仁俊補之，民國初年又有錢恂改訂之，最近吾友王鍾麒君又增補之。（見二十五史補編第六册。）鄭鶴聲撰史部目錄學，為正史篇目結一總帳，正史以外史裁尚多，則尚無人研究也。至不錄篇目而錄書目，最早有北魏盧昶之甲乙新錄，宋志則有楊九齡經史書目七卷，通志於楊目之外另有經史目錄三卷，其偶無子集並非有意專收，體制如何均無考。後代專收史書者少，直至最近始有故宮博物院文獻館撰現存清代實錄總目，首列清各朝實錄總表，次列清太祖、太宗、世祖三朝實錄初纂本及康熙時重修本表，又次為乾清宮、皇史宬、實錄館三處所藏漢滿蒙文三種實錄存佚目錄，最後為清史館現存漢文實錄稿本目錄，各列其起訖年月、函數卷數、纂修及告成年月、監修總裁官之姓名。或更分別著錄存者及佚者之年月卷

數。考清代實錄存亡異同者有此目足以瞭然矣此外則有北平研究院史學研究會撰史部書目稿，

人文圖書館撰中國近代史書目初編皆就其藏書爲錄未遑遍考存亡。蓋史書最多通錄殊不易也。

至於史書解題之作似亦起於唐代。新唐志載有李肇經史釋題二卷宋志作經史釋文題三卷望文生義似係解題之書其實解題亦殊不難遠有別錄近有羣書四部錄及古今書錄俯拾卽是不待費思。而此學並不發達直至宋末始有高似孫撰史略書凡六卷卷一錄史記及有關史記之書卷二錄漢書迄五代史卷三錄東觀漢記實錄起居注會要王牒之類卷四錄史典史表史略史鈔史評史贊史草史例史目通史通鑑之類卷五錄霸史雜史七略中古書東漢以來書考歷代史官目劉勰論史卷六錄山海經世本三蒼漢官水經竹書其體例龐雜有似書目者有盡鈔名文者有移錄舊事者然其大體既近目錄且其對象純爲歷代史籍集中有關史籍之書目於一處以備學者之研究頗爲有功。所惜似孫學識低關徒錄成文無所發明雖自謂『仍依劉向七錄法其實劉向之書不名七錄。各彙其書而品其指意』實際則有遜劉向遠矣然書成於宋理宗寶慶元年距今已七百餘年徵倖留傳足備一格後來朱彝尊之撰經義存亡考未始不受其啓發焉。元、明史學尤衰，直至清乾隆五十二

年始有章學誠籍河南巡撫畢沅之力，於開封集衆撰修史籍考，助其事者有洪亮吉、凌廷堪、武億等。

至五十三年畢沅陞任湖廣總督其事中輟五十五年學誠始得畢沅同意，再集衆於武昌以續前

功至五十九年全書將成不幸因畢沅降職罰俸事又中輟。沅既無力續修藏稿於家延至嘉慶三年，

學誠始得浙江巡撫謝啓昆之助，取得殘稿在杭州再行編輯次年啓昆調任廣西巡撫學誠年老病

著未能從行史籍考之成書刊行與否未有文字證明。 詳見著者補訂胡適所撰章實齋年譜。 民國十七年著者有意另撰

以補學誠之遺憾忽睹北平各報新聞謂此書忽發現於美國國會圖書館及馳書問訊該館中文部

主任 Prof. Arthur W. Hummel) 復書否認乃知其誣著者又親往紹與章氏南康謝氏訪查，亦

未發現。據楊復所藏章氏遺書，今歸清華大學圖。載有史籍考總目多至三百二十五卷據學誠與阮學使論求

遺書書則在武昌五年『史籍考功程已十之八九』再加以杭州之一年餘則所未成之一二當亦

已補完。且啓昆在杭同時所修之小學考及在廣西所修之廣西通志並已刊行豈獨屏史籍考而不

付剞劂據此推之，則此書之已成且已刊殆可不假實證而姑武斷言之也所可怪者書倘未刊稿亦

不易失傳書倘已刊何以絕無傳本異日倘能一旦發現造福史學是誠著者所馨香祝禱者也兹錄

其先後條例於此以見其規模首宜轉述者爲學誠在開封所撰之論修史籍考要略：

『一曰古逸宜存：史之部次後於經而史之源起實先於經。周官外史掌三皇五帝之書。蒼頡嘗爲黃帝之史則經名未立而先有史矣。後世著錄惟以史漢爲首則尚書春秋皆爲經訓故也。今作史考宜具原委凡六經左國周秦諸子所引古史逸文如左傳所稱軍志周志大戴所稱丹書青史之類略仿玉海藝文之意首標古逸一門以討其原。

『二曰家法宜辨：校讎之學與著錄相爲表裏。校讎類例不清著錄終無原委舊例以二十一家之言同列正史其實類例不清馬遷乃通史也。梁武通史鄭樵通志之類屬之。班固斷代專門之書也。華謝范沈諸家屬之。陳志分國之書也十六國春秋九國志之類屬之南北史斷取數代之書也。歐、辭五代諸史屬之。晉書唐書集衆官修之書也。宋遼金元諸史屬之家法分明庶幾條理可貫而究史學者可以溯源流矣。他若編年故事職官儀注之類折衷歷代藝文史部子目以次區分可也。

『三曰翦裁宜法：史部之書倍於經部卷帙多寡約略計之僅與朱氏經考相去不遠。蓋一書之中但取精要數語足以概括全書足矣篇目有可考者自宜備載其序論題跋文辭浮汎與意義複

沓者概從刪節但記作序作跋年月銜名以備參考而已按語亦取簡而易明無庸多事敷衍庶幾文無虛飾書歸有用。

【四曰逸篇宜探：】　古逸之史已詳首條若兩漢以下至於隋代史氏家學尚未盡泯亡逸之史載在傳志崖略尚有可考其遺篇逸句散見羣書稱引亦可寶貴自隋以前古書存者無多耳目易於周遍可倣王伯厚氏採輯鄭氏書易三家詩訓之例備錄本書之下亦朱竹垞氏采錄緯候逸文之成法也此於史學所補實非淺鮮。

【五曰嫌名宜辨：】　史記之名起於後世當時止稱司馬遷書漢書因東京而橫加前漢固俗稱也五代之書薛氏稱五代史歐陽則稱新五代史至於漢記之有東觀異乎劉賈之所敍錄曹氏自有魏書異於陳壽之分子目古人之書或一書歧名或異書同名者多矣皆於標題之下注明同異名目以便稽檢仍取諸書名目倣佩文韻府之例依韻先編檔簿以俟檢覈庶幾編次之時乃無遺漏複疊之患。

【六曰經部宜通：】　古無經、史之別，六藝皆掌之史官不特尚書與春秋也今六藝以聖訓而奪，

初非以其體用不入史也。而經部之所以浩繁則因訓詁解義音訓而多若六藝本書卽是諸史根源，

豈可離哉今如易部之乾坤鑿度書部之逸周諸解春秋之外傳後語韓氏傳詩戴氏記禮俱與古昔

史記相為出入雖云已入朱氏經考不能不於史考溯其淵源乃使人曉然於殊途同歸之義然彼詳

此略彼全此偏主賓輕重又自有權衡也。

『七曰子部宜擇：諸子之書多與史部相為表裏。如周官典法多見於管子、呂覽列國瑣事多

見於晏子、韓非若使鉤章釴句附會史裁固非作書體要但如官圖月令地圓諸篇之鴻文鉅典儲說

諫篇之排列記載實於史部例有專門自宜擇取刪入於篇次乃使求史者無遺憾矣。

『八曰集部宜裁：漢、魏、六朝史學必取專門文人之集；不過銘箴頌誄詩賦書表文檄諸作而

已。唐人文集間有紀事蓋史學至唐而盡失也。及宋元以來，文人之集傳記漸多史學文才混而為一。

於是古人專門之業不可問矣。然人之聰明智力必有所近耳閒目見備急應求則有傳記誌狀之撰，

書事紀述之文其所取用反較古人文集徵實為多此乃史裁本體固無專門家學失陷文集之中亦

可惜也是宜取其連篇累卷入史例者分別登書此亦朱氏取洪範五行傳於曾王文集之故事也。

『九曰方志宜選：既作史考凡關史學之書自宜鉅細無遺備登於錄矣乃有不得不去取者，
府、州、縣志是也其書計數盈千又兼新舊雜揉不下三十餘種而淺俗不典迂謬可怪油俚不根猥劣
可憎者殆過半焉若胥吏簿書經生策括猶足稱爲彼善於此者矣是以言及方志搢紳先生每難言
之又其書散在天下非一時人力所能彙聚是宜就見聞所及有可取者稍爲敍述無可取者僅著
名目不及見者亦無庸過爲搜尋後人亦得以量其所及也。

『十曰譜牒宜略：方志在官之書猶多庸劣家譜私門之記其弊較之方志殆又甚焉古者譜
牒掌於官而後世人自爲書不復領於郎令史故也其徵求之難甚於方志是亦不可得而強索者矣。
惟於統譜類譜彙合爲編而專家之譜但取一時理法名家世宦巨族力之所能及者以次列之仍著
所以不能遍及之之故以待後人之別擇可耳。

『十一曰考異宜精：史籍成編取精用宏其功包經子集，而其用同經義考矣然比類旣多，不
能無所牴牾參差同異勢不能免隨時編次之際取其分歧互見之說賅而存之俟成書之後別爲考
異一編庶幾無罅漏矣。

『十二曰板刻宜詳：朱氏經義考後有刊板一條，不過記載刊本原委；而惜其未盡善者，未載刊本之異同也。金石刻畫自歐、趙、洪、薛以來詳哉其言之矣。板刻之書流傳既廣訛失亦多。其所據何本，校訂何人出於誰氏刻於何年款識何若有誰題跋孰爲序引板存何處有無缺訛一書曾經幾刻，諸刻有何異同惜未嘗有人倣前人金石錄例而爲之專書者也。如其有之則按錄求書不迷所向嘉惠後學豈不遠勝金石錄乎如有餘力所及則當補朱氏經考之遺史考亦可以例倣也。

『十三曰制書宜尊：列聖寶訓五朝實錄巡幸盛典蕩平方略一切尊藏史宬者不分類例，但照年月先後恭編卷首。

『十四曰禁例宜明：凡違礙書籍，或銷毀全書；或摘抽摘毀其摘抽而尙聽存留本書者，仍別著錄。如全書銷毀者著其違礙應禁之故。不分類例另編卷末以昭功令。

『十五曰搜摭宜詳：現有之書鈔錄紞目凡例亡逸之書搜剔羣書紀載以及聞見所及，理宜先作長編序跋評論之類鈔錄不厭其詳長編既定及至纂輯之時刪繁就簡考訂易於爲力仍照朱氏經考之例分別存、佚、闕與未見四門以見徵信。』見章氏遺書。

學誠後在杭州撰史考釋例，用謝啓崑語氣故有「予既爲朱氏補經考」指撰小學考。之語茲節錄於左：

上
略

『古無史學其以史見長者，大抵深於春秋者也。陸賈史遷諸書劉班部於春秋家學得其本矣。例約雖治史者之法春秋猶未若後世治經學者之說春秋繁而不可勝也。故春秋之義行而名史皆能自得於不言之表焉馬班陳氏不作而史學衰於是史書有專部而所部之書轉有不盡出於史學者矣蓋學術歧而人事亦異於古固江河之勢也史離經而子集又自爲部次於是史籍畫分三隅之一焉此其言乎統合爲著錄也若專門考訂爲一家書則史部所通不可拘於三隅之一也史不拘三隅之一固爲類例之所通然由其類例深思相通之故亦可隱識古人未立史部之初意焉。

『蓋史有立憲志而卦氣通於律憲則易之支流通於史矣。史有藝文志而詩書篇序爲校讎目錄所宗則詩書支流通於史矣。禹貢天文，洪範五行，雅頌入樂，姑勿具論。史有職官志而周官可通；有禮儀志而禮樂二經可通後儒攻春秋於講義者不通於史若春秋地理國名之考長歷災變之推世族卿聯之譜則天文

地理五行譜牒何非史部之所通乎故六經流別為史部所不得不收者也。

『自夫子有知我罪我之言明春秋之所作而戰國諸子遂以春秋為著書獨斷之總名不必盡拘於編年紀月而命名亦曰春秋此載籍之一大變也然年月終不可拘而獨斷必憑事實於是於自撫其所見所聞所傳聞者筆之於書若史遷所紱鐸椒虞卿呂不韋之所撰述雖曰諸子家言實亦自之流別矣又如隋唐而後子部列有類家而會要典故之書其例實通於史法家子之有律令[史部]兵家部之有武備[史]說家[即小說家，亦隸於子部。]之有聞見[史部]譜錄[古人所無，遂初堂書目之所創，亦隸於子部。]之有名數[史部]是子庫之通於史者什之九也。

『文集仿於東京至魏晉而漸廣至今則浩如煙海矣然自唐以前子史著述專家故立言入與記事之文不入於集辭章詩賦所以擅集之稱也自唐以後子不專家而文集有論議[史入]史不專家而文集有傳記亦著述之一大變也彼雖自命曰文而君子以為是即集中之史矣[指傳記。況內制外制]王言通於典謨表狀章疏藎臣亦希訓誥是別集通乎史矣至於總集尤為同苦異岑人知漢晉樂志分別郊廟房中而不知樂府之集實備志之全人知金石著錄創於歐趙諸目而不知梁元碑集已為

宋賢開創是則集部之書又與史家互出入也。

「蓋史庫畫三之一，而三家多與史相通混而合之則不清，拘而守之則已隘；是則決擇去取，不

無搔首苦心。史考之牽連不如經考之截然劃界也。自隋唐諸志分別史為四庫之乙，其大綱矣。史部

條目如正史、編年、職官、儀注之屬，少者不過十二三門，隋唐多者不過十七八門，焦氏經籍志、黃氏千頃堂，蓋為四分

之一大略不過如此，非為簡也。今既廣充類例上援甲而下合丙丁，則區區專門舊目勢不足以窮其

變也。是則創條發例，今分十二綱，析五十七目。不無損益折衷，畢宮保原稿分一百十二子目，以其太繁，今為併省。史考之裁制不如經考之

依經為部不勞分合也。

「制書弁首冠履之義也。朱氏經考，蓋分御制、敕撰，今用其例。史宬金匱之藏，外廷無由得窺史

部不同經籍者也。一以欽定四庫書入史部者為主，不見於四庫著錄不敢登也。入四庫之著錄而不

隸於史部者亦不敢登義取於專部也。不敢妄分類例謹照書成年月先後恭編猶史之本紀所以致

謹嚴之意仍注四庫部次於下所從受也。

「古史必先編年，而今以紀傳首編年者，編年自馬班而下，隋志卽以紀傳為正史，而編年則稱

為古史矣其實馬班皆法春秋命其本紀謂之春秋考紀而著錄家未之察也。唐志知編年之書後世

亦未嘗絕故改隋志古史之稱而直題為編年類事理固得其實然未盡也。隋志題古史猶示編年之

體之本為正也。唐志以紀傳為正史而直以編年為編年乃是別出編年為非正史矣。是以宋人論史，

乃惜孫盛鑒齒之倫不為正史幾於名實倒置也。夫劉氏二體以班荀為不祧之祖紀傳編年古人

未有軒輊焉。自唐以後皆沿唐志之稱於理實為未安故史考以紀傳編年分部示平等也。不以正史與
編年對待，

則平等矣。

「或問紀傳編年同列是矣，何紀傳之中又立正史子目耶？答曰：此功令也。自史氏專官失傳而

家自為學後漢六朝一代必有數家之史是也。同一朝代同一紀傳，而家學殊焉，此史學之初變也。然

諸家林立皆稱正史其傳久與否存乎人之精力所至抑或有數存焉。自唐立史科而取前史定著為

十三家則史殊學校而為功令所範圍益為十四而不能損為十二而不可矣。故家自為學之風息而

一代之興必集眾以修前代之史則史學之再變也。自是之後紀傳之史皆稱功令宋人之十七史明

人之二十一史草野不敢議增減也。故史考於紀傳家史自唐以前雖一代數家皆歸正史自唐以後，

雖間有紀傳之書,亦歸別史子目,而隸雜史焉。雖蕭常、郝經之後漢書義例,未嘗不正,而必以陳壽爲正史,不敢更列蕭、郝者,其道然也。

『正史一門,畢宮保原稿但稱紀傳,而紀傳中又分通史(史記是也,又附入梁武通史、鄭樵通志,今應改入別史;應將原稿改正。)、斷代(班范以下,是也。)、集史(南北史是也。)、國別(三國志是也。),不免繁碎,今以學校頒分二十四史爲主題,爲正史改正。而馮商褚少孫、班叔皮諸家之續史記者,附史記後(華嶠、謝承、袁山松諸家之後漢書,與范氏後漢書依先後時代編次);何法盛、謝靈運、臧榮緒諸家之晉書,與唐太宗御撰晉書依先後時代編次(魏吳諸書之於陳志亦然。若唐宋以後正史自有一定,無出入矣。國史從無流傳之書,而史志幸);幸其初皆正史故也。著錄與諸書所稱引者,歷有可考(要以後漢班固與陳宗、尹敏諸人修世祖紀,與新市平林諸傳載紀)。爲最顯著,自後依代編纂,與編年部之實錄、記注,可以參互,皆本朝臣子修現行事例也。

一、史稿向不著錄,今從諸書記載采取而成,乃屬創始之事。若無憑籍,尚恐不免遺漏,蓋前人於此皆不經意故也。但古人作史專門名家,史成不問稿也。自東觀集衆修書,而後同局之中,人才優劣、敏鈍判若天淵;一書之中利病雜見;若不考求草稿所出,則功罪誰分,謂集衆修書必當記其分曹

授簡，且詳識其草創潤色別爲一編附於本書之後，則史官知所激勸今之搜輯史稿正欲使觀者感興也。但宋元以來文史浩繁耳目恐有未周姑立此門以爲權輿。如有好學專搜此事自爲一書亦佳事也。

『編年之中原分實錄記注二門今以日歷、時政記、聖政等記均合於實錄，而以記注標部。蓋此等皆是史庋備削稿資例不頒行於外於義得相合爲部次也。若專記一事則當入傳記部之記事門。

若特加纂錄，如貞觀政要之類。則入雜史。

『編年之書出於春秋本正史也。乃馬班之學盛而史志著錄皆不以編年爲正史。然如荀悅、袁宏以後魏晉即有春秋六朝往往繼出自應入於編年。但其書不盡傳，如隋志所標古史雜史其中多編年書不知盡屬編年否也今以義例可推者入於編年斷代之下其著錄不甚分別而義例不可強推者概入於雜史云。

『圖表專家年歷經緯便於稽考世代之用故亦附編年爲部其年號之書無類可類雖非圖表，亦以義例而類附焉。

『古人史學口授心傳而無成書其有成書即其所著之史是也。馬遷父子再世，班固兄妹三修。

當顯蕭之際人文蔚然盛矣；而班固既卒漢書未成豈畢朝之士不能贊襄漢業而必使其女弟曹昭

就東觀而成之抑何故哉正以專門學家書不盡意必須口耳轉授非筆墨所能罄而馬遷所謂藏名山

而傳之必於其人者也自史學亡而始有史學之名蓋史之家法失傳而後人攻取前人之史以爲學

異乎古人以學著爲史也史學之書附於本史之後其合諸史或一二家之史以爲學者別爲史學之

部焉耳。

『史學專部分爲考訂、[勘謬之類。]義例、[史通之義例、類。]評論、[管見之類。]蒙求、[鑑略之]四門，自應各爲次第。若

專攻一書之史學已附入本書後者不復分類但照時代後先編入本門部次足矣。

『雜史一門原分外紀、[軒轅本紀之類。]別裁、[路史繹史之類。]史纂、[自爲門類，如十七史纂，宋史新編宏簡錄之類。]史鈔、[隋文刪節如史記節要之類。]政

治、[如貞觀政要之類。]本末、[紀事本末，北盟會編宏簡錄之類。]國別、[國語國策十六國春秋之類。]共爲七門今恐瓹析太過轉滋紛擾合併雜史一門

較爲包括。而原分名目仍標其說於部目之下則覽者不致訝其不倫。

『割據與霸國之書初分二門今合爲一，亦謂如越絕書吳越春秋，下至南唐諸家皆是也。惟華

陽國志隋志、入於霸史後人多仍其目或入地理按此書上起魚鳧蠶叢中包漢中公孫述二劉蜀漢，

下及李氏父子非爲一國紀載又非地志圖經入於霸國固非而入於地理尤非斯乃雜史支流或地記

方隅者耳如建康實錄滇載記炎徼紀聞皆是選也此例前人未開緣種類無多均強附霸史或地記

耳今創斯條將後有類此者可准例焉故名雜史方記暗分子目與地理志方隅之記名同而實異也。

『星歷四門天文記天象非關推步歷律記歷制非關算術五行記災祥非關占候時令記授時

政令非爲景物此則史考當收之義不然則混於術數諸家矣但嫌介疑似亦有在術數與史例之間

者姑量取之寧稍寬無缺漏也此等著錄部目多在子家而史家志篇目實不能關可以識互通之義

矣。

『譜牒有專家總目之不同專則一家之書總則彙萃之書。而家傳、家訓、內訓、家範、家禮皆附入

專譜門中以其行於家者然也但自宋以來有鄉約之書名似爲一鄉設其實皆家範家禮之意欲一

切鄉黨爲之效法非專爲所居之鄉設也施縱可徧天下語實出於一家既不可上附國典又不可下

入方志故附之也。

『譜學古人所重世家鉅族，國家所與爲休戚者也。封建罷而第流品之法又不行，故後世之譜學輕。如謂後世不須譜學則幾於汨彝倫矣律令人戶以籍爲定良賤不相昏姻何嘗無流品哉麼襲任子雖不通行而科第蹶起之中亦有名門鉅族簪纓世胄爲國家所休戚者皆運數也但禮不下於庶人原不能盡取齊民戶籍入史考也且其書不掌於官僅能耳聞見載籍論次之所及而於源委實有所考者則編次之耳目未周不能徧及也。

『地理門類極廣畢宮保原稿爲二十二門分荒遠、總載、沿革、形勢、水道、都邑、方隅、方言、宮苑、古蹟、書院道場陵墓寺觀、山川名勝、圖經、行程、雜記、邊徼、外裔風物二十有二不免繁碎今暗分子目統於五條之下一曰總載二曰分載三曰方志四曰水道五曰外裔其暗分子目以類相從觀者可自得也。

『方志自前明以來猥濫已甚與齊民家譜同一不可攬摭今亦取其著錄有徵及載籍論次所及，則編次之其餘不勝錄也。

『水道之書與地志等但記自然沿革者方入地理其治河導江漕渠水利等類施人力者槪入

於故事部工書條下。

「外國自有專書如高麗圖經安南志之專部、職貢圖、北荒君長錄之總載則入地理外裔之部。

如奉使琉球錄及星槎勝覽凡冊使自記行事者雖間及外國見聞而其意究以記行爲重則皆入傳

記部中記事條下。

「故事原分一十六門今併合爲十門出君上者爲訓典臣下者爲章奏統該一切制度者爲典

要專門制度之書則分吏戶禮兵刑工六科其例最爲明顯而其嫌介疑似之迹無門不與傳記相混

其詳辨見傳記

惟確守現行者爲故事規於事前與誌於事後爲傳記則判然矣官曹次於六書之後亦故事

之書也名似與吏書相近而其實亦易辨吏書所部乃銓敍官人申明職守之書官曹乃卽其官守而

備盡一官之掌故也右者官守其法法具於書天下本無私門故無著錄之事也官私分而著述盛於

是設官校錄而部次之今之著錄皆從此起也官曹之書則猶有守官述職之意故以是殿六曹之後

焉。

「自錄一門不過簿錄名目之書原無深義而充類以求則亦浩汗難龕合而爲七略四部分而

爲經史百家副而爲釋道二藏，其易言耶？且如詩文之目則有摯廣之文章志、鍾嶸之詩品，亦目錄也。

而詩話文心凡涉論文之事皆詩書小序之例與詩書相爲發明，則亦當收矣圖書之目則書詐畫鑒

得以入之金石之目則博古琳琅諸籍得以入之故曰學問貴知類，知類而又能充之無往而不得其

義也。

「傳記門目自來最易繁雜其志創於隋志雜傳，而隋志部次，已有混淆。蓋非專門正史與編年

紀傳顯然有別者凡有記載皆可混稱傳記著錄苟無精鑒則一切無類可歸者皆恃傳記爲龍蛇沮

也。」宮保原稿本分傳記子目一十有七斟酌增減定著十門亦不得已也。

「小說始於漢志今存什一而委巷叢脞之書大雅所不屑道讀文獻通考載元人水滸演義未

爲無意而通人鄙之以此諸家著錄多不收稗乘也今亦取其前人所著錄而差近雅馴者分爲瑣語

異聞兩目以示不廢芻蕘之意

「朱氏經考體例先分四柱今仍用之首著書名名下注其人名次行列其著錄卷數三行判其

「存」「佚」及「闕」與「未見」也。惟著錄卷數間有不注所出今則必標出處視朱爲稍密矣。

如漢隋唐志並有則以最先之書著錄；其兩三史志並有而篇卷不同者，則著其可徵之數，而以他錄

同異注其下；或史志及官私著錄所無而旁見他書記載者，必著其說於下曰：「見某書不著錄」又

有見於他書所稱述而并無其篇卷者，則必著「無篇目」字。此朱氏未有 所以明其信而有徵也。或全

書之中摘取數篇別有當署之名目，如歐蘇等集內之外制及奏疏，又如歐集內之歸田錄，韓集內之順宗實錄。則必著現在某書而文集

誌類中敍其人生平著有某書，而他著錄所無，則必著「見某篇所引」惟近代人其書現存而未

著錄者始用朱氏不載出處之例。朱氏引書皆現存者。惟阮孝緒七錄已佚而僅見於隋經籍志注文

稱「梁有某某書卷若干」者，朱氏皆直書七錄，一似七錄至今存者引古之例似有未合然法應

「著隋志注引七錄文云云」方合於例。而其文繁累無取且此事本亦人所共知，朱氏不爲欺人是

以今仍其例。

『存佚必實見而著「存」，知其必不復存而著「佚」，然亦有未經目見而見者稱述其書，確

鑒可信則亦判「存」。又有其書久不著錄，而言者有徵則判「未見。」如後漢謝承之書宋後不復

錄，而傅山謂其家有藏本曾據以考曹全碑雖琴川毛氏疑之然未可全以爲非，則亦判爲「未見」

所以志矜慎也。又如古書已亡，或叢書刻其畸篇殘帙，本非完物，則核其著錄而判「闕」。亦有其書

情理必當尚存，而實無的據則亦判為「未見」他皆倣此。略下

學誠此考之最後分類表如左：本。據楊

```
        ┌ 正史
  紀傳部 ┤
        └ 國史
        ┌ 史稿
        │ 通史
  編年部 ┤ 斷代
        │ 記注
        └ 圖表
        ┌ 考訂
        │ 義例
  史學部 ┤ 評論
        └ 蒐求

  制書
```

```
                    ┌ 雜史
            稗史部 ─┤
                    └ 霸國

                    ┌ 天文
            星歷部 ─┤ 歷律
                    │ 五行
                    └ 時令

                    ┌ 專家
            譜牒部 ─┤ 總類
                    │ 年譜
                    └ 別譜

                    ┌ 總載
                    │ 分載
            地理部 ─┤ 方志
                    │ 水道
                    └ 外裔

            訓典
```

史籍考

故事部

章奏
典要
吏書
戶書
禮書
兵書
刑書
工書
官書

總目
經史
詩文（即文史）

目錄部

圖書
金石
叢書
釋道

```
          ┌ 記事
          │ 雜事
          │ 類考
          │ 法鑒
    傳記部 ┤ 言行
          │ 人物
          │ 別傳
          │ 內行
          │ 名姓
          └ 譜錄

    小說部 ┌ 異聞
          └ 瑣語
```

學誠之立論及分類皆不能無誤然一眚不足以掩大德要其曠識宏圖氣包千古殊足欽佩。而

其「擴史部而通之」之意見尤爲修正七略七錄以來最大錯誤之必要措置今人不解史學之眞

義乃謂學誠之意係指一切書籍都是史料曾不知學誠本旨乃謂凡有時間性之人事皆爲史料蓋

無時間性之書籍僅爲各科科學之獨立記錄，非史家所能一一過問，必將單獨零亂之萬事萬物聯

綴爲有糸統之片段或整部之記錄然後乃得稱爲史籍也姑舍是而言續撰史籍考之史事道光間

日照人有許瀚爲涇縣人潘錫恩修史籍考其攀古小廬文載有例目此書與復述之史書綱領著者

皆疑爲學誠傳本之化身非另起爐灶之創業也史書綱領爲光緒初長沙人余肇皋（其名未 所撰 悉。）蓋欲網羅

樞序之稱其「可與經義考並爲不朽之大業有此兩書而甲乙兩部固已得其管轄矣」

古今史書志書義例以垂示後世使後世之修史者皆於是乎得其義例之所在而不至無所

適從故於史書不徒錄其序目而已其有凡例者亦備錄而無遺蓋視經義考加詳焉。

繁重視經義考不啻倍之寫錄一通已非易事，（引春在堂雜文 續編卷二。）故其刊本今猶未出但其序目似已刊行

且時代近接未必失傳著者已託友人余楠秋君回里訪求倘得發簏載來刊播史界眞幸事也。（今人葉仲）

謝國楨君之晚明史籍考及清開國史料考。除上述三家通考古今史籍而外，斷代考錄而有良好成績者允推吾友

傳振倫亦有一文，皆可參考。（經有擬重訂章學誠史籍考類目，）晚明流寇史籍考清初三藩史籍考，及朱希祖君之蕭梁

舊史考西夏史籍考。指示參考資料者則吾友夏廷棫君有五代史書目王鍾麒君有廿五史參考書

目，皆可作學者之嚮導。此外又有專考個人傳譜者，清張澍撰姓氏書總目，又名古今姓氏書目考證，鈔本，藏清華圖。吾友

梁廷燦君撰年譜考略皆並考存佚。汪闇撰國學團歷代名人年譜目陳乃乾撰共讀樓所藏年譜目<sub>其書今歸方圖</sub>則專收現存。進一步而製篇目引得者則有田繼琮之八十九種明代傳記綜合引得杜聯

喆之三十九種清代傳記綜合引得檔案目錄則如張德之清季各國照會目錄，故宮博物院之內閣

大庫現存清代漢文黃册目錄雍正珠批諭旨不錄奏摺總目國學團之陶風樓藏清季江寧局署檔

案目皆是也。

國學論文目錄　近人所謂有國學者其詞本不典而或釋其義為對中國文化史——國故之

研究也。雜誌論文此生彼滅閱者難周故引得（Index）尚為十載以還作者漸起其以國學為對象

者始於王重民之國學論文索引。而徐緒昌劉修業繼之其範圍愈續而愈大寖假而有關於現代中

國各種問題之論文亦擇要收入非復以國故為限矣其分類表如左：

　總論

羣經（分通論，石經，易，書，詩，禮，春秋，孝經，四書，附孔教九目。）

語言文字學（分通論，形義，聲韻，方言，專著，雜著，字說，文字革命及國語統一，修辭
學及文法學，九目。）

國學論文索引〔

考古學（分通論，新發掘，金石，雜考，四目。）

史學（分通論，專著，歷代史料，中外史料，民族，傳記年譜，雜考，七目。）

地學（分通論，專著，疆域，附都市古蹟，河流，水利，省縣志，五目。）

諸子學（分通論，周秦諸子，漢魏以後諸子，雜著，四目。）

文學（分通論，評傳，辭賦，詩，詞戲曲小說，專著，九目。）

科學（分通論，天文，曆法，算學，醫學，動植礦物及其他，六目。）

政治法律學

經濟學（附貨幣實業商業等。）

社會學

教育學

宗敎學（分佛敎，摩尼敎，天主敎，回敎等，四目。）

音樂

藝術

圖書目錄學（分圖書館學，目錄學，二目。）

其不名國學而性質相近者尚有于式玉之日本期刊三十八種中東方學論文篇目，美人貝德

士（M. S. Bates）之西文東方學報論文舉要，法人高地愛（Cordier）之西人論華書目及李

小緣之西文中國問題論文索引于著分類略仿上表而同類之篇目則依中國庋擷法為次不似前

者之凌亂。高著將有關於中國之西文書籍及雜誌依性質分類，並有引得，貝著略似高著所異者為

專載十八種研究東方學之學報有關於中國之篇目耳。故以學報為綱篇目為目間有解題而分類

引得著者引得亦附焉。李著較以前諸家特為詳盡然其材料斷自一九二一至三〇年而止。

# 特種目錄篇

**特種目錄與專科目錄之分野** 專科目錄爲記載各種學術之書目，必自成系統之學科始有獨立之目錄。與藏書總目錄及史志皆屬不同。此外尚有許多性質特別而又不限於一科者，如地方著作叢書禁書之類，莫不各有目錄其所貢獻於學術者並不下於專科目錄然欲起，名以總攝之，頗屬不易。故姑名之曰特種目錄焉其最著者爲叢書個人著作地方著作禁書刻書版本善本敦煌寫本舉要解題辨僞十二種。此外則婦女著作亦有目錄，如單士釐之清閨秀藝文略是也家族著作亦有目錄如錢師穆之嘉定錢氏藝文略錢儀吉之盧江錢氏藝文略周懋之娈東周氏藝文志略是也。學派著作亦有目錄如劉聲木之桐城學派著述考是也。日報要聞亦有目錄如中山文化教育館之日報索引是也。雜誌論文亦有目錄如嶺南大學之中文雜誌索引中山文化教育館之期刊索引是也。人文月刊每期附見。雜誌名稱亦有目錄，如北平圖協會之期刊聯合目錄浙江圖之期刊目錄是也。書評亦有目錄，如鄭慧英之書評索參考書辭典年表之類亦有目錄，如鄧衍林之中文參考書目舉要是也。引之日報索引是也。

引彙編是也。外族文字書籍亦有目錄，如康有爲之日本書目志于道泉李德啓之北平圖故宮博物院滿文書籍聯合目錄周叔迦之北平館藏西夏文經典目錄是也。類書標題亦有改編之目錄，如錢亞新之太平御覽索引是也。而四庫全書總目提要之篇目更有許多方法不同之目錄首有范志熙之四庫總目韻編邢志廉嘗勘其誤陳乃乾有四庫總目索引楊立誠有文瀾閣目索引皆依筆數順序美人魏鄂男（James R. Ware）有四庫總目及未收書目引得翁獨健爲之校訂則用中國庋

擷法排列

**叢書目錄**　詩書者，上古之叢書也。秦始皇焚「詩書、百家語」一六。史記卷　人知百家語之非祇一家，而不知詩書之爲普通名詞。夫先秦所謂詩書猶吾人所謂歌曲歷史故左氏引詩多屬國風之篇，而商頌周頌不在其列大雅小雅則舉篇名可知雅頌非詩後人始選輯最著最通俗之國風與雅、頌合併爲一叢書乃通稱之曰詩耳書爲史官所記自虞書夏書商書周書乃至鄭書楚書各有專門名詞每一書中各有篇目其始也何祇千篇及流傳既久遺失日多剩餘之二十八篇乃獨佔書名而刪省其冠辭矣。易之爲雜湊同類而成之叢書原非一人系統之作尤屬顯然四經三禮除春秋自有

線索，周禮組織甚密，外其餘皆爲叢書。小戴禮記中之三年問又見於荀子，中庸緇衣又見於子思子，弟子職又見於管子其明堂、陰陽、樂記則各自單行，由此參詳可以想見古代單篇之流動不居，如浮萍然隨處依靠於各叢書中，故如韓非子中有張儀之說有死後之文，近人擷其矛盾而悉指爲僞託，而不知先秦遺存之書多屬叢書原無固定之篇目收藏者隨意排比庋置即偶然附麗成一書矣。此種流動不居之現象，固因有系統著作之出現如春秋，呂氏春秋，太史公書等等。而漸漸減少，然最後乃至向歆校書著錄而後如水落平湖，大勢安定。蓋別錄已有篇目七略復有書目則藏家遇偶爾錯亂之本亦得據錄略而改正之也。所不幸者有一部份叢書至漢時撫拾一二殘篇即冒用叢書之名爲一書而詩書易禮春秋遂成冒多致向之大部叢書自前漢各朝即已被經師據爲干祿之用抱殘守闕以少專家之學二千一百年來之中國學術遂始終困束於此數部殘書之中。此種殘書所載之智識原極有限，而後人復不敢「離經叛道」文化之所以無進步民族之所以無發展莫不導源於此故著者認爲若知四經、三禮之爲古代叢書百一之殘本則知陋儒所謂文、武、孔、孟之道原不祇此區區欲自立於現代，亟宜廣求知識於世界而不應抱骷髏以尋歡也。人知說郛之陋而不知六藝亦猶說郛之斷簡殘編也。以上所論雖似稍

特種目錄篇

三九七

軼範圍，而實關係重大卽就目錄學而論，亦爲洞澈本源之要着。蓋詩、書、易、禮除周家之學自漢以解辭經之書雖多至萬種以上，諸家目錄所存不過十自識者觀之不過一種訓詁學耳。實際必不祇萬種。既爲叢書，便非專

彼輩註詩非爲吟咏解易又豈知卜筮縱有若干理解施於政治施於哲理然此乃發言者本身之思想託古以自圓其說豈古書之本義哉？故漢代之陰陽五行說晉代之淸談宋代之道學淸代之考據學莫不依託於四經三禮。四經三禮其獨堯、舜、宋乎！

堯舜不復生將誰使定儒墨之誠乎」學篇。若知其爲叢書而非專家之學爲類名而非書名，則後「孔子、墨子俱道堯、舜而取舍不同，皆自謂眞堯舜。韓非子顯

世專家之學儘可離經而獨立同類之書儘可附經而合羣豈有詩不入詩賦略略春秋不入紀傳錄七之惡現象哉故叢書之義不明則分類之理不通分類篇中所陳種種異說誰能不立經類者以是

錄知中國目錄學史中竟無一種合理之分類法也而近人推溯叢書之源僅及宋末其闇陋抑何可笑縱使不敢主詩書易禮爲叢書之說豈漢志所載劉向所序六十七篇揚雄所序三十篇亦不敢認爲個人自著叢書之始乎若曰此二者乃班固所妄加原非結集之總名則漢靈帝刊於石碑之五經，

學士競摹其本摹本合訂亦非叢書乎若曰此未必合訂也則齊梁僧祐已抄集衆經結爲一藏隋唐

相繼，經論皆以入藏為榮，宋太祖且雕印佛經一藏，其前後目錄亦已多矣。看宗教目錄篇此種佛、道經藏則

叢書之尤大者也。若竟拒之叢書之外，則難乎為目錄學矣！而陋儒方且拒異端而不許也豈足與議

哉？即依其說，而求之於儒書之中，則後唐至後周鏤刻九經印板，且先有印本五經字樣一書二部即

有百三十冊。見玉海藝文部。實即除周禮，儀禮，公羊，穀梁以外之五經。晉時祗刻成其五，周初乃完成九經也。

成一名也。明矣故叢書之源遠流長昭彰若此。而後知錢大昕、顧修之說之為斷流忘源也。彼輩謂開

後世叢書之體例者自宋寧宗嘉泰元年俞鼎孫刻儒學警悟始。後七十二年而有左圭刻百川學海，

此皆雜抄唐宋以來之短書小品於一集。另命以新名若一書然。而保存原狀並不改編先後故興類

書又異即後世所謂叢書也。切實言之自雕版發明後刊叢書者，五代有九經北宋有七史皆由國子

監刊行私人之始。應推南宋初年井孟刊眉山七史。見晁陳二錄。後蜀母昭裔未刻叢書。北宋應有刻者，未及詳考。及中平岳珂之刻九經而岳珂之後也。

經。而俞鼎孫之地位則彙刊雜書為一叢集之第一人耳。若論私人刊刻叢書尚在井孟岳珂之後也。

自井俞迄今八百年間私人之力專向雜書發展而經史刊版則由國子監元明皆然亦頗推及雜書

而甚不廣至清武英殿始稍稍稍擴大焉私刊叢書自自著至雜抄多至五六千種可謂盛矣然乾隆以

前，總數猶不甚多。自四庫開館，武英殿用聚珍版（即活字版）。印書多種後鉅商大吏聞風競起，洎乎現代，以印刷術及推銷術之進步文化水平線之提高叢書之產量有時反超越單行本蓋購者可無選擇之煩而售者有大量生產之益也叢書目錄所以產生於嘉慶——（乾隆四庫之後）及發達於現代即是之由。試以表格顯其出現之先後及概況，則如左：

四〇〇

| 年代 | 編者 | 書名 | 冊卷數 | 體制 | 內容 | 版本 |
|---|---|---|---|---|---|---|
| 嘉慶四年 | 顧修編 | 彙刻書目初編 | 十冊 | 隨手摘錄 | 二百六十一種 | 桐川顧氏刻 |
| 嘉慶二十五年 | 松澤老泉編 | 彙刻書目外集 | 六卷六冊 | | | 日本慶元堂刻 |
| 同治九年 | 佚名續編 | 彙刻書目正續合編 | 十二冊 | | 增四十八種 | 崇雅堂木活字排 |
| ? | 吳?補編 | 彙刻書目 | 十二冊 | | 增補編一卷新補編 | 吳氏重刻 |
| 光緒元年 | 陳光照補編 | 彙刻書目 | 十二冊 | 分類 | 採補編 續編三卷增 新補編二卷增 | 無夢園刻 |
| 光緒元年 | 北京琉璃廠書坊 | 增補彙刻書目 | 十冊 | 分類 | | 琉璃廠坊刻 |
| 光緒二年 | 傅雲龍續編 胡俊章補遺 | 續彙刻書目 | 十二冊 | 分類 遵四庫目 | 五百種 | 善成堂刻 |
| 光緒元年編十一年刊 | 朱記榮編 | 行素草堂目睹書錄 | | 分類 | 三百五十三種 | 桃廬家塾刻 |

| 年代 | 編者 | 書名 | 册數 | 分類 | 種數 | 印行 |
| --- | --- | --- | --- | --- | --- | --- |
| 光緒十二年刊十五年成 | 朱學勤增補王懿榮重編 | 彙刻書目 | 二十册 |  | 五百六十七種 | 福瀛書局刻 |
| 民國三年 | 羅振玉編 | 續彙刻書目 | 十册 |  | 增光宣間叢書目三百餘種 | 雙魚堂刻 |
| 民國三年 | 楊守敬原編 李之鼎補編 | 續彙刻書目閏集 | 一册 |  |  | 羅氏刻 |
| 民國七年 | 李之鼎補訂 | 增訂叢書舉要 | 八十卷四册 |  | 九百○一種 | 宜秋館鉛印 |
| 民國八九年行 十三年作十 | 周毓邠增訂 | 彙刻書目二編 | 六册 |  | 增一千六百○五種共一千七百○四種 | 醫學書局鉛印 |
| 民國十三年 | 王慶續編 | 續叢書舉要 |  |  | 備採朱學勤本續其未 | 蘇州刊十二號 |
| 民國十七年 | 沈乾一編 | 叢書舉要 | 四册 | 辭典式 | 約二千二百種 | 醫學書局鉛印 |
| 民國十八年 | 劉聲木編 | 續補彙刻書目 | 三十卷五册 |  | 七百八十餘種 | 直介堂叢刊 |
| 民國十九年 | 劉聲木編 | 再續補彙刻書目 | 十六卷二册 |  | 七百八十餘種 | 直介堂叢刊 |
| 民國二十年 | 杜聯喆編 | 叢書書目續編初集 |  |  | 二百種 | 燕京大學鉛印 |
| 民國二十九年初版 二十四年增訂 | 金步瀛編 | 叢書子目索引 | 一厚册 | 辭典式 | 四百種 | 初版浙江圖館印 增訂版開明書店印 |
| 民國十三年 | 孫殿起編 | 叢書書目彙編 | 十二卷 | 分類 | 五百二十三種 | 孫氏鉛印 |
| 民國二十四年 | 劉聲木編 | 三續補彙刻書目 | 十五卷 |  | 約七百種 | 直介堂叢刊 |

| 叢書子目備檢著者之部 | 書名 | 冊數 | 體式 | 種數 | 印行 |
|---|---|---|---|---|---|
| 民國二十四年　曹祖彬編 |  | 一鉅冊 | 辭典式 | 三百六十餘種 | 金陵大學印 |
| 民國二十五年　施廷鏞編 | 叢書子目書名索引 | 一鉅冊 | 辭典式 | 一千二百七十五種 | 清華大學印 |
| 民國二十五年　楊家駱編 | 叢書大辭典 | 二鉅冊 | 辭典式 | 約六千種 | 辭典舘印 |

概括言之：首刻各叢書子目為一書者，顧修也，其書名彙刻書目隨手摘錄，排列無定序，收叢書僅二百六十一種，以叢書名為綱，注其刻書人代於下，而備列其子目各注撰人卷數事係初創，頗便檢尋故不二十年即有日本繙刻本又二年即有日人松澤老泉纂外集後經太平天國之亂百業停頓故久之始有無名氏纂續編所增僅四十八種，崇雅堂遂合正續二編而為一書同時又有吳某亦纂補續編別行光緒初陳光照及琉璃廠某書坊各起而增補之此叢書目錄之第一期也其特色為不分類種數不出五百第二期亦自光緒初年起三家並作傅雲龍率先刊行增至五百種遵照四庫總目分為經史子集等類朱記榮與傅同時而不相知其目名為行素堂目覩書錄隱約中亦分類種數少於傅十三朱學勤稍遲亦稍多增至五百六十七種此第二期也，而民國初年羅振玉所續亦附焉皆能補顧修之不足其特色為依四庫略分類第三期可謂補足時期由楊守敬開其端取材於

國外及佛道諸教李之鼎增補至三倍逐蹤千種名其書曰增訂叢書舉要於分類之外又分地方分

時代焉。周毓邠王謇杜聯喆劉聲木孫殿起等繼之拾遺補闕後出愈勝而劉氏尤爲努力再續三續

數蹤三千在諸家中成績最鉅此一派也其異軍突起蔚爲第四期者則以沈乾一之叢書書目彙編

爲最早其特色爲不分類不分時地綜合爲辭典式以便尋檢然沈氏仍以叢書書名爲綱僅便順讀

叢書者倘使求知某書在某叢書中則猶苦未能檢獲也民國十九年吾友金步瀛君服務於浙江圖

始創爲子目索引之法以叢書中之每一書名爲綱而注其撰人及叢書名爲目於是尋書名者一檢

而衆本畢備有左右逢源之樂矣。所惜收入叢書祇及四百種母校清華大學圖藏叢書千二百七十

五種二十五年一施廷鏞編其書名索引體例仿金君而數量三倍之金陵大學圖曹祖彬則以每書撰

人爲綱而注其著作及叢書名爲目與書名索引有相得益彰之用而收書益少最近有楊家駱纂叢

書大辭典則參採叢書名各書名撰書人名爲綱互注其關係名目於下混合編製依四角號碼檢字

法爲順序讀者無論從何方面聯想以分秒之光陰即可找得其所欲得之資料便利極矣然猶有可

惜者則每條子注殊嫌簡略有時須輾轉搜索始明概念耳此辭典收叢書多至六千種抱寧濫無闕

之旨，蓋工具書原與著作不同，此義亦良可取也。最後尚有一事宜聯述者：爲叢書在總目錄之位置。昔人既不承認詩書易禮爲叢書，而尊之爲六藝強佔數類，別集總集原是叢書，亦各成獨立之類。故叢書在唐宋以前之目錄並無位置，至宋志始附之於類事類，首先提出叢書爲一類者始於明萬曆間祁承㸁之澹生堂書目，而清末張之洞書目答問雖於四部之外有叢書目却不敢稱部，至民國初年始有特設叢書部者，今則多附入總類矣。著者主張拆散叢書分入各部，詳其說於結論篇。

## 闫人著作目錄

有著者自定者，有他人代撰者。著者自定之，始於魏之曹植。三國志陳思王傳：

「前後所著賦頌詩銘雜論凡百餘篇」晉書曹志傳：「志……植之孽子也，帝嘗閱六代論，問志曰：『是卿先王所作耶？』志對曰：『先王有手所作目錄，請歸尋案。』還奏曰：『案錄無此』，帝曰：『誰作？』志曰：『以臣所聞是臣族父所作。』」三國志王粲傳注亦引嵇康集目錄姚振宗推定「當時撰著繁富者皆各自爲目錄。」殆事實也，其後文集日多目錄多附集以行，故必有專門著作甚多者乃有目錄單行似迄南宋鄭樵始有夾漈書目一卷，圖書志一卷。陳振孫曰：「鄭樵記其平生所自著之書，志者蓋述其著作之意也。」〇〇直齋書錄此種體制蓋自史記自序、漢書敍傳而來，彼雖僅記一書〇〇解題。

著作之旨，衆篇之目，較諸鄭樵祇有數量之差，並無內質之異。千頃堂書目中有明人楊升菴著述目錄一卷，清錢大昭有可廬著述十種敍例，俞樾春在堂全書有錄要一卷，皆此類也。此外則有學者對於先哲之著作撰文考錄者，清王昶之鄭氏書目考實開其風（序見春融堂集卷三十四）。自先師梁任公先生撰戴東原著述纂校書目考（見戴東原二百年生日紀念論文集），後作者紛起，如吾友儲皖峯君之王靜安先生著述表（見國學論叢第一卷），顧頡剛君之鄭樵著述考（見北平圖書館報第二卷），趙萬里君之王靜安先生著述目錄及手校手批書目（見國學月刊第四卷），謝國楨君之彭芸齋先生著述考（見國學季刊第一卷），徐景賢君之徐光啓著述考略（見新月月刊），吳其昌君之朱子著述考（見國學論叢第一卷），馮貞羣之南雷遺書目（見國風月刊），劉盼遂君之高郵王氏父子著述考（見北平圖館刊第四卷），皆能盡括一家之作。著者亦嘗撰章實齋著述考及年表，考出章氏所嘗經手之著述逾五十種，並將其整部著述及單篇論文皆編年入表，兼記其撰文之地點及動機焉。

地方著作目錄　始於北齊、北周之間。史通書志篇載：「近者宋孝王關東風俗傳亦有墳籍志，其所錄皆鄴下文儒之士讎校之司，所列書名，唯取當時撰者……」語曰：『雖有絲麻，無棄管蒯』，於宋生得之矣。」考北齊書宋世軌傳，知孝王之書原名別錄，會周平齊改爲關東風俗傳，書雖兼其傳

記、方志之體制，然專錄一方人士之著作，實開後世方志著錄書目之風氣。宋志有川中書籍目錄二卷，諸州書目一卷。考孝宗淳熙六年吏部侍郎闕菴舒請祕書省錄見有書目送四川制置司參對四路軍州官書目錄，如有所闕即令本司繕寫上之詔可。見宋會要稿第五十五册。十三年祕書郎莫叔光之詔諸路監司諸郡守臣各以本路本郡書目解登至祕書省以中興館閣書目點對如有未收之書即下本處取索詔從之。見宋會要稿第七十册。據此，則宋志所載二目乃川中及諸州藏書之目並非完全本地人士所著作也。宋代方志極多傳者却少。嘉泰會稽志惟錄整篇詩文偶記求遺書之故事而並無書目獨高似孫剡錄卷五有書有文其所謂「書」者，乃羅列戴逵阮裕王羲之謝玄孫綽許詢支遁秦系吳筠靈澈鄭言謝靈運顧歡葛仙翁十四人著作及阮、王、謝三氏家譜之名目共四十二部各有卷數其所謂「文」者，則移鈔謝安戴逵等之單篇文章十五篇皆有關於剡者並非皆出於本地人之手卷六錄「詩」亦同「文」例其書成於嘉定甲戌方志之有書目莫之先焉專撰一書以述一方著作者，始於明萬曆間祁承㸁之兩浙著作考多至四十六卷，見千頃堂書目。必有解題及移錄序跋此外，周天錫撰有東嘉書目考惜皆無傳本傳者當推於明末曹學佺之蜀中廣記、文徵卷三十八載明永嘉姜準撰有東嘉書目考惜皆無傳本傳者當推於明末曹學佺之蜀中

著作記，學伻嘗官四川按察記，故熟於四川文獻。其書凡十二卷，書目，<sub></sub>見千頃堂殘本四卷見於團學季刊第

三卷按其體制堪稱創作前此之史略授經圖後此之經義考、小學考皆同一系而微有不同，或徵引

古書述其撰人及內容，或確有其書鈔其序跋所異於經義考者惟未明標存佚耳後世方志之能錄

書序入藝文志者，如乾隆大名縣志、嘉慶廣西通志，不數數見也，明清志家多鈔詩文而少於目錄然

亦有仿刻錄而兼收者，如吳興備志之分錄經籍遺書康熙嘉興府志之分錄藝文書籍，康熙錢塘縣

志之分錄經籍、藝文皆是，乾隆重刻歸德府志則特異其藝文略分立（1）學宮經籍（2）名家著述、

（3）金石文字（4）郡縣志乘四目一掃過去混藏書著書爲一之弊識者嘉爲三百年來自通志府

志以至縣志皆多有藝文一欄亦有鈔詩文入藝文列目錄爲經籍者今人李濂鏜撰方志藝文志彙

目以綜之頗便尋索。<sub></sub>見圖書館學季刊七卷二號。 其專成一書或作考證者乾嘉間有邢澍撰金泰藝文錄，<sub></sub>見更生集甲集卷三。

嘉道間有管庭芬撰海昌藝文志數十年來則孫詒讓撰溫州經籍志三十六卷吳慶燾撰襄陽藝文

略，胡宗楙撰金華經籍志二十七卷蒙起鵬撰廣西近代經籍志七卷皆謹守經義考之例而爲書此

外則王獻唐撰山<sub></sub>先喆遺書提要廣西統計局撰廣西省述作目錄金雲銘撰福建協和大學陳氏

書庫福建人集部著述解題，安饒鍔宗頤撰潮州藝文志，陳詒綏撰金陵藝文志亦就其所知或所藏而為書。此外有從四庫總目鈔出本省書目者，如湖北、江西、河北是也。有專考一縣古今著作者如丁祖廕之常熟藝文志，陳謐之瑞安經籍目是也。而專藏一方著述者亦頗有人，如張菊生先生之於海寧，金圖獻項士元之於台州，胡宗楙之於金華洗玉清之於廣東皆搜藏甚富而各有目錄各地所刊叢書亦多有以一方為範圍。如幾輔叢書、豫章叢書、湖北先正叢書、一省叢書也；永嘉叢書、四明叢書紹興先正遺書一府之叢書也鹽邑志林最早之一縣叢書也其總目亦無殊於地方著作目錄。而吾友張崟君撰浙江郡邑叢書簡表實為此方面最良好之模範此外有專記一國著作目錄者始於康有為之日本書目志其書分門別類列與日人著作，既非我國已譯之本又非某國收藏之書蓋亦地方目錄之儔也近代各文明大國出版日富每年多至數萬種欲總括其目實屬不易故繼康氏而起者未之或聞而各國皆有圖書年鑑或某年總目錄之類。

## 禁書目錄

禁書有錄始起秦皇詩書百家語諸侯史記皆在焚燒之列，而其書名不限四五篇名何止萬千？必有目錄以資循索可無疑也。至劉「宋大明中始禁圖讖梁天監已後又重其制」及

隋「高祖受禪禁之踰切煬帝卽位乃發使四出搜天下書籍與讖緯相涉者皆焚之爲吏所糾者至死。自是無復有其學祕府之內亦多散亡」隋志「錄其見存」僅有十三種則前此之四次搜所以按圖索驥者亦已甚備矣唐初所禁法琳辯正論及法琳別傳等書至貞元中始解禁入藏疑當日禁書亦有目錄。宋太祖嘗「禁元象器物天文圖讖七曜歷太一雷公六壬遁甲等」書,實治通鑑長篇卷十三。仁宗寶元二年,「學士院言奉詔詳定陰陽禁書與司天監定須禁書籍十四門爲目錄一卷請除孫吳子歷代史天文律歷五行志幷通典所引諸家兵外餘悉爲禁書從之」玉海卷五。宋志載「禁書目錄一卷」注云「學士院司天監同定」卽其目也。南宋初秦檜嘗禁野史。揮塵錄 蒙古世祖時嘗一禁陰陽圖讖等書。元史卷八。 再禁道藏,佛祖歷代通載卷二十一。似皆未必有錄清世宗雍正中屢與文字之獄禁書甚多查故宮博物院史料叢刊與文獻叢編尙可見其書單多種乾隆中因修四庫全書之便焚燬牴觸清室之書自三十九至四十七年先後奏銷二十四次焚書五百三十八種一萬三千八百六十二卷。其他未焚而經抽毀及改易字句者不計其數光緒初姚覲元嘗刊四庫館奏准銷燬抽燬書目一册。後又續得禁書總目一部則前所刊者亦在其內尙有軍機處奏准銷燬書目浙江省奏繳書目再後

又得河南奏繳書目遂合刊之於咫進齋叢書中。光緒末，鄧實得江寧官本違礙書籍目錄一册，其後牛江寧本省奏繳書目及各行省咨禁書目爲姚本所無因合刊之。　此外尚有江西、湖北、廣東各省奏繳書目及分次奏繳總目爲陳乃乾所得近年陳氏删併重複校補缺失編爲索引式的禁書總目以首字筆數爲次分爲全燬抽燬二類附錄禁燬書版目石刻目毋庸銷燬書目查辦禁書論摺四庫館查辦違礙書籍條款及舊本序跋校異。　晚近政府亦頗查禁左傾書報禁令密布總目未聞。

李揆有補輯本。

白蕉有校異。

## 刻書目錄

摹字刻版印刷成書始於唐末。石林燕語引柳玭序載玭在蜀見有售雕版印紙浸染之書者時爲唐僖宗中和三年距今一千〇五十五年矣及後唐明宗長興三年朝廷遂令國子監刻九經印版至後周太祖廣順三年尚書左丞田敏始以印版九經進呈。北宋諸朝亦命國子監刊行七史。

宋會要。

五代會要。

諸州官亦多刻書川中尤衆。故通志載有國子監書目一卷，川本書籍錄三卷，而宋志亦有三川古刻總目一卷古字倘使非石字之訛則亦刻書目錄也。明代之有西湖書院重整書目爲黃裳等所編實爲今存之最古者則有內府經廠書目二卷國子監書目一卷南雍總目一

卷，周弘祖古今書刻二卷、並見千頃古今書目。最後一種今有傳本此外傳本尚有梅鷟南雍志經籍考、郭磐明太學經籍志劉若愚內板經書紀略，非書目在酌中志卷十八。毛晉汲古閣校刻書目。清鄭德懋有補遺及刻板存亡考。近代自曾國藩

倡設官書局後刊書甚多今人朱士嘉嘗合編其書目新書坊刊印新書日新月異各有目錄無庸述及惟商務印書館出書佔全國總量之半貢獻於新文化最鉅其圖書彙報自改用王雲五中外圖書統一分類法後一掃過去凌亂之弊影響且及於圖書館之目錄焉。近數年來漸有綜合全國各地新出版物爲一總目者現代書局開明書店生活書店皆嘗爲之其掛一漏萬也不過在百步五十步之間。惟楊家駱撰圖書年鑑雖亦不備頗能攝取一部份新書之解題稍可觀而先師王靜安先生撰五代兩宋監本考兩浙古刊本考則又開一考證古版之例。葉德輝撰書林清話又有餘則專考刻書掌故。

**闕書目錄** 搜求遺書，必有目錄以資循覓。漢「成帝時，以書頗散亡，使謁者陳農求遺書於天下」志倘使祕府原無目錄則何以知其「書頗散亡」？倘使不備闕書目錄則陳農求得之書何以知其爲祕府所闕故以意推之此時殆已有此種特殊目錄矣然史志所載則始於隋志之魏闕書目

特種目錄篇

四一二

錄一卷其序云:「孝文徙都洛邑,借書於齊祕府之中,稍以充實。」則此錄或即孝文帝向南齊明帝

借書之用歟?宋志有唐四庫搜訪圖書目一卷兩唐志皆不載蓋必昭宗「命監察御史韋昌範等諸

道求購」 新唐志序。 之錄也。北宋太宗「詔三館以開元四部書目閱館中所闕者具列其名懸獎徵

募」 資治通鑑長編卷二十五。 後世屢次求書亦必各有關目如通志所載嘉祐訪遺書詔并目一卷求書目錄一

卷是也。南宋高宗時「向子固乞下祕書省:以唐藝文志及崇文總目所闕之書注闕字於下鏤板

降付諸州軍照應搜訪從之。」 宋會要稿五目叢刻。十五冊。 直齋書錄解題有祕書省四庫闕書目,徐松有即其目也。其

祕書省續編到四庫闕書目迄今猶存。 見觀古堂書目叢刻。 同時鄭樵按祕書省所殘闕書目錄集為求書闕記

七卷求書外記十卷。 玉海卷十二及宋志。 其校讎略有編次必記亡書論書有名亡實不亡論編次失書論書

備於後世論亡書出於後世論亡書出於民間論求書之道有八論對搜求闕書之原理方法貢獻甚

多。元末則有危素撰史館購書目錄 補元史藝文志。 泊乎清初黃虞稷周在浚有徵刻唐宋祕本書目 葉德輝有考證。

四庫徵書則但令各省呈繳所得書目而不聞先備闕書目錄四庫以後,鄭文焯撰國朝未刊書目,

朱記榮撰國朝未刊遺書志略 劉世珩撰徵訪明季遺書目 劉聲木撰直介堂徵訪書目皆記

范希曾有鑒。

其所知之近代著作以備徵存之用而楊守敬之日本訪書志十七卷，王重民輯補。張增榮譯佚存書目則

記流在日本之中國古籍。

## 版本目錄

劉向校書即已廣羅異本。版本之學此其祖也古人藏書能自讀者，莫不善於校讎

所謂校讎即取衆本比勘字句篇卷之異同也。如梁之任昉唐之韋述宋之李淑宋祁王欽臣其藏本

之善每勝於祕閣。蓋祕閣之書全由官校每多鈔衍了事。而此諸家則本是專門學者其博聞精識足

以校定譌誤也。然古錄失傳傳者惟南宋初年尤袤之遂初堂書目獨並注衆本於各書目下說者乃

版本學之創始推之竟不知其前尚有多數版本專家，〔參看善本目錄之章〕何其陋也？清代則自錢曾讀書敏求

記特別注重版本優劣流傳委題記特點後天祿琳琅書目亦遵其例成為善本目錄之規程另見

別條其私人藏書備注版本者則嘉慶十年秦恩復敦夫石研齋書目是中興尤袤舊法之者也。顧廣圻稱

之曰「由宋以降板刻衆矣同是一書用較異本無弗憂若徑庭者每見藏書家目錄經某書史某書

云云；而某書之何本漫爾不可別識然則某書果為某書與否且或有所未確又烏足論其精愃美惡

耶今先生此目創為一格各以入錄之本詳注於下，既使讀者於開卷間目憭心通而據以考信遂不

雷燭照數計於是知先生深究錄略得其變通隨事立例惟精惟當也特拈出之書於後爲將來撰目錄之模範焉。」見思適《盦集卷十二。自是以來藏家目錄多能注重版本現代各圖目錄尤少例外且能備注出版年份焉而專門考究一書之版本者有王重民之老子考實爲最早之傑作系統論版本學之理法者則有錢基博撰版本通義陳義甚精治目錄學者所不可不知者也。

**善本目錄**　隋代觀文殿有正御書北宋館閣有黃本書王欽臣有鎮庫書皆善本也而其目不傳自南宋初尤袤撰遂初堂書目往往一書而兼載數本談版本者宗焉岳珂校刻九經對於版本之選擇尤爲矜愼晁陳之作亦頗注意版本明晁瑮寶文堂分類書目每書皆注明某刻明代文淵閣藏宋元古刻最多惜無人爲之考證故其書目最爲簡陋明末清初錢謙益絳雲樓搜善本及孤本甲於古今憚於揚播未有完整目錄今存絳雲樓書目乃其追憶所得不盡不實其族孫錢曾撰讀書敏求記獨載其逑古堂中最佳之本仿歐陽修集古錄之意每書皆撰解題論其繕寫刊刻之工拙異同及流傳之源流「見聞旣博辨別尤精」在目錄學史中實爲奠定版本學基礎之創作善本目錄莫之先焉其書二百年來翻版達十數次校證芬。管庭補輯鈺迭有其人其爲後世所推重可知而四庫全書

總目乃以其輕視考證而屏諸存目竟忘天祿琳琅書目亦受其影響甚大矣同時有曹溶、朱彝尊、徐乾學亦富於古刻。溶撰靜惕堂書目彝尊撰潛采堂宋金元人集目錄乾學撰傳是樓宋元本書目一時竟成風氣。天祿琳琅之書選於乾隆九年四十年始編定目錄以版本朝代爲分類之綱每代各以經史子集爲次每書首舉書目次詳考證次訂鑒藏次臚闕補其考證偏重鋟版年月且於藏家印記，則做清河書畫舫之例皆用眞書摹入並一一考其時代爵里以顯授受之經過原有題跋亦爲附錄。

後來撰善本目錄者莫不謹守其法焉私人藏書則乾嘉間盛推黃丕烈之士禮居，丕烈於求古居宋本書目之外又撰百宋一廛書錄載宋本百二十一種完缺各牟皆世間罕傳者丕烈長於鑒別其題跋語語精到如宋文鑑跋云：「北宋字體帶方；」朱慶餘詩跋云：「墨釘最多多爲妄人塡補」許丁卯集跋云：「凡舊版印久模糊處最忌以新本塡補」諸如此類皆不刊之論故目錄學家鏊推爲版本學之泰斗無異辭焉後人輯其他種善本題識散在各方者迄今未已最早有潘祖廕輯士禮居藏書題跋記後來繆荃蓀一再續之近年孫祖烈李文裿又分別續之補之荃蓀又與章鈺吳昌綬同輯蕘圃藏書題識近年王大隆又續錄之撰善本目錄者莫不準爲圭臬著彙刊爲一書尤盛事也。與黃

丕烈同時齊名者有顧千里孫星衍稍後則有孫從添張金吾汪士鐘清末則有瞿鏞陸心源葉昌熾、

丁丙楊紹和姚覲元繆荃蓀等皆各就其藏本爲目而顧千里葉昌熾丁丙尤爲卓絕千里之思適齋

集內多善本題跋近年復有蔣祖詒鄒百耐輯其集外書跋爲一書星衍有廉石居藏書記平津館鑒

藏記書籍篇〔洪頤煊撰。〕從添有上善堂書目金吾有愛日精廬藏書志士鐘有藝芸書舍宋元本書目瞿

鏞有鐵琴銅劍樓藏書目錄昌熾爲潘祖廕撰滂喜齋藏書記及宋元本書目紹和有海源閣宋元祕

本書目及楹書隅錄心源有麗宋樓藏書志〔李宗蓮作。〕覲元有思進齋善本書目丁丙有善本書室藏書

志。繆荃蓀有藝風藏書記心源之作最多〔一百二十卷。〕而漫鈔序跋時作謏詞比較最差其餘並精善可備

藏家之參考自清末京師圖書館成立以後繆荃蓀首撰館藏善本書目印入古學彙刊江瀚王懋鎔

先後删增各有新稿夏曾祐改正補充另刊一本及併入北平圖後吾友趙萬里君復有新作截至二

十二年底該圖善本甲庫已有書三千七百九十六部凡七萬八千一百九十九卷而乙庫尚不與焉。

在國內實首屈一指而丁丙之書流入江南圖書館現已改名國學圖該圖亦選撰爲善本書目。此外

各圖提出善本另爲一錄者亦頗有之。如浙江圖吾友毛春翔君新撰甲編考訂名實極精愼惟陶湘

撰故宮殿本書庫現存書目，則格於禁例，未能通合其分類編目最爲凌亂，至亦詳述內容爲善本書志者，各圖皆有散見於館刊中私家藏書則以傅增湘雙鑑樓善本書目藏園羣書題記鄧邦述羣碧樓善本書錄寒瘦山房善本書目張鈞衡適園藏書志爲最精。除此種實藏目錄外亦有錄其目睹不必實藏者。清末莫友芝之宋元舊本經眼錄卽其最善者也。而現代于震寰撰善本書目編目法論此道頗精。

### 敦煌寫本目錄

甘肅敦煌鳴沙山莫高窟，俗名千佛洞。西夏時代宭藏兩晉以來迄晉初寫本書籍甚富閱八百餘年至清光緒二十六年佛龕坍塌故書遺畫暴露於外稍稍流布三十三年英人斯坦因 (Sir Mark Aurel Stein) 法人伯希和 (Paul Pelliot) 先後聞風而至擇其精者捆載而去伯氏道過北京行篋攜有祕籍若干種羅振玉王仁俊蔣斧等爭往索觀以其所見勒爲著述蓋巖窟所藏都二萬餘軸凡經典史籍釋藏道錄摩尼敎祆敎之絕本以及歷書文牒契約簿錄莫不具備大足以證經史存佚籍細足以窺見古今俗尚制度文字語言之遷流其數量之多效用之宏遠勝孔壁汲冢自發現後對於各種古學之考究皆有莫大之影響焉。羅振玉首將伯氏所述類次爲鳴沙石室祕

四一七

錄。王仁俊則撰敦煌石室眞蹟錄，見孔教會雜誌一號。劉師培則撰敦煌新出唐寫本提要。見國粹學報七卷一至八號。日僧橘瑞超聞風踵往得四百餘軸著有將來敦煌藏經目錄吉川小一郎亦得百餘種途附見於橘錄羅子福萇西遊錄法人沙畹（Chavannes）所錄及倫敦陳列目錄爲倫敦博物館敦煌書目又譯伯氏所已編次者爲巴黎圖敦煌書目業師葉譽虎先生則有旅順關東廳博物館所存敦煌出土之佛教經典一文，見圖學季刊一卷四號。歷史叢刊一卷一至三號。見北大國學季刊一卷四期。始合編爲海外所存敦煌經籍分類目錄。然猶未備西遊之士從倫敦巴黎抄得一二算見之史料持歸自炫以名家者各科皆有至盡錄內外所有以爲總目錄則尙有待焉國內所有則始於宣統二年學部悉將洞窟殘卷運回北京但爲權貴所豪奪巧取藏於京師圖者僅八千餘軸民國十一年業師陳援庵先生長館事與俞澤箴盡閱所藏編爲目錄。十三年後錄其副目按部排比略倣趙明誠金石錄前十卷體式每軸著其原號，自甘肅解部所編之號。起止紙數行數及內容稿成名曰敦煌劫餘錄十八年陳先生又應中央研究院之屬重理舊稿删其複出，補其漏載正其誤考又明年刊行於世國有殘本至是始有完備之目錄學者可按圖以索驥矣。

舉要目錄　書籍繁多初學每苦不得要領故舉其要目俾易着手亦目錄學之任務也。宋張洪

齊熙輯朱熹言論爲讀書法略有此意。然尚無書目。清道光末龍啓瑞撰經籍舉要始擇取諸生急需精讀之書略述其內容得失指示讀法過於簡陋故邵懿辰詆之甚力然其於經史子集四類之外復以約束身心擴充學識博通經濟文字音韻詩古文詞場屋應試六項分類頗合初學之用。張之洞之書目答問即仿其意而作者也。之洞略例自敘云:『諸生好學者來問應讀何書以何本爲善而不既嫌挂漏志趣學業亦各不同因錄此以告初學』『讀書不知要領勞而無功知某書宜讀而不得精校精注本事倍功半。（此編所錄,其原書爲修四庫書時所未有者,十之三；四庫雖有其書,而校本注本晚出者,十之八九。皆先輩通人考求論定者。）今爲分別條流愼擇約舉視其性之所近就其部求之又於其中詳分子目以便類求。一類之中復以義例相近者使相比附再敘時代令其門徑秩然易見凡所著錄並是要典雜記各適其用。總期令初學者易買易讀不致迷悶眩惑而已。』觀其略例除上述（1）詳分子目（2）依照時代敘（弇陋者當思擴其見聞。汎濫者當知學有流別。）次外（3）『經部舉學有家法實事求是者史部舉義例雅飭考證詳核者子部舉最近古及有實用者；集部舉最著者。每一類之後,低一格者,爲次錄。』（4）『多傳本者舉善本未見精本者舉通行本未見近刻者舉今日現存明本。子史小種,多在通行諸叢書內;若別無精本及尤要而希見者,始偶；有他善本,即不言通行本。凡云有某本者,有異同。」（5）兩類相關者間亦互

見，注其下」（6）「凡無用者空疏者偏僻者淆雜者淺陋者

妄人刪改者編刻譌謬者不錄古人書已無傳本今人書尚未刊行者不錄舊槧舊鈔偶一有之無從

購求者不錄。若今人著述有關經史要義，確知已成書者，間附錄其書名，以備物色，且冀好事爲刊行之。是書以光緒元年始業，見卷首略例。次年寫定。

見原刻本籤題。據藝風堂自訂年譜知出於繆荃孫之手葉德輝盛稱其書「損益劉班自成著作。」書成以

來繙印重雕數十次視爲津筏幾於家置一編。參范希曾書目答問補正跋。其所以如此盛行者固由張

之洞之名望及提倡亦由其書能予讀者以正確之指導也其書之特點一在選取必讀之書指定最

善之本使讀者不爲閩書劣本所誤。一在「不盡用前人書目體例分類加注時有創見如仿祁承㸁

之例於四部之外別立叢書目又有所謂別錄目專載初學讀本爲一部並爲大膽之作雖未能破

壞四部內質然已示人以四部之不必拘守且爲舉要目錄奠一基礎焉後人重視其書有爲之箋補

者，江人。有爲之斠補者，葉德。有爲之補正者，范希。可謂盛矣及五四運動後整理國故之聲浪起青年

顧有好讀古書者民國十二年清華週刊記者請先師梁任公先生與胡適之先生選擇要籍指示讀

法。胡先生寫一個最低限度的國學書目自謂「只爲普通青年欲得一點系統之國學知識者設想，

並不爲已有國學根柢者設想。」故用歷史之線索爲國學天然之統系而其書目之順序亦卽爲下手之法門。分爲工具思想史文學史三部。梁先生議其「(1)不顧客觀之事實專憑自己主觀爲立脚點致多列哲學史與文學史之參考書目。(2)誤將應讀之書與應備之書混爲一談致所選皆大部書不易讀完。(3)誤將史部書一概屏絕而反選列小說多種」故其所撰國學入門書要目及其讀法分入門書爲五類:(1)修養應用及思想史關係書類(2)政治史及其他文獻學書類(3)韻文書類(4)小學書及文法書類(5)隨時涉覽書類每類各舉要籍數十種每種各略述其內容及讀法間或指示與此書有關係之參考書數種附錄最低限度之必讀書目列舉四書、五經、五子、七史、七集共二十八種謂「若並此未讀真不能認爲中國人矣。」梁先生之論亦有過於主觀者其優點不在書目而在讀法後來又撰有要籍解題及其讀法學者宗焉對於近年各種文化史之研究影響絕大此外不待問而撰要目以名家者有李笠之三訂國學用書撰要陳鐘凡之治國學書目支偉成之國學用書類述陳伯英之國學書目舉要、曹功濟之國學用書舉要、楊濟滄之治國學門徑書醫學書局之國學書目提要而日人長澤規矩也亦有支那書入門書略解。李支最繁恐著者亦未一一觸

手。陳曹稍簡然諸家通弊在視國學爲一盤散沙，祇就盤上畫限界線，撮出沙粒矜示於人曰：此金沙

也，未能分別階段排定先後使學者由淺入深如錢有貫，此則梁胡所不免何論焉國學之外受張

之洞之影響推廣及於一般學術者清末已有黃慶澄撰普通學書錄。失傳故

主「中學爲體，西學爲用。」慶澄則「以爲學無中西其學之歷刼不磨者，必其人之精靈不可埋沒

者也。中國自唐虞以來神聖相傳書種之亡，必無可慮所慮者，峩冠博帶終歲呻呫皓首芸編迄無寸

得行見新學未興中學之傳不亡而亡斯爲可懼耳。」故其選錄要籍中西並重。最後復將天學、即天文、

地學、即地理 人學、即醫 學。

刻書之外又立入門書一類西學於入門叢刻之外分各種科學爲二十一類。見分類篇。

問津也每類列舉書名各注評語頗多驚人見識例如列章學誠文史通義於入門書之第四而評云：

「融合經子史匯其腦而抉其髓透闢處多發前人未發是學者萬萬不可不讀之書」又評劉知幾

史通云：「容有過激處然才識之卓橫絕千古凡啓發靈性讀經不如讀史；而讀全史不可不讀史

通」評王引之經義述聞云「研究古籍如撥雲見天開後學無數法門」評王充論衡云「最足長

今謂國學。

人智識」此皆眞知灼見，非陋儒所能道隻字者。而平當日新舊之爭，尤其卓識！其言曰：『今之據高

頭講章岸然道貌者勸曰：「吾習舊學不屑新學也。」今之緇洋板新書昂然自命者勸曰：「吾習新

學不屑舊學也。」嗟乎！學亦何新舊之有？尼山未老六經均係新出之書。秦劫不灰諸子皆擅時流之

譽。慶澄愚以爲學而切用其學即爲地球之公學其書即爲地球之公學書不必問爲舊學爲新學也且

地球之理，日出而不窮，不特非今日舊學所能盡，亦豈今日新學所能盡乎行遠必自邇積小以高大，

推陳以出新握經而待變海內有道諸君子其亦不河漢我言歟」卷末附錄家塾讀書入門要訣家

塾授徒簡便課程亦書目答問附錄鰌軒語之意其人似頗注意史學嘗言『擬作中國五千年大事

表』又言『慶澄有西史簡明大事表未出書』蓋一有志經世之士也晚近則有杜定友撰普通圖

圖書選目亦中西新舊並重。

**解題目錄**　　解題之名始於宋陳振孫之直齋書錄解題，夫書錄即爲解題而設，何必疊詞成贅？

雖然較之劉向別錄以來之敍錄固亦略有其異點焉唐李肇已有經史釋題未知其內容何若就

振孫之作論之與稍早之郡齋讀書志詳略略等通觀古今目錄似與七略七志同一系統而殷淳之

四部序錄，毋煩之古今書錄，高儒之百川書志以及清代之四庫簡明目錄皆相附而成流派蓋較之自別錄羣書四錄崇文總目至四庫全書總目提要則其體而徵較之一般有目無敍錄者則增出解題之語適在二者之間也然此皆典藏目錄，非所語於現代之所謂解題實即讀書指南非復古義矣。呂思勉之經子解題出版最早其自序云：「此書有益於初學之處凡三切實舉出應讀之書及其讀之先後與泛論大要失之膚廓及廣羅參考之書失之浩博令人無從下手者不同一也。從前書籍解題多僅論全書大概此多分篇論列二也論治學方法及書籍之作亦頗浩繁初學讀之，若不知孰爲可據此所舉皆最後最確之說且皆持平之論三也。」先師梁任公先生撰要籍解題及其讀法同時並起出版稍遲對於上古經史子集十餘種要籍皆一一考定其編撰者及其年代內容之眞僞及是非並指示讀究之方法開列參考之書目又有錢基博撰四書解題及其讀法見解互有異同用意則歸一致其他各科亦多有人解題別見專科目錄篇。

辨僞目錄　孟軻謂「盡信書不如無書吾於武成取其二三策而已。以仁者伐不仁，何致血流漂杵也。」懷疑古籍始見於此。司馬遷謂「百家言黃帝其文不雅馴薦紳先生難言之。」（史記卷一。

「世言蘇秦多異異時事有類之者皆附之蘇秦」十九。史記卷六書之有偽，由來久矣故劉向別錄辨周訓云：「人間小書其言俗薄。」辨黃帝泰素云：「或言韓諸公孫之所作也。」漢志師古辨別偽書，至爲精晰。漢志自注所引尤多。王充論衡且特書虛、儒增、藝增、語增四文以攻古書之多失眞相晉道安撰綜理衆經目錄且別列於可疑之經於一處後來經錄多依其例。明佺大周衆經目錄甚至提出偽經別爲目錄，不以混於總目之中焉柳宗元致疑於國語鶡冠子等書爲文以非之及入宋代疑古之風大熾歐陽修疑易十翼王安石疑春秋司馬光之疑孟子朱熹之疑孝經，或指出各篇之矛盾或斷定全書爲可疑然皆未專著一書以辨許多古籍之偽至元末始有宋濂撰諸子辨一卷對於各種子書皆致其懷疑之理由或評論思想之是非此實偽辨目錄之創始萬曆間胡應麟撰四部正譌則擴其範圍於四部且發明多種辨別偽書之方法辨偽之事至此乃成專門科學矣清初姚際恆撰古今偽書考亦沿應麟之意而互有異同中葉有崔述撰考信錄則爲分辨羣經眞偽而作意在去其疑偽而葆其眞實一本司馬遷「考信於六藝」之旨有時不免仍爲古人所迷清末康有爲撰新學偽經考則以今文學派之立場力攻古文各經之偽武斷傅會在所不免晚近辨偽專家紛起然多集中於史事之研究。

其專考一書之僞者則以馬敍倫之列子僞書考爲最精。

# 結論篇

## 著者對於古代目錄學之感想

我國古代目錄學之最大特色爲重分類而輕編目有解題而無引得分類之綱目始終不能超出七略與七錄之矩矱縱有改易未能遠勝除史部性質較近專門外經子與集頗近叢書大綱已誤細目自難準確故類名多非學術之名其不能統攝一種專科之學術也必矣編目之法仍依類別爲序同類之中多以時代爲次活頁編次之道檢字引得之術編號插架之方皆素不講究殊不便於尋檢非熟於目錄學者莫能求得其所欲見之書此因藏書者多不公開尋書者多屬熟手故無需研求易尋易得之法亦無憾焉其優於西洋目錄者僅恃解題一宗。至於歷代成書之草率則指不勝屈其校書撰錄也每任意去取刪改不能保原書之眞其刪爲史志也但據藏目不能盡一代之所有其通考古今也惟經學小學有之餘則未聞堪稱完備者，祇佛教目錄耳。

## 著者對於現代目錄學之感想

現代目錄學粗視之若大反古代；細察之則古代之遺毒未及

盡袪而其優點且已喪失矣。廢書本而用活頁此體式之異也廢四部而用十進此分類之異也循號

碼以索書此編目之異也。而不校異同多寡不辨真偽是非刪解題之敍錄而古錄之優點盡矣。知經

書之爲叢書而不知子集亦然則分類仍不能盡革古人之弊知書目之不足而不知擴而及篇目則

編目亦不能補救古人之窮嚴格論之現代目錄之稍進於古錄者惟在索書號碼之便利與專科目

錄之分途發展耳目錄之內容分類之綱領究未適合書籍之需要也。

**著者對於將來目錄學之希望** 目錄學之前途將何往乎著者以爲宜如樹枝之紛披愈分而

愈細不可如港汉之灣互亦不可如箭矢之逕直也其分類也與其依學術而十進不若依事物而標

題其編目也與其詳列篇目不若精撰解題而最重要之轉變實在插架目錄（即書庫目錄。與尋書目錄

之分家竊謂插架不妨略依學術而排列而尋書必循事物以追求。（求書目錄之卡片儘可另有排列法,而插架號碼必須記於卡片中。）

非但叢書文集之儔必有分析目錄以便尋書即科學歷史之書亦非撮出其所敍事物之主題

以爲目錄不可。但非逕以篇目爲目錄之謂。現代目錄學之趨勢編目者喜創分類表製引得者喜創檢字法人自爲

法圈自爲政統一之期渺茫無望此風不改進步良難 中華圖書館協會負有改良圖學與目錄學之

責任，謂宜聯絡教育部設立統一分類標題編目檢字之專家會議從長討論折衷劃一俾治書之業，

尋書之法易學易做然後目錄學成爲最通俗之常識人人得而用之百科學術庶有豸乎至於藏書目錄以外之專科目錄與特種目錄除由專家分頭撰述外謂宜由特籌的款另組專會分時分地分科分派通考古今存佚著作撰爲各種圖書辭典或著述考以統攝古來全貌並每年刊一年鑑以繼續之俾我國學術之源流瞭然無餘蘊豈不懿歟？

中國目錄學史／姚名達著. -- 臺一版. -- 臺北
市：臺灣商務, 1965[民54]
　　面：　　公分. --（中國文化史叢書）

ISBN 957-05-1752-2（平裝）

1. 目錄學－中國－歷史

010.92　　　　　　　　　　　　　91005073

中國文化史叢書

# 中國目錄學史

定價新臺幣 300 元

主　編　者　王雲五　傅緯平
著　作　者　姚　名　達
美 術 設 計　吳郁婷

出　版　者
印　刷　所　臺灣商務印書館股份有限公司
　　　　　　臺北市 10036 重慶南路 1 段 37 號
　　　　　　電話：(02)23116118・23115538
　　　　　　傳眞：(02)23710274・23701091
　　　　　　讀者服務專線：0800-056196
　　　　　　E-mail：cptw@ms12.hinet.net
　　　　　　郵政劃撥：0000165 － 1 號
　　　　　　出版事業
　　　　　　登 記 證　局版北市業字第 993 號

・1965 年 7 月臺一版第一次印刷
・2002 年 5 月臺一版第十次印刷

**版權所有・翻印必究**

ISBN 957-05-1752-2(平裝)　　　　　　　56687001

100臺北市重慶南路一段37號

# 臺灣商務印書館 收

對摺寄回，謝謝！

# 傳統現代　並翼而翔

Flying with the wings of tradition and modernity.

# 讀者回函卡

感謝您對本館的支持，為加強對您的服務，請填妥此卡，免付郵資寄回，可隨時收到本館最新出版訊息，及享受各種優惠。

姓名：＿＿＿＿＿＿＿＿＿＿＿＿＿＿　性別：□男 □女

出生日期：＿＿＿年＿＿＿月＿＿＿日

職業：□學生 □公務（含軍警） □家管 □服務 □金融 □製造
　　　□資訊 □大眾傳播 □自由業 □農漁牧 □退休 □其他

學歷：□高中以下（含高中） □大專 □研究所（含以上）

地址：□□□＿＿＿＿＿＿＿＿＿＿＿＿＿＿＿＿＿＿＿＿

＿＿＿＿＿＿＿＿＿＿＿＿＿＿＿＿＿＿＿＿＿＿＿＿＿＿

電話：(H)＿＿＿＿＿＿＿＿＿＿ (O)＿＿＿＿＿＿＿＿＿＿

E-mail:＿＿＿＿＿＿＿＿＿＿＿＿＿＿＿＿＿＿＿＿＿＿＿

購買書名：＿＿＿＿＿＿＿＿＿＿＿＿＿＿＿＿＿＿＿＿＿＿

您從何處得知本書？
　　　□書店 □報紙廣告 □報紙專欄 □雜誌廣告 □DM廣告
　　　□傳單 □親友介紹 □電視廣播 □其他

您對本書的意見？（A/滿意 B/尚可 C/需改進）
　　　內容＿＿＿＿ 編輯＿＿＿＿ 校對＿＿＿＿ 翻譯＿＿＿
　　　封面設計＿＿＿ 價格＿＿＿ 其他＿＿＿＿＿＿＿＿＿

您的建議：＿＿＿＿＿＿＿＿＿＿＿＿＿＿＿＿＿＿＿＿＿＿

＿＿＿＿＿＿＿＿＿＿＿＿＿＿＿＿＿＿＿＿＿＿＿＿＿＿

＿＿＿＿＿＿＿＿＿＿＿＿＿＿＿＿＿＿＿＿＿＿＿＿＿＿

臺灣商務印書館

台北市重慶南路一段三十七號　電話：(02) 23116118・23115538
讀者服務專線：0800056196　傳真：(02) 23710274
郵撥：0000165-1號　E-mail: cptw@ms12.hinet.net